中国企业信息化理论与实践丛书

企业六流匹配
易经卦象及案例分析

Six Flow Matching and Yijing Map Analysis in Enterprises

王惠芬　主编
周　荔　李柱坚　副主编

北京大学出版社 PEKING UNIVERSITY PRESS　暨南大学出版社 JINAN UNIVERSITY PRESS
中国·北京　中国·广州

图书在版编目（CIP）数据

企业六流匹配易经卦象及案例分析/王惠芬主编；周荔，李柱坚副主编. —广州：暨南大学出版社，2017.6

（中国企业信息化理论与实践丛书）

ISBN 978-7-5668-2094-5

Ⅰ.①企… Ⅱ.①王…②周…③李… Ⅲ.①《周易》—应用—企业管理—研究 Ⅳ.①F272

中国版本图书馆CIP数据核字(2017)第057807号

企业六流匹配易经卦象及案例分析

QIYE LIULIU PIPEI YIJING GUAXIANG JI ANLI FENXI

主　编：王惠芬　副主编：周　荔　李柱坚

出 版 人：徐义雄
责任编辑：曾鑫华
责任校对：黄志波
责任印制：汤慧君　周一丹

出版发行：暨南大学出版社（510630）
电　　话：总编室（8620）85221601
营销部（8620）85225284　85228291　85228292（邮购）
传　　真：（8620）85221583（办公室）　85223774（营销部）
网　　址：http://www.jnupress.com　http://press.jnu.edu.cn
排　　版：广州市天河星辰文化发展部照排中心
印　　刷：广东广州日报传媒股份有限公司印务分公司
开　　本：787mm×1092mm　1/16
印　　张：12
字　　数：287千
版　　次：2017年6月第1版
印　　次：2017年6月第1次
定　　价：35.00元

（暨大版图书如有印装质量问题，请与出版社总编室联系调换）

前　言

《周易·系辞传》曰："易有太极，是生两仪，两仪生四象，四象生八卦。""易有太极"，是天地万物混沌未分的原始阶段，一切元素还没有展现出来，别物正是此物本身。"是生两仪"，是指阴阳两仪，在统一中有了对立。万物开始展现出其最简单的形式。阴阳是中国古人对千变万化的万物最概括、最抽象、最简易的表达方式之一。但面对万物，以阴阳两种方式能否穷尽这个世界？答案当然是否定的。因为阴阳两个概念还不能表达更具体多样的内容，这只是最根本的原理而已。易经虽是由最简单的阴、阳二爻象重叠而成的符号系统，但有着神秘而诱人的规律，千古以来，被称为"无字天书"。

自 1990 年以来，笔者走访了近 50 家企业，解剖了众多企业的 ERP 系统的功能和设计，发现信息系统下的企业有对称美。企业的信息流、物流、资金流等有三流匹配机制，匹配好的地方企业的贪污谋私等现象就能杜绝，匹配不当的地方往往就是管理不到位、企业乱象发生的地方。由此，笔者提出了利用 ERP 系统实现企业管理模式趋同的模型。2010 年出国访问后，笔者接触到符号系统，把信息系统的符号交互特性引入信息系统中来，发现机制尤其是责任流、权力流、利益流匹配机制和信息流、物流、资金流一样，是隐藏的三流匹配。如果企业六流匹配不当，在企业的治理上就会出现管理问题。

根据多年来的 ERP 系统咨询与诊断研究及一般的企业咨询与诊断经验和对易经的研究，笔者将信息流、物流、资金流、责任流、权力流、利益流六流匹配模型与易经卦象结合生成六流匹配易经卦象。在过去两年来的生活、工作中试用，笔者发现该六流匹配易经卦象诊断工具对为人处世、生活及工作有积极的指导及帮助作用，也对企业咨询有启发。

因此，本书对六流匹配模型的理论原理与应用进行提炼，使晦涩难懂的易经八卦变得简单易用，旨在供同行参考。同时，笔者也希望借此促进符号系统、量子信息及易经研究走向简单化和实用化，使得科学的信息系统表达与传统的易经符号系统融会贯通。

王惠芬

2017 年 3 月

目　录

前　言 …… 1

第一编　六流匹配易经卦象诊断工具

第一章　六流匹配易经卦象诊断工具的提出 …… 2
　第一节　六流匹配易经卦象的研究背景 …… 2
　第二节　六流匹配易经卦象的表达 …… 2
　第三节　六流匹配易经卦象诊断工具的功效 …… 3
第二章　六流匹配易经卦象的诊断步骤及应用 …… 4
　第一节　六流匹配易经卦象的诊断步骤 …… 4
　第二节　六流匹配易经卦象诊断工具应用案例 …… 7

第二编　ERP 系统中的六流匹配分析

第一章　企业管理对称美表达的信息流、物流、资金流三流匹配 …… 18
　第一节　财务中心与生产中心的对称美 …… 19
　第二节　连接供应中心、生产中心和销售中心的库存模块 …… 20
　第三节　采购模块和销售模块的镜像对称 …… 21
　第四节　生产中心的生产模块是三流匹配的核心 …… 22
第二章　企业管理对称美的责任流、权力流、利益流三流机制 …… 23
　第一节　批判实在论方法分析企业的责任、权力、利益的匹配 …… 23
　第二节　以 MZX 公司 ERP 系统实施为例探讨责权利匹配机制 …… 24

第三编　家庭版 ERP 故事中的六流匹配分析

第一章　家庭版 ERP 故事 …… 28
第二章　家庭生活中的六流分析 …… 40
　第一节　食材采购流程 …… 40
　第二节　生活费（应收款）处理流程 …… 41

第三节 厨具购买（设备采购）流程 …… 43

第四编 企业转型实践逻辑诊断工具——基于四大资本、习性和场域的六流匹配易经卦象

第一章 布尔迪厄的实践场域理论 …… 46
第一节 什么是布尔迪厄理论 …… 46
第二节 《圣经》通天塔 …… 46
第三节 把布尔迪厄的理论引入企业转型中 …… 47
第四节 布尔迪厄的实践场域理论 …… 48
第五节 布尔迪厄实践公式 …… 54
第二章 基于布尔迪厄实践公式的企业转型六流匹配易经卦象 …… 56
第一节 企业转型实践六流匹配易经卦象 …… 56
第二节 企业转型六流匹配易经卦象诊断工具应用案例 …… 58

第五编 六流匹配易经卦象解说

第一章 一流为阳爻的六流匹配易经卦象 …… 71
一、播/剥卦（山地剥） …… 71
二、比卦（水地比） …… 72
三、豫卦（雷地豫） …… 73
四、谦卦（地山谦） …… 74
五、师卦（地水师） …… 76
六、复卦（地雷复） …… 77
第二章 两流为阳爻的六流匹配易经卦象 …… 78
一、观卦（风地观） …… 78
二、晋卦（火地晋） …… 78
三、艮卦（艮为山） …… 84
四、蒙卦（山水蒙） …… 85
五、颐卦（山雷颐） …… 85
六、萃卦（泽地萃） …… 86
七、蹇卦（水山蹇） …… 86
八、坎卦（坎为水） …… 87
九、屯卦（水雷屯） …… 93
十、小过卦（雷山小过） …… 93
十一、解卦（雷水解） …… 100
十二、震卦（震为雷） …… 100
十三、升卦（地风升） …… 106

十四、明夷卦（地火明夷） …… 107
十五、临卦（地泽临） …… 107
第三章　三流为阳爻的六流匹配易经卦象 …… 109
一、否卦（天地否） …… 109
二、渐卦（风山渐） …… 111
三、涣卦（风水涣） …… 114
四、益卦（风雷益） …… 114
五、旅卦（火山旅） …… 115
六、未济卦（火水未济） …… 115
七、噬嗑卦（火雷噬嗑） …… 116
八、蛊卦（山风蛊） …… 122
九、贲卦（山火贲） …… 122
十、损卦（山泽损） …… 123
十一、咸卦（泽山咸） …… 124
十二、困卦（泽水困） …… 128
十三、随卦（泽雷随） …… 128
十四、井卦（水风井） …… 129
十五、既济卦（水火既济） …… 130
十六、节卦（水泽节） …… 131
十七、恒卦（雷风恒） …… 132
十八、丰卦（雷火丰） …… 132
十九、归妹卦（雷泽归妹） …… 133
二十、泰卦（地天泰） …… 133
第四章　四流为阳爻的六流匹配易经卦象 …… 135
一、遁卦（天山遁） …… 135
二、讼卦（天水讼） …… 135
三、无妄卦（天雷无妄） …… 136
四、巽卦（巽为风） …… 137
五、家人卦（风火家人） …… 137
六、中孚卦（风泽中孚） …… 142
七、鼎卦（火风鼎） …… 142
八、离卦（离为火） …… 143
九、睽卦（火泽睽） …… 144
十、大畜卦（山天大畜） …… 144
十一、大过卦（泽风大过） …… 149
十二、革卦（泽火革） …… 149
十三、兑卦（兑为泽） …… 155
十四、需卦（水天需） …… 155

十五、大壮卦（震天大壮） …… 156
第五章 五流为阳爻的六流匹配易经卦象 …… 157
一、姤卦（天风姤） …… 157
二、同人卦（天火同人） …… 163
三、履卦（天泽履） …… 166
四、小畜卦（风天小畜） …… 168
五、大有卦（火天大有） …… 169
六、夬卦（泽天夬） …… 169
第六章 六流全为阳爻或阴爻的六流匹配易经卦象 …… 172
一、乾卦（乾为天） …… 172
二、坤卦（坤为地） …… 172

参考文献 …… 178

后 记 …… 181

鸣 谢 …… 183

第一编

六流匹配易经卦象诊断工具

本编将介绍六流匹配易经卦象诊断工具的提出、诊断步骤及功效，并通过案例说明六流匹配易经卦象诊断的具体应用。

第一章　六流匹配易经卦象诊断工具的提出

第一节　六流匹配易经卦象的研究背景

易经是由最简单的阴、阳二爻象重叠而成的符号系统，有着神秘而诱人的规律。卦象符号是《易经》的真正本源，千古以来，被称为“无字天书”。在《左传》中，多次出现卜官用《易经》占卜的事，六十四卦名或卦象也在《左传》中多次出现。而且，《易经》中的“系辞传”“序卦传”“杂卦传”等，主要也是解说六十四卦的，可见，六十四卦出现时间较早，约在西周末年。而八卦的出现则当更早，因为八卦是六十四别卦的推演条件，六十四卦是由八卦推导而来的，这从六十四卦卦名与八卦卦名的联系就可以得到证明。

笔者从 1994 年接触易经，发现易经的演变规律，但是解读爻很困难。到 2012 年读王夫之的《周易外传》，发现六十四卦的排列组合有规律。同时根据多年来的 ERP 研究和企业咨询与诊断经验，笔者将 ERP 系统实现企业管理模式趋同的模型用到诊断中，针对信息流、物流、资金流三流匹配模型，加上责任流、权力流、利益流三流匹配的机制模型，组合成为六流匹配模型。基于对易经的研究，笔者试着把六流匹配模型与易经卦象结合，进而形成六流匹配易经卦象诊断工具。

第二节　六流匹配易经卦象的表达

卦象符号的拓扑空间随着阴阳重叠度的增加，其拓扑分析的复杂程度急剧上升。六流匹配模型中每个流的多少不是通常意义上的 0 或者 1 二进制表示的确定状态，而是日常生活实践中非 0 非 1 难以直接判断的符号表示，也就是用太极中的阴阳表示。量子信息中的纠缠度就是对非 0 非 1 现象的描述，易经中的太阳、少阳、太阴、少阴等程度描述了不确定性和模糊性，即用阴阳爻象表示模糊性的流量多少。借鉴周易的太极、两仪、四象的衍生规律表达的符号系统——易经卦象，笔者用阴爻或阳爻表示信息流、物流、资金流、责任流、权力流和利益流中每个流的多少，得出六流匹配易经卦象诊断工具。例如，利用信息流、物流、资金流、责任流、权力流、利益流这六流匹配可以表示为企业或者个人某个阶段的卦象。在本书的第二编，笔者将回顾六流匹配模型的发现过程。

六流匹配易经卦象诊断工具将信息流、物流、资金流、责任流、权力流和利益流从上到下排列组合构成六流，每个流的状态都可以表现为阴、阳二爻之一，阴爻表示流不丰富，阳爻表示流丰富，从而形成每个流上不同的阴阳爻象。六个流上的阴阳爻组合在一起形成一个卦象，六流上每个流的阴阳爻象不同则形成六十四种不同的流象，不同的流象对应于六十四卦的卦象。而参照六十四卦中的卦辞对此卦象进行诊断，则可以得出企业或个人的基本现状、特征以及决策走势等。虽然《易经》晦涩难懂，但用六流匹配易经卦象却能简单方便地为企业或者个人进行诊断。

第三节　六流匹配易经卦象诊断工具的功效

六流匹配易经卦象诊断工具是一种简单实用的企业或者个人诊断工具，不懂易经的人通过简单对话就可以做出卦象分析，而且对六十四卦之间的六流演变可以找出路径依赖，为破解易经的卦辞及符号系统的奥秘提供了新的工具。

这是因为六流匹配的空间不仅仅是看得见的物理空间和社会空间，还包括看不见的机制作用空间，尤其是符号空间。符号空间是抽象空间，类似于数学上的拓扑空间。六流匹配易经卦象诊断工具将六流以符号空间的形式表达出来，上面三流是可见的信息流、物流、资金流，下面三流则为不可见的责任流、权力流和利益流。可见和不可见的流相互纠缠形成场域空间，人们在此空间行动、实践，这些实践就形成了卦象。

信息是外在的表现、人类的符号；物质是信息的对象本体流动；资金是驱使物质流动的根本动力。信息流对应责任流也是内在的控制表现，是制度文化；权力流的移交导致物流的转移；利益流的分享决定了资金流的多寡及走势。明的信息流有暗的责任流依托，明的物流有暗的权力流依靠，明的资金流与暗的利益流分享有关系，具体如图 1－1 所示。这六流之间的交互成为权力和利益的交集，流之间的交互成为日常生活实践的表现和控制机制，反映出来是信息流和责任制度。比如应收款流程，之所以产生应收款，是源于利益的交互。利益流的分享驱动着资金和物交易，因而产生应收款。资金流的流动是表象，利益的交割才是机制。物的流动产生应收款，物的流动需要权力驱动。而权力下需要承担一定的责任，引导支配收款的行动者需要在凭证与物、资金匹配的情况下才能收取资金。

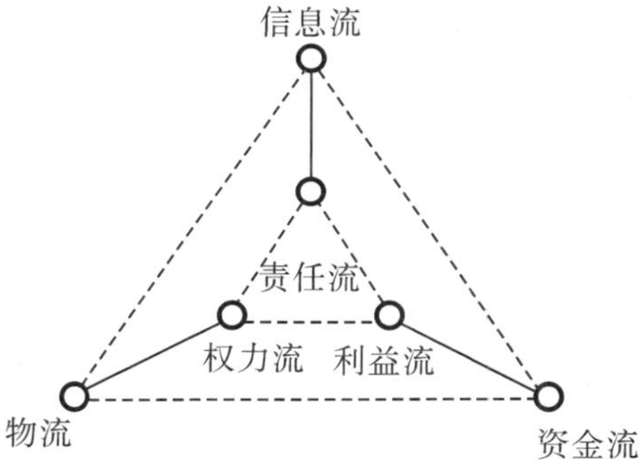

图 1－1　六流匹配关系图

因此，责任、权力和利益分配的空间就是人们之间利益符号关系确立的空间。在符号资本的作用下，往往有许多误识，合法性的存在使得在制度作用下的空间变为抽象的空间，而且存在纠缠现象。纠缠的存在使得符号系统出现涌现，涌现来源于匹配，尤其是六流匹配。

第二章　六流匹配易经卦象的诊断步骤及应用

第一章介绍了六流匹配易经卦象诊断工具的研究背景、表达及功效，本章将介绍六流匹配易经卦象诊断工具的诊断步骤，并通过企业和个人诊断的两个案例说明六流匹配易经卦象的具体应用。

第一节　六流匹配易经卦象的诊断步骤

借鉴周易的太极、两仪、四象的衍生规律表达六流匹配符号系统，具体诊断步骤如下：

步骤一：将信息流、物流、资金流、责任流、权力流和利益流从上往下排列组合构成六流，判断每个流的阴阳爻象。阳爻用“⚊”（实）表示，阴爻用“⚋”（虚）表示。

第一爻对应信息流，针对信息流的多寡，可以分析阳爻或阴爻。个人或者企业信息丰富或者对追逐信息流目标明确为阳爻，否则为阴爻。

第二爻对应物流，针对物流的多寡，可以分析阳爻和阴爻。个人或者企业物质丰富或者对追逐物流目标明确为阳爻，否则为阴爻。

第三爻对应资金流，针对资金流的多寡，可以分析阳爻和阴爻。个人或者企业资金丰富或者对追逐资金目标非常明确为阳爻，否则为阴爻。

第四爻对应责任流，针对责任流的多寡，可以分析阳爻和阴爻。个人或者企业责任心非常强或者追求恪尽职守为阳爻，否则为阴爻。

第五爻对应权力流，针对权力流的多寡，可以分析阳爻和阴爻。个人或者企业拥有重要权力或者对追逐权力的目标非常明确为阳爻，否则为阴爻。

第六爻对应利益流。针对利益流的多寡，可以分析阳爻和阴爻。个人或者企业追逐利益目标很明确，且拥有重大利益并擅于分享利益为阳爻，否则为阴爻。

步骤二：将步骤一得出的六流匹配模型与易经卦象（见图 1－2 的六十四卦卦象图）相比对，得出六流匹配易经卦象，可参照相应卦象的卦辞解释企业或者个人的六流匹配现状、特征和走势，完成自我诊断，从而制定规避方案和应对措施。

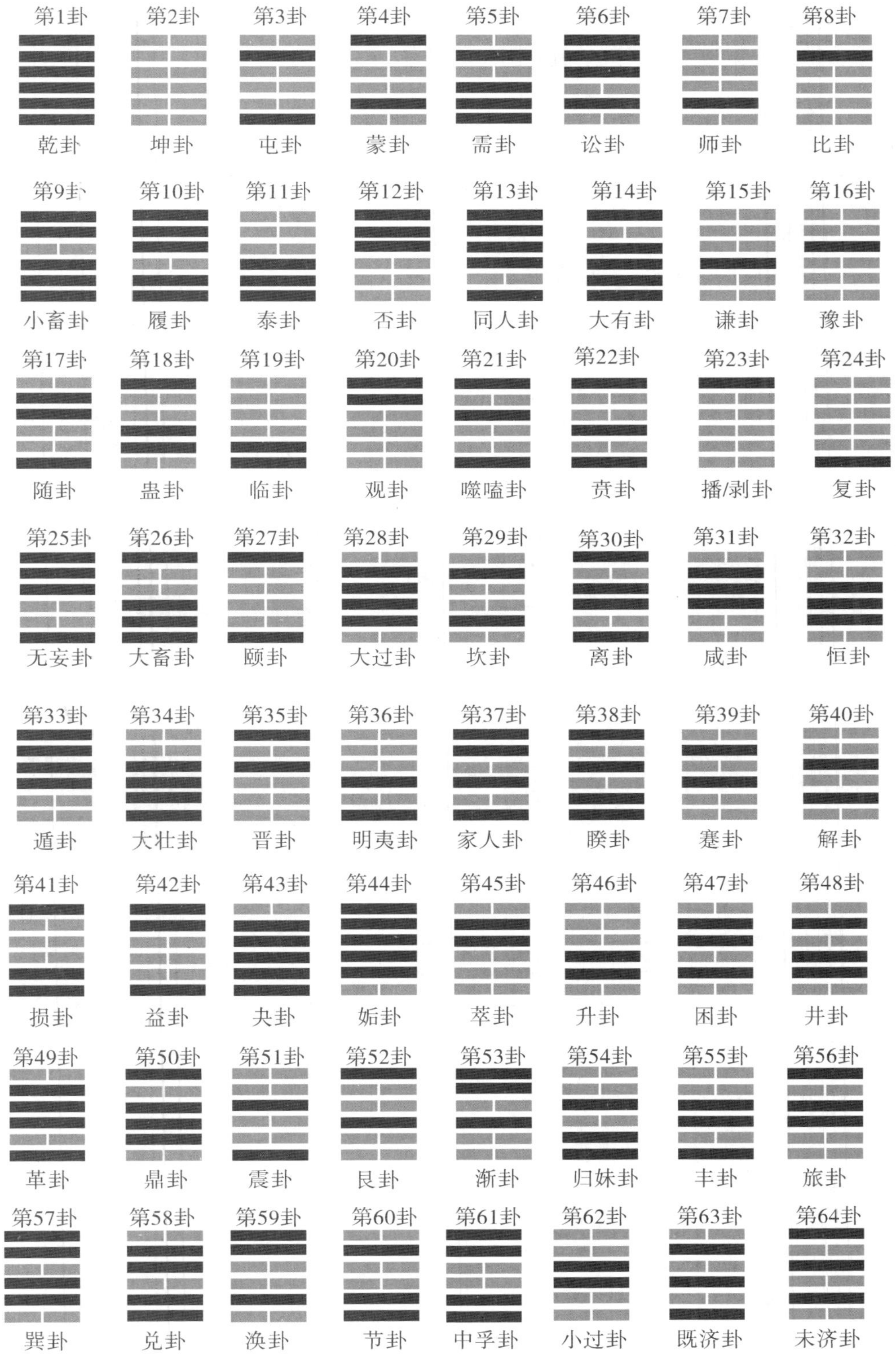
第1卦
乾卦
第2卦
坤卦
第3卦
屯卦
第4卦
蒙卦
第5卦
需卦
第6卦
讼卦
第7卦
师卦
第8卦
比卦
第9卦
小畜卦
第10卦
履卦
第11卦
泰卦
第12卦
否卦
第13卦
同人卦
第14卦
大有卦
第15卦
谦卦
第16卦
豫卦
第17卦
随卦
第18卦
蛊卦
第19卦
临卦
第20卦
观卦
第21卦
噬嗑卦
第22卦
贲卦
第23卦
播/剥卦
第24卦
复卦
第25卦
无妄卦
第26卦
大畜卦
第27卦
颐卦
第28卦
大过卦
第29卦
坎卦
第30卦
离卦
第31卦
咸卦
第32卦
恒卦
第33卦
遁卦
第34卦
大壮卦
第35卦
晋卦
第36卦
明夷卦
第37卦
家人卦
第38卦
睽卦
第39卦
蹇卦
第40卦
解卦
第41卦
损卦
第42卦
益卦
第43卦
夬卦
第44卦
姤卦
第45卦
萃卦
第46卦
升卦
第47卦
困卦
第48卦
井卦
第49卦
革卦
第50卦
鼎卦
第51卦
震卦
第52卦
艮卦
第53卦
渐卦
第54卦
归妹卦
第55卦
丰卦
第56卦
旅卦
第57卦
巽卦
第58卦
兑卦
第59卦
涣卦
第60卦
节卦
第61卦
中孚卦
第62卦
小过卦
第63卦
既济卦
第64卦
未济卦

图 1－2　六十四卦卦象图

六十四卦卦象图根据阳爻和阴爻的多少可分为七组。

第一组：一流为阳爻，其余流为阴爻的卦象。

第23卦 第8卦 第16卦 第15卦 第7卦 第24卦

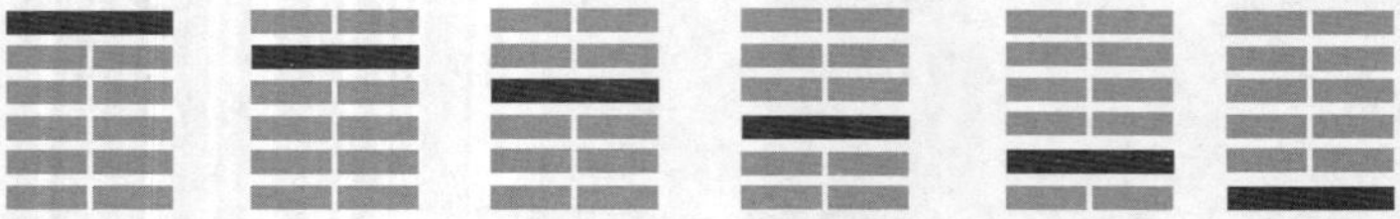

播/剥卦 比卦 豫卦 谦卦 师卦 复卦

第二组：二流为阳爻，四流为阴爻的卦象。

第20卦 第35卦 第52卦 第4卦 第27卦 第45卦 第39卦 第29卦

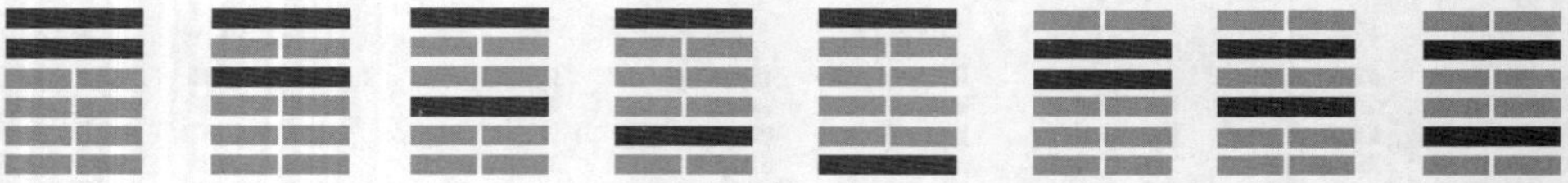

观卦 晋卦 艮卦 蒙卦 颐卦 萃卦 蹇卦 坎卦

第3卦 第62卦 第40卦 第51卦 第46卦 第36卦 第19卦

屯卦 小过卦 解卦 震卦 升卦 明夷卦 临卦

第三组：三流为阳爻，三流为阴爻的卦象。

第12卦 第53卦 第59卦 第42卦 第56卦 第64卦 第21卦 第18卦

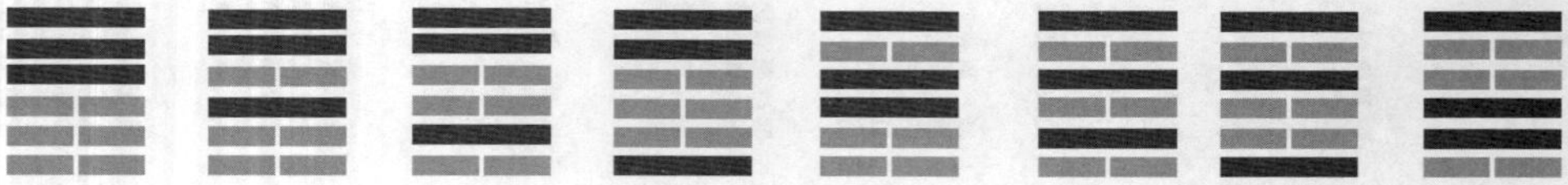

否卦 渐卦 涣卦 益卦 旅卦 未济卦 噬嗑卦 蛊卦

第22卦 第41卦 第31卦 第47卦 第17卦 第48卦 第63卦 第60卦

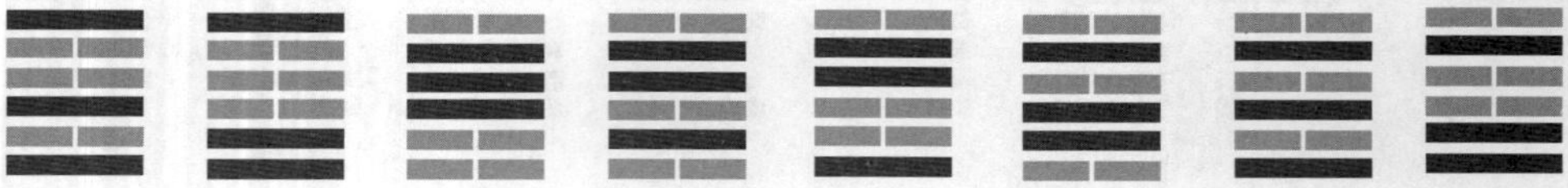

贲卦 损卦 咸卦 困卦 随卦 井卦 既济卦 节卦

第32卦 第55卦 第54卦 第11卦

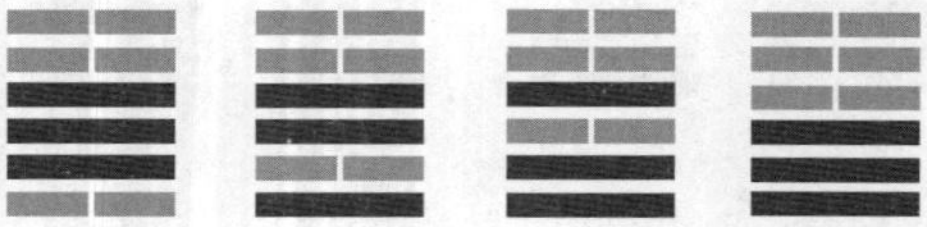

恒卦 丰卦 归妹卦 泰卦

第四组：四流为阳爻，二流为阴爻的卦象。

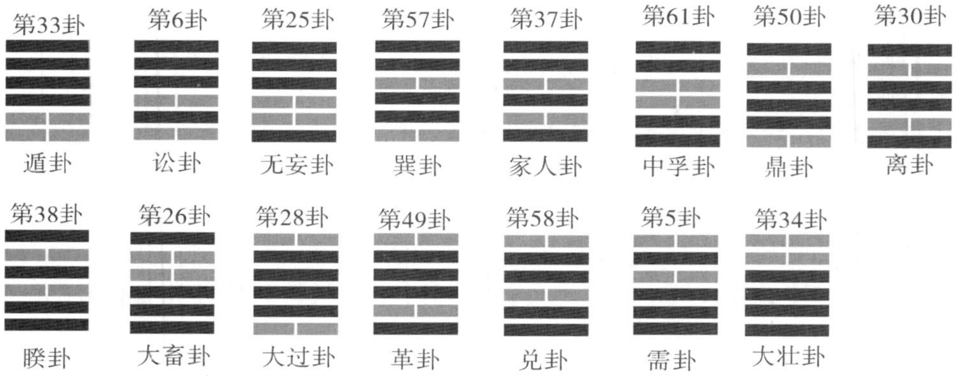

第五组：五流为阳爻，其余流为阴爻的卦象。

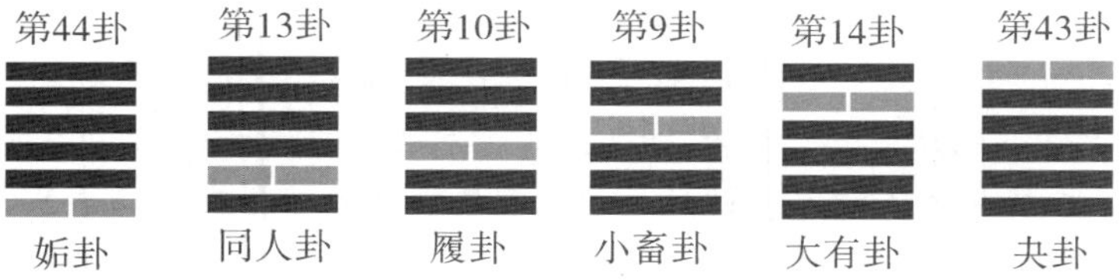

第六组：六流为阳爻，没有阴爻的卦象。

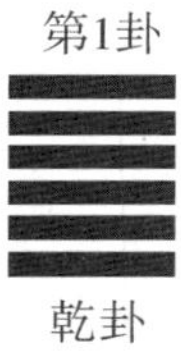

第七组：没有阳爻，全部为阴爻的卦象。

第二节　六流匹配易经卦象诊断工具应用案例

上一节介绍了六流匹配易经卦象诊断工具的诊断步骤，本节将通过对企业和个人诊断的两个案例的详细分析来说明六流匹配易经卦象的具体应用。

【案例 1－1】利用六流匹配易经卦象诊断 INJ 公司的运营

一、公司简介

INJ 公司是一家台湾私人企业，主要从事镜片生产，包括个人防护镜片、工业防护镜片以及安全帽、头盔等塑胶产品。

MT 公司是一家美国的高科技开发企业。公司开发的一款新产品中的一个叫 Visor 的部件需要用到 INJ 公司的生产工艺技术。因此，双方合作建立了一个新厂区专门为 MT 公司生产定制 Visor。MT 公司提供产品设计及资金，INJ 公司提供工艺制程技术及负责生产运营管理。

二、问题提出

MT 公司研发定制的 Visor 的工艺制程要比 INJ 公司以往生产的产品复杂得多，品质要求也要严格得多。由于 INJ 公司生产运营管理及制程技术等原因，全制程良率在成立当年 1—3 月期间才 7%～20%，并且非常不稳定。此外，由于产线规划的问题，各工站产量极其不平衡，产品到处积压，生产在制品控制混乱，不能及时发现不良品并进行实时改善，从而造成制造成本大幅提升，生产效率严重下降，完全不能满足 MT 公司的品质要求和出货需求。

三、利用六流匹配易经卦象对 INJ 公司的诊断

信息流：由于良率太低及出货不能满足客户需求，MT 公司派了一组工程人员驻厂参与工艺制程改善及生产运营管理。INJ 公司也从其他项目调入技术及管理人员参与。工艺制程改善及生产运营管理的指令来自各个方面（信息太多），信息流为阳爻。但由于没有统一窗口进行控制、传达及执行，整体运营混乱，制程改善效果非常差。

物流：工艺制程设计严重不平衡，造成产品到处积压，工厂物流控制混乱。不能及时发现不良品及进行相应的改善。物流为阴爻。

资金流：所有费用都由 MT 公司出，INJ 公司不用考虑成本及资金问题。对于 INJ 公司来说资金流为阳爻。

责任流：由于 INJ 公司不用考虑成本，在产品全制程良率低下时，通过增加设备投资及产品投入量来提高产出。INJ 公司缺少责任心和动力对工艺制程进行改善。责任流为阴爻。

权力流：由于 MT 公司人员的介入太多太深，INJ 公司缺少权力对工艺制程及生产运作管理进行改善。权力流为阴爻。

利益流：由于所有费用都由 MT 公司出，产品质量差但 INJ 公司照样赚钱。对 INJ 公司来说利益流为阳爻。而 MT 公司的利益则被严重损害，这样的利益分配对合作来说是极为不利的。

对照六十四卦卦象图，得出卦象为六十四卦中的第 21 卦：噬嗑卦。

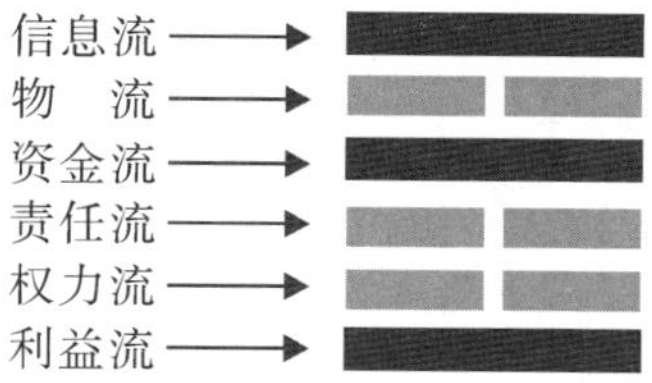

根据噬嗑卦卦辞，对 INJ 公司的卦象进行分析。《象辞》说：本卦下卦为震为雷，上卦为离为电，雷电交合是噬嗑的卦象。先王观此卦象，取法于威风凛凛的雷、照彻幽隐的电，思以严明治政，从而明察其刑罚，修正其法律。得此卦者，事不遂心，纷争难免，诸事被阻，宜坚守常规，不为利诱，可保平安。噬嗑：代表如鲠在喉、难以决策。主吉凶未定，是个状况卦，有点偏小凶。也如同鸡肋一般，食之无味，弃之又可惜！这是需要坚决下决心的时候了！

对噬嗑卦的为人处世等可以看下面的规诫：

事业：困难与阻力十分大，应以坚强的意志、果敢的行为、公正无私的态度去战胜种种厄运，争取事态好转。为早日化险为夷，必要时可采取强硬手段，甚至诉诸法律。

经商：处于不利的时候，头脑冷静，明察形势，寻求机遇，不为眼前小利所诱，不谋非分之财。认真听取忠告，遵守法纪，秉公办事，不得徇私情，更不得触犯刑律。

决策：个人发展不平坦，会遇到挫折和磨难，但应看作对企业的考验，应认真总结经验教训，以更为坚强的意志，不屈不挠，继续前进。经过锻炼，各方面都会有较大的进展，终将进入光明境地，取得重大成就。

四、利用六流匹配改善 INJ 公司问题

信息流：协调 MT 公司及 INJ 公司的沟通方式，减少指令窗口，增加信息协调控制及执行力。减少 MT 公司工程人员对生产运营管理的介入，减少信息量，将信息流改为阴爻。

物流：通过工艺流程再造，由推式生产改为拉式生产，减少在制库存，及时发现不良品及进行现场实时改善，保证生产的持续性。帮助 INJ 公司建立首件全制程验证程序及生产现场看板系统，对生产线各个制程进行实时监控并对生产异常进行实时处理，避免批量性不良品的产生，将物流改为阳爻。

资金流：MT 公司指派专员现场控制成本，将 INJ 公司的资金流改为阴爻。杜绝没有价值的生产及工程费用，杜绝乱花钱的现象。

责任流：增加 INJ 公司的责任，建立责任及利益相嵌套的驱动机制。充分利用 INJ 公司在工艺制程技术上的优势，推动其工艺流程的研究及改善，提高产品的制程良率。将 INJ 公司的责任流改为阳爻。

权力流：增加 INJ 公司对制程进行改善的权力。充分授权 INJ 公司对制程工艺进行改善。将权力流改为阳爻。

利益流：建立责任归属机制，将利益流改为阴爻。杜绝浪费，利益分担。

对照六十四卦卦象图，得出卦象为六十四卦中的第48卦：井卦。

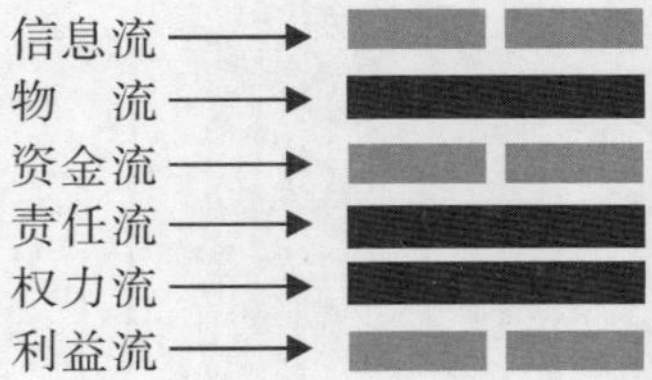

井卦：改建邑落而不改建水井，等于什么也没有干。人们往来井边汲水，水井干涸淤塞，不去加以淘洗，反而将吊水罐打破，这是凶险之象。

《象辞》说：本卦下卦为巽，巽为木；上卦为坎，坎为水。水下浸而树木生长，这是井卦的卦象。君子观此卦象，取法于井水养人，从而鼓励人民勤劳而互相劝勉。

井：代表小水之源，有格局小却能过活之心态，主小吉象。井水虽不能满足种植、畜养，却能养人度日，显示心力之有限，不能做太大的计划。另代表视野不够宽广，比较短视，保守心态重。得此卦者，宜修身养性，顺其自然，泰然处之，静有利，动则凶。

对于井卦的为人处世等可以看下面的规诫：

事业处于平稳状态。既不宜贸然前进，也不必后退，而应以积极的态度努力进修，提高自己，充实个人实力，待机而起，将大有成就。最怕的是停顿不前，这将会因不合时宜而被淘汰。

经商市场情况良好，可继续按照原来的方针。同时，继续本着勤劳、奋进的精神，诚心诚意地开拓市场，特别注意与人的合作，相互协助，在实践活动中丰富和积累经验。

决策聪明、机敏、乐于助人。同时，也会有机会充分施展个人的才能。只要能学习“水井”的精神，真诚奉献，不断提升自己的才能，就一定会受到社会的重视。

五、利用六流匹配易经卦象对INJ公司问题的改善成果

通过对INJ公司的信息流、物流、资金流、责任流、权力流和利益流的六流匹配易经卦象做出改变，噬嗑卦改为井卦。经过一段时间，公司在产品全制程良率、生产效率、产品单价及工程费用等方面都得到了大大的改善。全制程良率：从不稳定的7%～20%提升到稳定在50%之上；生产效率：提高了300%，满足了客户出货需求；产品单价：减少了39%；工程费用：减少了60%。

六、六流匹配易经卦象对企业经营的思考

从此案例可以看出，在企业经营过程中，信息流、资金流及利益流并不是越多越好。信息太多，抓不住重点，会产生错误的判断，从而错失良机。资金太多，会造成过度投资，忽略成本，产生浪费。企业经营中单方面的利益太多，意味着严重损害了合作方的利益。利益共享，才能把蛋糕做大，这才是企业永继经营之道。反观之，在物流、责任流及权力流方面，企业在运营管理过程中要特别加强，一定要确保物流顺畅。而要实现与物流匹配，只有制定责任、权力和利益相嵌套的激励机制，这样企业才能在残酷的市场竞争环境中保持优势。

（感谢暨南大学2015级工业工程专业研究生刘金庭提供此案例）

【案例 1－2】利用六流匹配易经卦象诊断个人

2015 级工业工程专业黎××同学通过分析自己的个人背景情况，包括事业、婚姻、家庭、身体和财运等方面，发现其自身存在的一些问题。她运用六流匹配易经卦象，从信息、物质、资金、责任、权力和利益六个角度对其自身现状进行分析，然后针对问题提出相应的建议，最后结合建议修正六流匹配模型，重新进行六流匹配易经卦象分析，形成个人将来六流匹配易经卦象。

一、个人背景及现状分析

（一）个人背景

1. 个人信息

婚育：已婚已育；

学历：本科；

专业：物流管理；

工作年限：6 年。

2. 工作经历

时间	单位名称	职务
2014 年 6 月至今	×××防火保温材料（广州）有限公司	SAP 系统主管
2011 年 2 月至 2014 年 6 月	×××信息技术股份有限公司	SAP 实施顾问
2010 年 6 月至 2011 年 2 月	×××招商局海运物流有限公司	物流专员

（二）个人现状

1. 事业

本科专业是物流管理，毕业后有针对性地从事物流行业相关工作，但由于当时中国物流行业起步低，发展缓慢，大部分仍处于简单和低端化的阶段，所以半年后转型成为一名 SAP 实施顾问，在后来的三年内为中国 6 家不同类型的企业（国企、外企和民企）实施 SAP ERP 项目。后来因家庭方面的考虑转为甲方，主要负责公司内部的 SAP 后期运维工作。

2. 婚姻

结婚一年多，夫妻之间和睦相处，并育有一子。

3. 家庭

家庭和谐。

4. 身体

身体健康无大碍。

5. 财运

无外财。

存在问题：由于目前资金来源只有工资，而家庭支出越来越大，财务上显得捉襟见肘。

二、问题诊断

以下通过六流匹配易经卦象进行详细分析。针对下面问题，是则填写阳爻（——），否则填写阴爻（— —）。

步骤一：六流匹配模型。

你是对信息的追寻很热衷或者信息流丰富且愿意分享信息的人吗？答案是本人喜欢钻山打洞，各行各业都想知道，追求信息流完善，信息流为阳爻。

你是对物质很追求或者是拥有丰厚物资的人吗？答案否，物流为阴爻。

你是很追逐金钱或者是拥有足够钱财的人吗？答案是本人对资金孜孜不倦地追求，希望钱财越多越好，资金流为阳爻。

接下来三个问题是控制上面三流的机制问题，有对应关系。请仔细想想再回答。

你是责任心非常强或者追求恪尽职守的人吗？答案是，责任流为阳爻。

你是追逐权力或者拥有权力的人吗？答案是本人喜欢有很多的权力，希望权力越多越好，权力流为阳爻。

你是追逐利益或者拥有利益且愿意分享利益的人吗？答案是本人喜欢有很多利益，利益流为阳爻。

由此得出的六流匹配模型如图 1－3 所示。

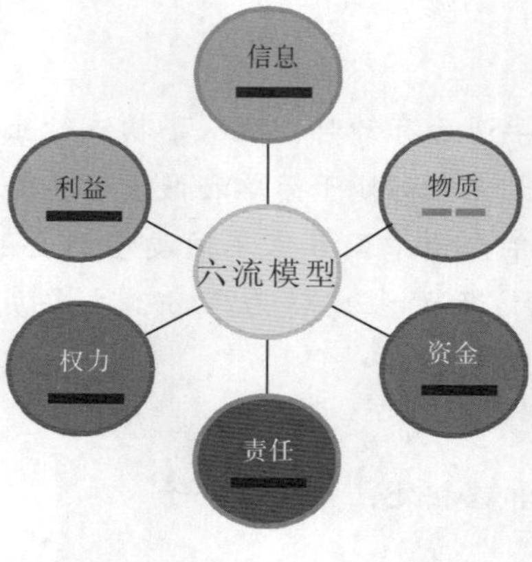

图 1－3　六流匹配模型

步骤二：对照易经六十四卦卦象图，得到第 14 卦：大有卦，分析如下：

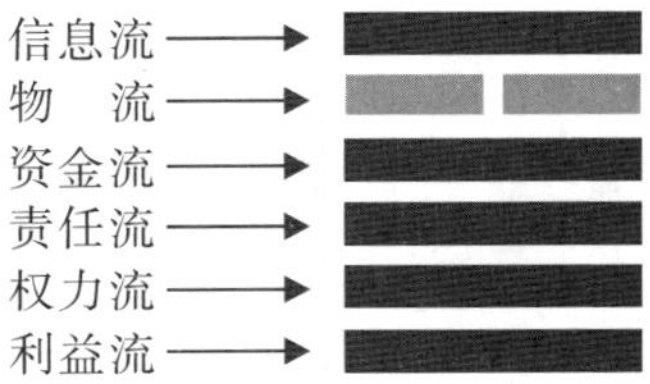

大有。元亨。

象曰：火在天上，大有。君子以遏恶扬善，顺天休命。

白话文解释

大有卦：昌隆通泰。

《象辞》说：本卦下卦为乾为天，上卦为离为火，火在天上，明烛四方，这是大有的卦象。君子观此卦象，取法于火，洞察善恶，抑恶扬善，从而顺应天命，祈获好运。

邵雍河洛理数解卦

日丽中天，遍照万物；盛大富有，持盈保泰。

吉：得此卦者，正当好运，事事吉祥，大有收获，但防物极必反，盛极转衰。

傅佩荣解卦

时运：亨通无比，大放异彩。

财运：放手去做，财富自来。

家宅：积善之家，子孙保之。

身体：虚火上升，小心诊治。

台湾张铭仁解卦

大有：代表有很多的收获，是个吉卦。易经解释大有卦为：春耕、夏耘、秋收、冬藏，是努力坚持之后的愿望期待实现，很利于投资、合伙、感情、婚姻。

解释：旺盛，大有收获。

特性：具有组织能力，能扩展大事业，吸收各方专才，克服困难，有努力完成大目标的勇气，荣誉心重。

运势：得时得运，隆盛昌荣也。然卦象藏有盛极必衰的预兆，不得不慎，以期保持其全盛之枢纽，可众望所归。有走红、赚钱之势，须谨慎不可骄纵。

家运：生平富贵吉利。切勿因富而凌贫，过于傲气凌人者不利也。

疾病：治疗可愈，防高血压、心脏病、头肺病患。

胎孕：生贵子女，宜往大医院。

子女：儿女有成，父母欢欣之象。

周转：大有所得。

买卖：交易有获大利之象，但亦宜审慎行事。

等人：会带来好消息。

寻人：此人为感情或金钱之事出走，宜速找寻，否则恐有走极端之险。以东南再南方再西北三向寻之。

失物：找寻费时，可失而得。

外出：平安，可动身。

考试：会取得好成绩。

诉讼：可圆满解决。

求事：顺利可行。

改行：可以，依计划进行。

开业：开业吉利。

【上上卦】火天大有（大有卦）顺天依时

周易六十四卦的第 14 卦。

象曰：砍树摸雀作事牢，是非口舌自然消，婚姻合伙来费力，若问走失未逃脱。

这个卦是异卦（下乾上离）相叠。上卦为离，为火；下卦为乾，为天。火在天上，普照万物，万民归顺，顺天依时，大有所成。

事业：事业已经取得一定的成就，最忌得意忘形，胡作非为。务必止恶扬善，坚守中正，交往正直的朋友，戒惧谨慎，兢兢业业，真正做到大而不盈、满而不溢，事业可望迈上新的台阶。

经商：兴隆昌盛，已摆脱困难状态，进入兴旺发达的阶段，如能克制贪财的心理，确守诚信原则，公平待人，克勤克俭，时刻注意市场动向，适时转轨，可望长久。

求名：已经小有名气，切勿就此满足，停顿不前，尤其不可陷入世俗圈内，应继续努力，在真正朋友的帮助下，更上一层楼。

外出：平安，可动身。

婚恋：条件优越，可供选择者多，以慎重为好。对于家庭双方应尽力维护。

决策：性格坚强，勇于战胜困难，奋勇向上，前进途中困难和厄运很多，唯有认真对待才能不断取得成功，如放松警惕，骄傲自满，将带来惨重失败。朋友很多，交际广泛，对事业很有帮助，但其中也有折台的小人。

三、对策及建议

依照六流匹配易经卦象分析，此为上上卦，个人现在状况在时运、财运、家庭和身体等方面均有不错的表现，只是要注意做事情保持一个度，不能走得太极端，不然容易盛极转衰。因此，在资金上的困惑不用太担心，会得贵人相助。

鉴于目前其自身对物质的不追求，建议未来可以加强对物质追求的兴趣，改善家庭的环境，提升生活的品质，提高自己的定位。

四、评估决策

如果按照建议调整六流匹配模型，重新评估得到以下新的将来状态的六流匹配易经卦象，为六十四卦第 1 卦：乾卦。

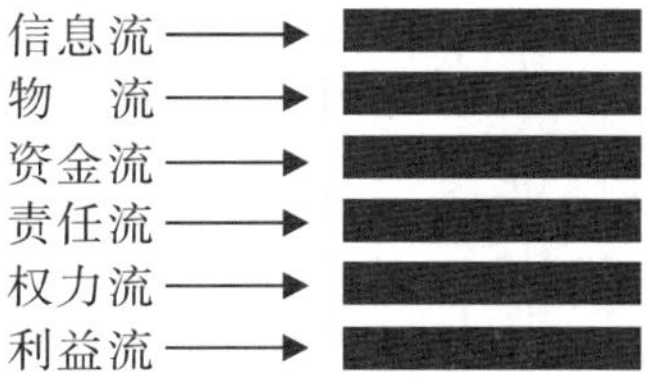

【上上卦】乾为天（乾卦）刚健中正

乾。元亨利贞。

象曰：天行健，君子以自强不息。

白话文解释

乾卦：大吉大利，吉利的贞卜。

《象辞》说：天道刚健，运行不已。君子观此卦象，从而以天为法，自强不息。

象曰：困龙得水好运交，不由喜气上眉梢，一切谋望皆如意，向后时运渐渐高。

这个卦是同卦（下乾上乾）相叠。象征天，喻龙（德才的君子），又象征纯粹的阳和健，表明兴盛强健。乾卦是根据万物变通的道理，以“元、亨、利、贞”为卦辞，示吉祥如意，教导人遵守天道的德行。

事业：大吉大利，万事如意，心想事成，自有天佑，春风得意，事业如日中天。但阳气已达顶点，盛极必衰，务须提高警惕，小心谨慎。力戒骄傲，冷静处世，心境平和，如是则能充分发挥才智，保证事业成功。

经商：十分顺利，有发展向上的大好机会。但切勿操之过急，宜冷静分析形势，把握时机，坚持商业道德，冷静对待中途出现的困难，定会有满意的结果。

求名：潜在能力尚未充分发挥，只要进一步努力，克服骄傲自满的情绪，进业修德，以渊博学识和高尚品质，成君子之名。

外出：利于出行，结伴而行更佳。

婚恋：阳盛阴衰，但刚柔可相济，形成美满结果。女性温柔者更佳。

决策：可成就大事业。坚持此卦的刚健、正直、公允的品质，修养德行，积累知识，坚定信念，自强不息，必能克服困难，消除灾难。

台湾张铭仁解卦

天：代表极阳之象，为纯卦、六冲卦，是大好、大坏的卦象。对事一般为吉象，为主管者负责任，可以任用担当大事，或开业当老板，得此卦都属吉象，只是有一个好的助理更佳，升官、考试、升迁都较有利。

解释：刚健稳固。

周转：虽不成问题，尚宜心平气和来处理。

买卖：小利可得，大则勿取，勿太张扬为吉。

等人：一定会来。

寻人：已远走高飞，不易找到，在西北方向。

失物：可望寻回。

外出：利于出行，结伴而行更佳。

考试：有望取得好成绩。

诉讼：宜据理力争。

求事：有贵人提拔，可发展，称心。

改行：占得此卦不宜改行。

开业：开业者需要耐心观望。

特性：积极，刚毅，努力，认真，有耐性，坚忍，正派，主动，慷慨，严律，重名誉。

运势：有地位擢升、名利双收之象，功名荣显得贵子。六亲和睦，凡事谦和为贵，可吉。

家运：繁昌兴隆，须小心口舌之争。

疾病：病情恶化，宜细心调养，注意头、脑、骨髓等病变。

胎孕：有不安之兆，宜小心保养。

子女：儿女健康，幸福有为。

经调整后，未来个人的卦象是上上卦。因此，可放心对物质的追求，改善个人和家庭的环境，但仍需注意界限和原则，否则物极必反。

五、结论

根据六流匹配易经卦象分析以及对建议的演变分析，在事业、婚姻、家庭、身体和财运等方面均有不错的表现，而且可以在未来加强对物质的追求，不断地改善个人和家庭的环境与质量。

（感谢暨南大学2015级工业工程专业研究生黎妙娟提供此案例）

从本章的案例中，可以发现改变六流中的阴阳爻形成的新卦象可以用来预测企业或者个人的未来走势和规划。企业或者个人可以通过信息流、物流、资金流、责任流、权力流和利益流中流的爻象做出改变，提出新的发展规划。也就是着力改变六流中的匹配爻象，每个流的阴阳爻重新组合，可以得出新的卦象进入新的发展阶段。如果企业或者个人在六流上需要进行改变，则对改变后的卦象进行分析，从而做出新的判断。在此基础上，企业或者个人对改变后的卦象对照六十四卦卦象图和卦辞进行分析，得出新的六流匹配特征及预测，进一步完成自我诊断及决策。

第二编

ERP 系统中的六流匹配分析

第一编介绍了六流匹配易经卦象的提出与诊断步骤，并通过案例了解了六流匹配易经卦象的具体应用。本编将通过 ERP（Enterprise Resource Planning，简称 ERP）系统中管理的对称美探讨信息流、物流、资金流、责任流、权力流和利益流的六流匹配。易经的六流匹配是笔者多年来研究信息系统对企业功能、管理机制的迭代规律的总结。俗话说，有什么样的企业家就会带出什么样的员工队伍，也会成就什么类型的企业。企业的各个部门是由众多的员工组成的，他们的卦象及企业组织的表达是可以用六流匹配易经卦象表示的。本编将探讨信息系统 ERP 中的六流匹配规律。

第一章　企业管理对称美表达的信息流、物流、资金流三流匹配

通过走访多家企业，尤其是参考珠江啤酒集团的 Oracle ERP 系统实施变化，研究这些企业信息化建设后的管理提升及演变规律，笔者发现 ERP 系统下的企业管理有对称美，如图 2－1 所示。这种对称美是通过企业信息流、物流、资金流三流匹配实现的。

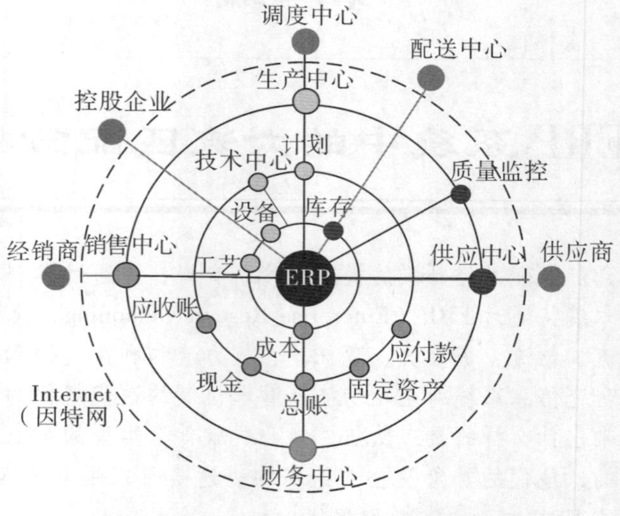

图 2－1　Oracle 的 ERP 系统模块关系

ERP 的核心是计划，对象是企业资源。管理是通过协调他人的活动来有效地实现目标的过程，作为管理四大职能的计划、组织、领导、控制职能互相渗透、互相支持，其中计划是管理的首要职能。由于一个企业拥有的资源是有限的，企业不仅需要对企业本身的资源进行有效利用，而且要对企业之外的资源进行有效计划、组织、领导和控制。《反经》上说“用非其有如己有之”，就是要把不是自己的资源当成自己的资源一样来利用，企业资源的计划就是要最大化地输入他人的资源，实现自己的有效产出。企业资源的范围很大，有形的资源如人、财、物、产、供、销、技术、信息等；无形的资源还有企业的品牌、组织结构、知识、控制策略、检验方法等。ERP 就是对企业的无形资源和有形资源进行计划。由于计划离不开组织、领导、控制，ERP 也涉及组织、领导、控制，通过对企业资源的计划来协同组织、领导、控制企业的资源。因此，ERP 中不仅有计划，还有组织结

构、领导分工、控制方法等计划协调机制。

ERP 系统是对企业资源进行计划的系统，是指建立在信息技术基础上，以系统化的管理思想，依赖集成的数据库和数据分析工具，对企业的销售、制造、后勤、财务、人力、管理策略、控制机制等资源进行计划，为企业决策层及员工提供决策的管理平台。

第一节 财务中心与生产中心的对称美

库存是装物流的仓库，总账是装资金的仓库。物中有钱，钱中有物，两者互动。

抽取企业的根本职能，笔者发现对任何企业来讲，收入和支出都是最重要的，它是控制经营成本、扩张经营、制订阶段性物流计划与资金计划的基础。前面图 2－1 中将财务中心与生产中心对折，可以发现企业的对称美；以销售中心和供应中心对折，可以发现企业的物流资金的对称图，分别处于 ERP 系统模块关系图的上、下半圆。具体的上半圆主要是物流，如图 2－2 所示。相应的物流附加上价值则变为资金流。

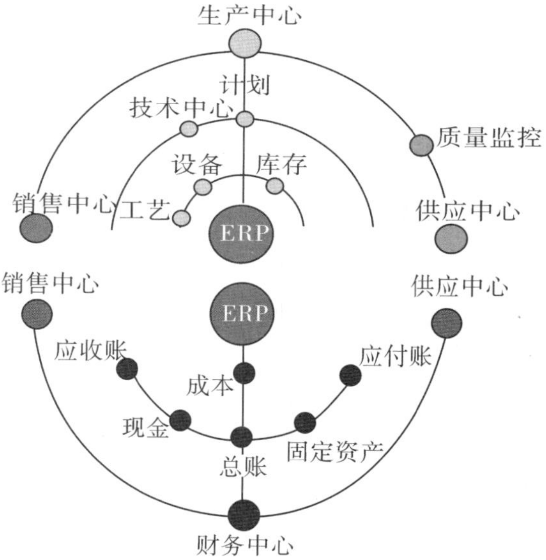

图 2－2 ERP 系统生产中心与财务中心的对称

财务中心包含总账子系统（GL）、应收账款子系统（AR）、应付账款子系统（AP）、资产管理子系统（FA）、现金管理子系统（CM）。财务中心分别连接销售中心和供应中心，对销售生产和采购进行监控，第一时间结算应收账款和应付账款，计算出现金与固定资产并做出总账，从而结算成本。从图 2－2 中可以看出，销售中心连接的应收账款与供应中心连接的应付账款具有镜像对称性，它们所处理的业务流程和业务属性类似，使得企业可以识别财务信息、采取多种财务策略、跟踪财务状态、查询财务报表，实现了销售业务、采购业务以及财务业务的标准化管理。这种标准化管理是通过财务中心与其他部门的信息流、物流和资金流相互匹配（见表2－1），以及财务中心与供应商和客户的三流匹配实现的（见表2－2）。

表2－1 财务中心与供应中心、销售中心、库存关系流匹配表

财务中心	供应中心			销售中心			库存		
	信息流	物流	资金流	信息流	物流	资金流	信息流	物流	资金流
信息流	√	√		√	√		√	√	
物流									
资金流	√	√		√	√		√	√	

表2－2 财务中心与供应商、客户关系流匹配表

财务中心	供应商			客户		
	信息流	物流	资金流	信息流	物流	资金流
信息流	√	√	√	√	√	√
物流						
资金流	√	√	√	√	√	√

第二节 连接供应中心、生产中心和销售中心的库存模块

连接供应中心、生产中心和销售中心的库存模块相当于物流中的物资总账模块，在管理属性上主要是对物流进行总体测量和控制，保障物流与信息流、资金流的匹配，如图2－3所示。采购、生产与销售管理及库存有着密不可分的联系，应用库存模块可实现库存业务的精细化管理。

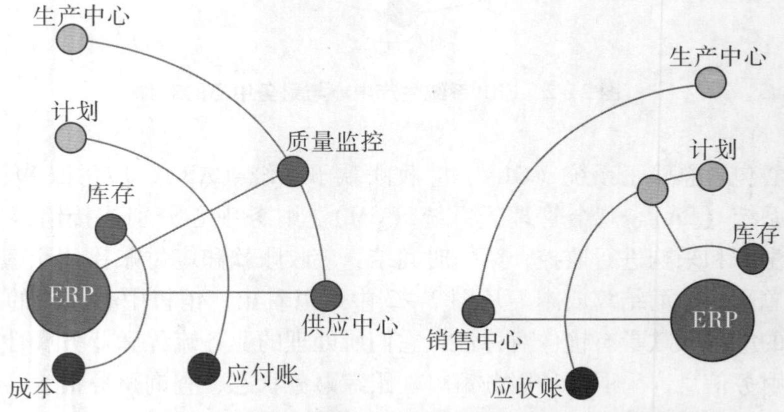

图2－3 围绕库存的生产中心、采购中心和销售中心的关系图

（1）对库存信息进行识别，对原材料、半成品、成品、辅助材料、仓库管理员等采用统一的编码进行分类管理和维护，使企业内部信息流得以匹配。

（2）采用库存策略实现库存决策，通过对库存业务类型和价值计量方法的设置来核算库存数量和价值，通过对仓库的进出库核算来核算采购成本、生产成本和销售成本，实时反映动态的采购、销售、生产、财务信息。以库存为物流的总控制窗口，实现了对采购、生产、质量、销售的有效管理和控制，从而实现了库存与采购、销售、生产等部门间信息流和物流的匹配，库存与财务中心物流和资金流的匹配。

（3）根据库存账务信息在线查询物流的库存状态，及时跟踪原始物料收发的整体信息及物料单的实际发料或者收料情况，若发现有问题或错误的采购单、生产加工单或者销售单，ERP 系统会给予提示。此外，ERP 帮助企业实现限额发料或者收料，随时掌握物流和资金流动态，从而实现了信息流、物流和资金流的相互匹配。

（4）库存数据准确录入可以为采购、生产、销售管理人员、决策人员提供及时有效的库存报表，企业应用库存可以查看各项原始收发统计数据，包括呆滞物流情况、进销存总额、库存 ABC 分类，及时考察物资的流动速度，并对客户的可供销售量进行准确计算。

第三节 采购模块和销售模块的镜像对称

采购模块和销售模块具有镜像对称性，分析销售模块与采购模块类似，企业可以应用客户关系管理对称性地进行供应商关系管理，下面重点分析采购模块。采购模块中原材料的采购是非常重要的环节，原材料的配套情况和品质也直接关系到生产产品的质量，是生产优质产品的第一步。ERP 采购模块主要是规范采购业务，在采购信息的识别、采购策略的制定、采购状态的跟踪、采购报表的统一上规范了业务，实现了采购管理的标准化。采购管理的标准化也是通过企业内外部信息流、物流、资金流三流匹配实现的。

（1）采购模块对供应商、采购员等采用统一编码进行分类管理及维护，规范了所有采购物料的名称及编码，保障了企业内信息流的匹配，以及企业和供应商的信息匹配。

（2）企业可以利用多种采购策略，在采购模块中设置供应商类型和优先级，并针对物料类型设置采购提前期和采购批量，对需分期采购的可以按分期要求设置采购日期和数量。

（3）企业能在线查询采购状态，包括采购单的整体信息及供应商的实际到货情况，对有问题或错误的采购物资，ERP 系统会给予提示。此外，若收到的采购数量超过采购单订货数量，ERP 系统能拒收，实现限额收料，使企业内外部信息流和物流的匹配得以保障。

（4）企业应用采购模块可提供供应商以及采购物料的各项原始统计数据和报表，包括供应商已供应数量、供应商尚未供应数量、供应商按时供货数量、供应商供货质量等级等，能够及时考核供应商。

第四节 生产中心的生产模块是三流匹配的核心

从供应链的角度看，生产模块是连接采购和销售的核心，相当于资源转化的处理中心，如图 2-4 所示。在采购、生产、销售三个模块中，生产管理模块连接了销售和采购，使销售中心的销售计划（信息流）和采购中心的采购计划（信息流）相互匹配，形成生产中心的生产计划和生产活动（信息流和物流）。ERP 系统的实施方便了生产业务的处理，在生产信息的识别、生产策略的制定、生产状态的跟踪、质量的监控、生产报表的统一方面实现了自动化、集中化，实现了管理的标准化，如表 2-3 所示。

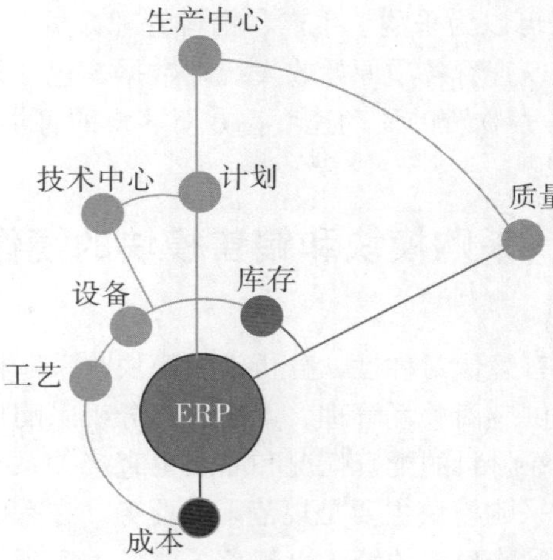

图 2-4 ERP 系统中围绕生产中心的模块关系图

表 2-3 生产中心与供应中心、销售中心、财务中心、库存关系流匹配表

生产中心	供应中心			销售中心			财务中心			库存		
	信息流	物流	资金流	信息流	物流	资金流	信息流	物流	资金流	信息流	物流	资金流
信息流	√	√		√	√		√		√	√	√	
物流	√	√		√	√		√		√	√	√	
资金流												

第二章 企业管理对称美的责任流、权力流、利益流三流机制

在进一步研究 ERP 系统的管理机制及文化渊源后，笔者对走访的企业信息化绩效进行反复研究，发现企业管理的对称美实际上只是表象，信息流、物流、资金流的匹配只是我们能看到、感知到的具体事件。因此，笔者引入批判实在论 CR（Critical Realism），探讨信息流、物流、资金流三流匹配后的责权利匹配机制，挖掘对称机制。其中，责任是指特定地位或角色的人应该承担的任务或义务。它是一个宽泛的概念，如社会责任、家庭责任、法律责任、道德责任等。鉴于本书探讨企业 ERP 系统的问题，因此这里的责任特指职务责任，即职责。职责是在组织活动中个人或部门必须承担的任务或必须达到的结果。职权是为了履行职责所必需的支配他人及其他资源的能力。权力是指一个人（A）影响另一个人（B）的能力，这种影响使 B 做在其他情况下不可能做的事。利益则是满足人们需要的物质。

第一节 批判实在论方法分析企业的责任、权力、利益的匹配

批判实在论 CR 的创始人是巴斯卡，起源于科学哲学研究领域，后面被 Archer 和 Sayer 发展到社会学领域。在信息系统研究领域，已经有学者在哲学层面、理论层面和实证研究层面利用批判实在论做了信息系统实施机制的研究工作。本书把 CR 用到 ERP 系统中，结合传统易经卦象进行企业表达，同时对易经中的六爻进行机制分析。

CR 是一种关于世界、人类行动者及两者之间相互作用的实在论哲学理论，其因果机制的思想，就是在对实证主义因果观的质疑与批判的基础上建立起来的。一般来说，实证主义认为因果关系就是事件之间经常联结的关系，这种因果观会面临一个难以阐明的理论困境，即无法对独特的经验事件（或没有规律性的经验事件）的发生进行解释。而 CR 的因果机制思想则主张事物的机制可促使后起事件必然发生，机制是指事物起作用的方式。关于客观世界的理解，CR 理论认为存在一个独立于我们的认知的实在世界，且分层为三个不同的域。这三个由浅至深的重叠的域分别称为真实域、实际域和经验域。其中，真实域包含事件、经验和有能力产生行为的机制，即整个实在。实际域包含了发生（或未发生）的事件并包含经验域，在经验域的事件是可观察的或经验的。由此可知，客观事件不应该只归为可观察的那些事实，人们常感知的事实也许只是真实域的实在的一部分，也不应该将因果机制仅归为事件。所谓的机制，是指事物起作用的方式。按照 CR 的观点，机

制存在事物的经验层事件之外，不容易被人感知和体验得到，也就是说实证主义所依据的那些经验事件并不是 CR 所关注的机制。

在方法论上，CR 在信息系统上的研究同样不只是关注数据和方法分析，而是转为理解研究者真正面临的问题和背后的原因。明格于 2004 年强烈号召把 CR 引入信息系统和组织变革过程中来，哈贝马斯认为 CR 可以帮助人们找出旧的组织框架及利益格局存在的问题，重新调整企业结构，从而使得企业人员和企业实体共同获得成长。经过回顾多年来的 ERP 研究实践及企业 ERP 绩效释放机制，笔者发现 ERP 的先进性有更多看不见的管理机制。例如，表面上看，ERP 系统实现企业管理模式趋同的信息流、物流、资金流三流匹配模型会使企业的生产效率提高，但是，背后的责权利匹配机制和企业内部结构的变化才是真正原因。

CR 的基本假设认为存在独立于我们认识之外的真实世界——本体。本体内部结构的因果关系呈现层次性，深层的“因”决定浅层的“果”，深层的“因”为“结构”，中层的“因”为“机制”，表面的“果”为“事件”（可感知到的现象），事件、机制和结构（见图 2－5）组成了一个彼此有差异且处于不同层级的本体世界。

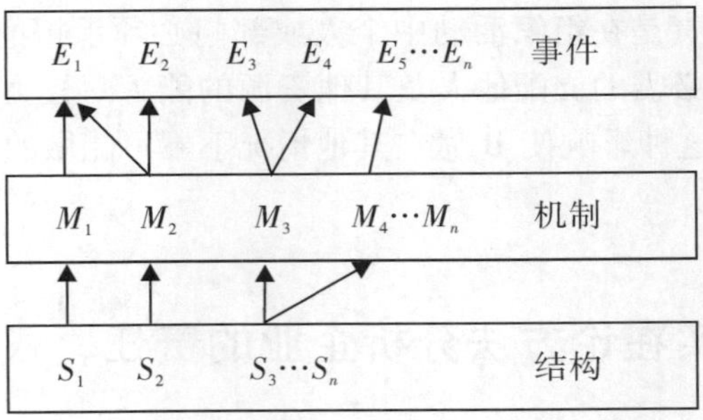

图 2－5 本体的因果层次

本书采用批判实在论的研究范式对 ERP 的责、权、利机制进行研究，典型分析过程如下：

（1）识别事件：找出我们能体验到的感官事件，包括 ERP 实施过程中出现的各种关键事件。

（2）识别实体：实体可以是组织、角色或者系统，具有因果力。例如，ERP 系统就是一个实体，它可以触发事件，产生因果关系。

（3）挖掘机制：找出机制是研究的核心所在，机制是一个可以触发事件的因果结构，它受周围环境的影响而决定是否触发事件。

第二节 以 MZX 公司 ERP 系统实施为例探讨责权利匹配机制

下面以 MZX 公司库存管理流程分析责权利匹配机制。

在 MZX 公司 ERP 系统实施前，传统的库存管理是送货—发货制，由统计员、仓管员和采购员三者共同承担。统计员的职责是通过仓管员获得材料，在材料紧急需求的情况下，统计员可以越过仓管员找采购员以保证生产车间的材料得到供应，统计员对车间生产材料堆积和高损耗现象不承担责任。仓管员的职责是根据统计员的生产计划计算各种材料的供给量，同时控制发货数量，以控制企业成本，获得较低的存货量和损耗率。采购员的职责是采购足够多的材料以保证生产，不承担材料堆积的成本损耗责任。

在这种流程和制度下，库存成为仓管员与统计员、仓管员与采购员之间博弈的牺牲品。库存管理流程中的事件识别如下：

（1）仓管员的行为是尽量少发货来控制成本，使得生产部门的生产计划难以实施，导致信息流不匹配。

（2）统计员为了保证车间不停产，表现的行为是多领料，造成车间生产材料堆积，使得生产计划的信息流与领料的物流不匹配。

（3）采购员的行为是为了获得材料供应商的回扣且避免生产缺货而大量采购，造成仓库材料堆积，使得实际需要的材料信息流与采购的材料信息流不匹配。

（4）统计员越过仓管员找采购员直接获取材料的现象造成仓管员无法及时对材料进行入账出账，随之财务由于没有进出材料单据，不能反映供应商应付账款，也不能及时核算成本费用，导致企业资金管理难以控制，生产成本费用不准确。这些问题的表现就是信息流、物流、资金流的不匹配。

（5）伴随着集团规模的不断扩大以及业务量的不断增长，材料种类不断增多，MZX 公司的库存管理问题开始凸显，库存占用企业资金达到 2 000 万元，严重影响了企业经营绩效。

笔者认为 MZX 公司实施 ERP 系统过程是实体交互过程，同时 ERP 系统实施过程中的流程再造也是实体交互过程，存在组织的变化和流程的变化、ERP 系统变化的交互，在这个过程中产生了上述被观察到的各种事件。库存管理流程再造中涉及统计员、仓管员和采购员等多个实体。

CR 的本体分层理论需要我们找出触发事件的因果结构。通过对 ERP 系统的实施过程进行分析后，我们发现：ERP 实施会导致企业绩效发生变化，其变化来源是企业具有了新的机制，新机制的来源是企业结构发生了变化，因此，企业行动者的行为受到新配置的责权利的引导和支配。

2005 年，MZX 公司着手实施 ERP 系统。企业为了实现 ERP 系统中管理的“最佳实践”，必须进行流程再造。流程设计和数据管理被称为 ERP 系统实施两项最重要的工作，也是 MZX 公司 ERP 系统实施项目组谈得最多的两样东西。在项目实施过程中，集团上下一致认同“我们坚决适应系统，不要求系统适应我们”的原则，遇到现行流程与系统要求相冲突时，不管有多大困难，都要改变流程去适应系统。使用 ERP 系统后，库存管理实行的是按单领料制，整个流程中贯穿着销售单、预测单，再到系统的 MRP、仓库和采购流程。仓管员的职责是保证系统数据与发货单和实物一致即可，不用考虑材料采购量和发货量问题；统计员的职责是根据领料单找仓管员领料即可，统计员和仓管员之间不会再有冲突，统计员也不再需要越过仓管员找采购员；采购员的职责是严格按系统中的采购需求申请采购，并且入库有日期，这样就可以考核采购员的工作，避免了采购员 1 天采购 5 天材料量的事件发生。因此，仓管员、统计员和采购员三者之间不再是博弈的关系，而是在信息集成和共享的条件下，按照 ERP 系统的标准流程来完成材料流转的工作。在 ERP 实施过程中，统计员、仓管员和采购员的责权利得到重新确立，他们各自的责任、权力和利益得以相互匹配，从而使 MZX 公司的信息流、物流和资金流也实现了匹配。同时近亲采购人员的管理问题得到解决，企业存货占用资金从 2 000 万元降到 800 万元，企业绩效得到显著提高。

综上分析，MZX 公司实施 ERP 系统后 ERP 绩效的产生过程可以说明库存管理绩效的产生机制为 ERP 系统的嵌入，即对统计员、仓管员和采购员的责权利配置产生影响，责权利的匹配引起三者行为的变化，进而使库存管理水平得到提高并产生 ERP 绩效。ERP 系统中的六流匹配使得企业的管理呈现对称美，企业在实施 ERP 系统的过程中，应该将责任流、权力流和利益流三流相互匹配。缺乏责任，企业信息的传播将会受阻而造成信息不共享，企业就会产生腐败现象，进而衰退；缺乏权力，就难以调控人力、资金等各种物流资源，管理者的执行就会变成纸上谈兵；缺乏利益，企业员工积极性就会下降，消极怠工。企业只有形成一个相对公平合理的责权利三流匹配机制，才能充分调动员工的积极性，各显其能，促使企业信息流、物流和资金流的三流匹配真正发挥 ERP 系统的“最佳实践”作用。

本编通过 ERP 系统中的对称美分析了信息流、物流和资金流的匹配，并引入批判实在论 CR 对 ERP 系统中的信息流、物流和资金流三流匹配的产生机制——责权利的匹配进行了分析。然后以 MZX 公司的 ERP 系统实施为例探讨了信息流、物流、资金流、责任流、权力流和利益流的六流匹配所产生的管理绩效，说明六流匹配是 ERP 系统发挥“最佳实践”作用的关键。

第三编

家庭版 ERP 故事中的六流匹配分析

上一编从企业管理有对称美的视角对 ERP 系统中的六流匹配进行了分析，本编将通过家庭版 ERP 故事探究家庭生活中的六流是如何流转匹配的。

第一章　家庭版 ERP 故事

对于什么是 ERP，很多人觉得难以理解，主要原因是没有去过企业，对于企业是怎样管理、怎样做计划及企业的产品怎样在生产线进行加工了解得不多。或者，虽然在企业工作，但一直在某个部门，对于一个企业的整体运作和管理并非全然清楚。家庭是社会的细胞，家庭资源的计划是家庭主妇的主要工作，家里的基本工作做法就是一个家庭资源计划的例子。接下来请阅读家庭版 ERP 故事，感受信息流、物流、资金流、责任流、权力流和利益流在家庭里的流转匹配。

场景一：客户订货

一天中午，丈夫在外给家里打电话："亲爱的老婆，晚上我想带几个同事回家吃饭，可以吗?"（订货意向）

妻子："当然可以，来几个人？几点来？想吃什么菜?"

丈夫："6 个人，我们晚上 7 点左右回来，准备些酒、烤鸭、番茄炒蛋、凉菜、蛋花汤……你看行吗?"（商务沟通）

妻子："没问题，我会准备好的。"（订单确认）

场景二：生产排程业务

妻子记录下需要做的菜单（MPS 计划），具体要准备的东西：鸭、酒、番茄、鸡蛋、调料……（BOM 物料清单）

发现需要：1 只鸭，5 瓶酒，10 个鸡蛋（炒蛋需要 6 个鸡蛋，蛋花汤需要 4 个鸡蛋，共用物料）……（BOM 展开）

打开冰箱一看（库房），只剩下 2 个鸡蛋（缺料）。

场景三：采购、质检业务

来到自由市场，妻子："请问鸡蛋怎么卖?"（采购询价）

小贩："1 个 1 元，半打 5 元，1 打 9.5 元。"

妻子："我只需要 8 个，但这次买 1 打。"（经济批量采购）

妻子："这儿有一个坏的，换一个。"（验收、退料、换料）

场景四：生产业务

回到家中，准备洗菜、切菜、炒菜……（工艺线路）

厨房中有燃气灶、微波炉、电饭煲……（工作中心）

场景五：产能计划

妻子发现拔鸭毛最费时间（瓶颈工序、关键工艺路线），而且用微波炉自己做烤鸭可能来不及（产能不足）。

场景六：委外订货

于是妻子到楼下的餐厅里买现成的烤鸭（产品委外）。

场景七：紧急订货

下午 4 点，接到儿子的电话："妈妈，晚上有几个同学想来家里吃饭，你帮忙准备一下。"（紧急订单）

"好的，你们想吃什么？爸爸晚上也有客人，你们愿意和他们一起吃吗？"

"菜你看着办吧，但一定要有番茄炒蛋，我们不和大人一起吃，晚上 6：30 左右回来。"（不能并单处理）

"好的，肯定让你们满意。"（订单确定）

"鸡蛋又不够了，打电话让小店送过来。"（紧急采购）

晚上 6：30，一切准备就绪，可烤鸭还没送来，急忙打电话询问："我是李太太，怎么订的烤鸭还没送来？"（采购委外单跟催）

"不好意思，送货的人已经出发了，可能是堵车吧，马上就会到的。"

门铃响了。

"李太太，这是您要的烤鸭。请在单上签字。"（验收、入库、转应付账款）

晚上 6：45，女儿的电话："妈妈，我想现在带几个朋友回家吃饭，可以吗？"（又是紧急订购意向，要求现货）

"不行呀，女儿，今天妈妈需要准备两桌饭菜，时间实在是来不及了，真的非常抱歉，下次早点说，一定给你们准备好。"（这就是 ERP 的使用局限，要有稳定的外部环境，要有一个起码的提前期）

场景八：财务业务处理

送走了所有的客人，妻子在电脑前计算今天的所有开销，共花了 280 元（成本分析）。

丈夫说："我们这次请吃饭虽然花了不少钱，但是我的朋友们都很开心，儿子的同学们也都很开心。我们的感情收益远大于我们的支出。"（盈利分析）

妻子说："但是我们今天的支出超出预算了，5 天后将会出现资金缺口。"（现金预算）

丈夫说："那我从小金库拨款给你吧。"（应收款处理）

场景九：固定资产及人力资源管理

坐在沙发上，妻子对丈夫说："亲爱的，现在咱们家请客的频率非常高，应该要买些厨房用品了（设备采购），最好能再雇个小保姆。"（连人力资源系统也有缺口了）

丈夫："家里你做主，需要什么你就去办吧。"（通过审核）

由上面九个场景构成的家庭版 ERP 故事可见，家庭主妇需要管理的资源与企业很相似。家庭主妇对于一天的饮食安排需要做计划，而且要确立需要满足的优先级别。例如，妻子通常要会为丈夫和孩子做几样拿手好菜，如烤鸭、番茄炒蛋等。烤鸭和番茄炒蛋都有食物成分，在企业就是构成产品的物料，用物料清单 BOM（Bill of Material）来表示。此外，做饭时家里一般要备些酒、佐料等，在企业就是仓库的备料即库存。家里还需要有厨房、锅、碗、瓢、盆等做饭的场所和工具，在企业就是固定资产和加工设施，如厂房、机器设备、工具等。家里做饭最关键的是炒菜的顺序，包括起锅、放油、下料、翻炒、试味等，在企业则表现在产品的加工顺序，有下料、车、铣、刨、磨、质量检验等。当得知丈夫和孩子要吃的菜后，妻子要确立菜单，去市场采购原材料，时间来不及还需要订购外卖。最后，还要计算家里的开销，记录家庭财务的变动情况。以上工作在企业就表现为确立客户的需求订单、采购原材料、外协加工、收取货款等。

【案例3－1】K公司ERP/GTS/EWM/OA多系统集成上线项目诊断分析

针对K公司在2016年9月份ERP/GTS/EWM/OA多系统集成（KINGFA）项目上线情况进行诊断分析，评估此次多系统集成的大型项目的运行情况。

一、项目情况介绍

（一）软件系统简介

1. ERP

ERP（Enterprise Resource Planning）即企业资源计划，是MRPⅡ（企业制造资源计划）下一代的制造业系统和资源计划软件。除了MRPⅡ已有的生产资源计划、制造、财务、销售、采购等功能外，还有质量管理，实验室管理，业务流程管理，产品数据管理，存货、分销与运输管理，人力资源管理和定期报告系统。

KINGFA项目使用的ERP产品为SAP公司的ECC（Enterprise Central Componert）7.4版本，部署在其自开发的HANA服务器上。上线的模块有FI/CO/MM/PP/QM/SD。

2. GTS

GTS（Global Technical Support）是SAP公司一个用于进出口行业的产品，共包含四个方面的解决方案：

（1）SAP Compliance Management：出口相关控制检查，包含禁运令检查、SPL检查、legal检查（产品相关）。

（2）SAP Customs Management：支持海关相关流程，包括海关流程及运输流程。海关流程（customs）：海关报关流程相关凭证及文档打印。例如，报关单（Customs Declaration），进出口海关关税，费用计算，以及产品分类等。运输流程（Transit）：NCTS，仅适用于少数欧洲国家。

（3）SAP Risk Management：信用证管理，Restitution，Preference（最惠国税率方案）（与运送到哪个国家有关，并不是都有该流程）。

（4）SAP Electronic Compliance Reporting：电子合格报告，仅适用于EC（欧洲部分国家）。

KINGFA项目使用的版本是SAP GTS 1.1 IN HANA。

3. EWM

EWM（Extended Warehouse Management）即扩展仓库管理，此系统为客户处理各种商品移动和管理仓库库存，提供灵活的自动化支持。系统能够对客户所有仓库物流流程进行有计划的高效处理。

KINGFA项目使用的版本为SAP EWM 920。

4. 泛微OA

OA（Office Automation System）即办公自动化系统，是面向组织的日常运作和管理，员工及管理者使用频率最高的应用系统。

KINGFA 项目使用的是泛微 OA 8.0 版本。

（二）项目软件实施商简介

KINGFA 项目的成员主要由 K 公司的业务部门和 IT 团队以及软件实施商组成。SAP 公司为 KINGFA 项目开了一个专家团队号做主要远程支持，如图 3－1 所示。

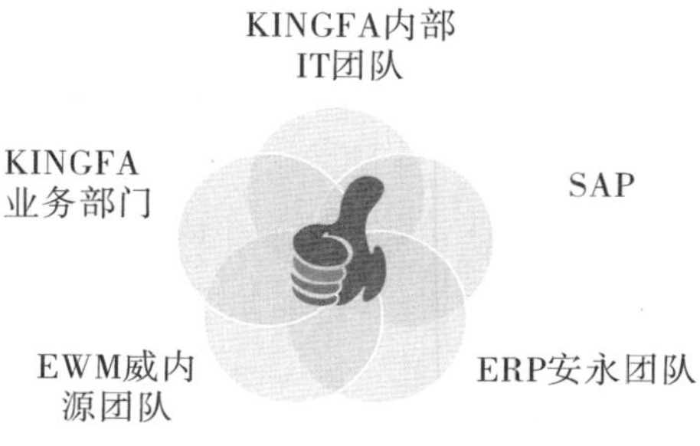

图 3－1　KINGFA 项目组团队成员

1. SAP ERP/GTS 软件实施商：安永（中国）

安永是大中华区规模最大的专业服务机构之一，在区内提供专业服务已有 40 年。在此期间，安永取得多项具有里程碑意义的发展：安永的前身雅特杨会计师事务所于 1968 年在香港成立首个办事处；1981 年安永成为首批获准在中国内地开展业务的国际专业服务机构之一。其在大中华区的员工达 14 000 名。

2. SAP EWM 软件实施商：威内源

成立于 1969 年的威内源咨询业务遍及全球，拥有来自欧洲、亚洲和美洲地区的顾问团队。威内源咨询提供全球商业和 SAP 咨询服务，为那些追求创新、卓越运营和盈利并可持续发展的中大型企业服务。

3. OA 软件实施商：泛微

泛微成立于 2001 年，总部设立于上海，专注于协同管理软件领域，并致力于以协同 OA 为核心帮助企业构建全新的移动办公平台。在移动办公领域，打造了上海医药、复星集团、绿地集团等多个业界标杆的案例。

（三）K 公司简介

K 公司是全球领先的新材料企业，依托高性能新材料的科研、生产、销售和服务，为创造更加安全、舒适、便捷的人类生活提供全新的材料解决方案，推动人类生活环境的持续改善，创造美好生活。

K 公司总部位于广州科学城，旗下拥有 30 多家子公司，在南亚、北美、欧洲等海外地区设有办事机构。K 公司的产品以自主创新开发为主，覆盖了改性塑料、特种工程塑料、精细化工材料、完全生物降解塑料、木塑材料、碳纤维及其复合材料等自主知识产权产品。K 公司材料以其良好的环境友好度和卓越的性能远销全球 130 多个国家和地区，为全球 1 000 多家知名企业提供服务。

（四）项目上线计划及部署

KINGFA 项目以 ERP 项目计划为核心，GTS 模块、EWM 模块和 OA 系统根据 ERP 组的计划进度紧密进行，系统上线计划如图 3－2 所示。

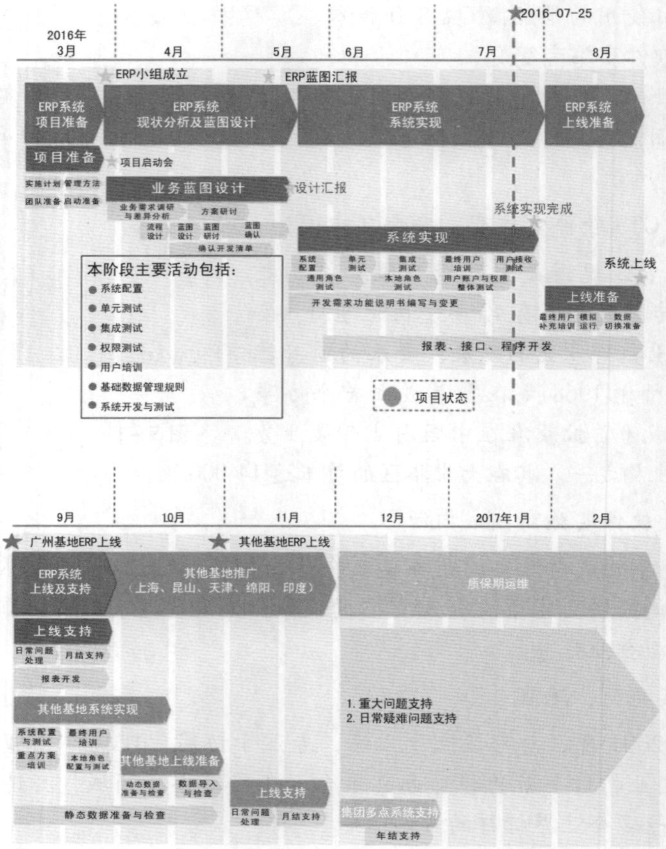

图 3－2　系统上线计划

系统上线切换时间安排在2016年9月1日，其里程碑设置有：

（1）2016年3月28日ERP项目小组成立；

（2）2016年5月16日ERP蓝图确认汇报；

（3）2016年7月31日系统实现完成；

（4）2016年9月1日广州上线；

（5）2016年11月1日基地（各分子公司）上线。

此报表评估的范围是2016年9月1日集团总部（广州）上线的项目情况。

（五）项目带来的改变

从产供销体系看，ERP系统新模式流程有了以下改变（见图3－3）：

（1）销售预测作为原料备料的源头（运行MRP产生原料计划订单，再转采购申请）。

（2）销售订单、生产订单使用系统ATP自动评审，不再手工检查库存。

（3）生产订单使用订单池排产，系统自动评估生产能力。

（4）销售订单触发发货单发货，不再依销售订单发货。

（5）ERP与EWM集成，ERP交货单如果不能匹配EWM批次库存则无法过账。

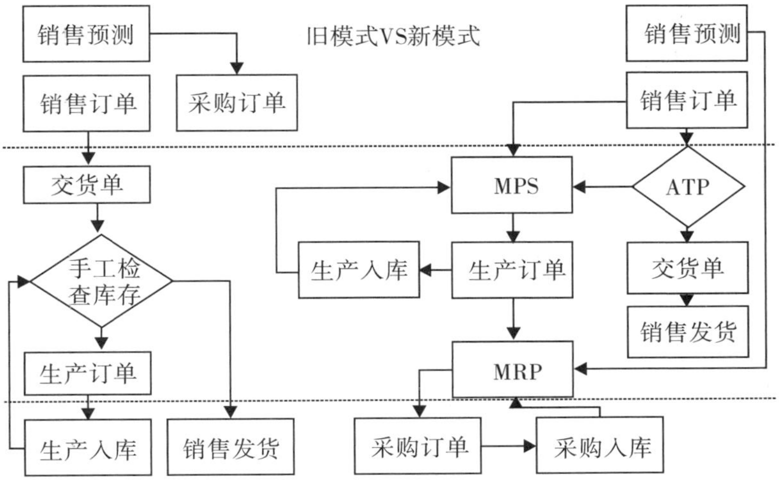

图 3－3　新旧模式对照图

从仓库管理角度看，EWM 上线前后改变如图 3－4 所示。

项目	管理精细化	作业高效化	仓库无纸化	系统可视化	流程标准化
上线前	• 物料牌号 • 批次 • 库位	• 人工管理 • 独立作业	• 纸本单据指导作业	• 人工查询 • 工作量人工统计	• 无集团统一流程管理
上线后	• 物料牌号 • 批次 • 库位 • 托盘 HU	• 系统实现多任务协同 • 总体提高作业效率	• RF 指导作业	• 系统仓库监视器对各项作业进行管控	• 统一的集团业务蓝图
改善	• 细化管理单元 • 实现批次工单追踪 • 防止产线串料	• 收料任务计划 • 道口排队系统实现成品仓配协同 • 系统对仓库存储及拣货路径的优化	• 系统运行稳定后可取消纸本单据	• 各类作业时间点及未清任务 • 人员工作量监控 • 着板管理 • 系统操作痕迹监控	• 14 份标准作业蓝图

图 3－4　EMW 上线前后改变图

（六）项目上线过程中的问题出现和解决情况

项目上线过程中出现的问题如表 3－1 所示。

表 3－1 ERP 问题情况

模块	已解决（个）	解决中（个）	小计（个）
GTS	102	2	104
SD	103	2	105
PP	67	2	69
MM	59	2	61
QM	12	2	14
FICO	58	22	80
Basis	3	0	3
EWM	1	0	1
合计	405	32	437

广州基地从 9 月 1 日上线到 9 月 30 日止，共计发现问题 437 项，截至 10 月 10 日，剩余 32 项正在解决中。

以上问题全部解决日期为 2016 年 10 月 15 日。

因为实施商不同，所以 ERP 的问题清单和 EWM 的问题清单在项目组里是分开罗列的，设计集成问题一起解决。10 月份所有的问题，在 11 月份均已全部解决，EMW 问题情况如图 3－5 所示。

在上述系统集成问题中，难度最大的是 ERP QM 模块与 EWM 模块的集成，因为 ERP 标准对物料管理的粒度至“批”层面，所有 QM 的检验批以“批”为最小粒度管理；但是 EWM 对管理的粒度细到“HU”（托盘）。两种不同粒度的口径在集成时的检验批无法正常生成、物料于质检状态无法满足订单的 ATP 等重要问题，最后是由 SAP 研究院拿出方案解决的。

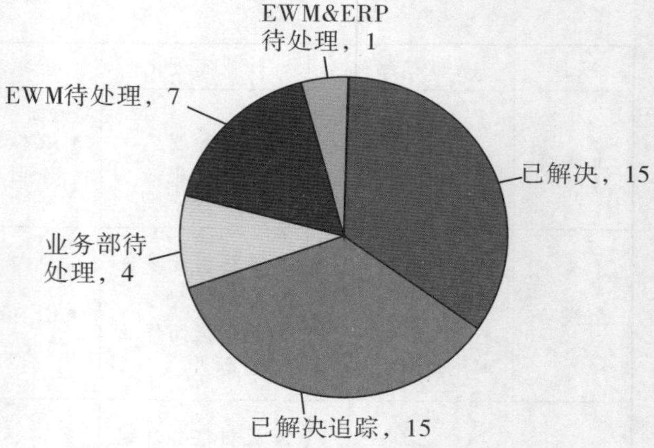

图 3－5 EMW 问题情况

二、诊断与分析

采用六流匹配易经卦象诊断工具对 K 公司的 ERP 系统的整体业务进行分析，可清晰得到物流、单据流、资金流、账务流的四流流向，如图 3－6 所示。其中，单据流和账务流归纳到信息流的范畴。

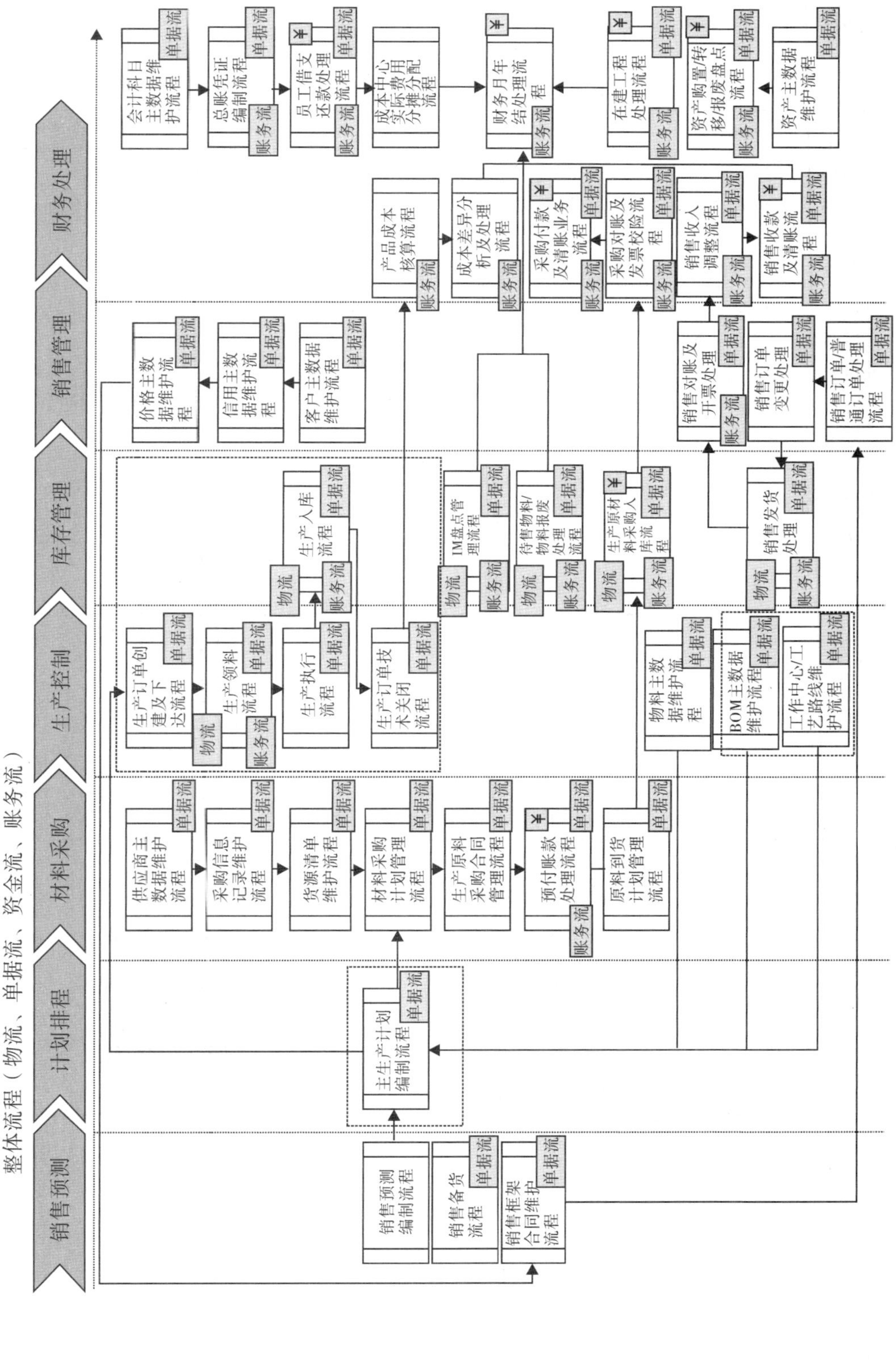

图3-11　ERP系统整体流程图

由此，可以清楚得到六流匹配模型中三股明流的情况，再联系项目上线的真实运行情况分析三个暗流，如表3－2所示。

表3－2　K公司六流匹配模型

明流	匹配情况	诊断结果	暗流	匹配情况	诊断结果
信息流	拥有先进的SAP信息系统进行单据账户的管理，信息高度共享	阳爻	责任流	由于是多系统集成项目，各个团队或各个业务部门中有些中间地带责任划分不够清晰	阴爻
物流	物流管理精细，但缺料情况严重；项目上线后，采取订单自动ATP评审，发现待料情况多	阴爻	权力流	有些业务部门的权力很大，如销售的送样可以免单权；有些部门的系统权限太大，对于管理来说，需要采取更有效的监控措施	阳爻
资金流	项目预算充足，公司业绩良好，资金回笼快，资金流充足	阳爻	利益流	项目上线运行一个月，业务爬坡已经回到上线前的效率，但精细化后的管理，可以给公司的管理带来更多便利	阳爻

三、诊断结果

根据以上分析，KINGFA项目六流匹配易经卦象诊断结果如表3－3所示。

表3－3　KINGFA项目六流匹配易经卦象

六流	结果	卦象
信息流		第38卦  睽卦
物流		
资金流		
责任流		
权力流		
利益流		

（一）卦象详解

1. 卦象原文

睽。小事吉。

象曰：上火下泽，睽。君子以同而异。

2. 白话文翻译

睽卦：筮遇此卦，小事吉利。

《象辞》说：本卦上卦为离，离为火；下卦为兑，兑为泽。上火下泽，两相乖离，是睽卦的卦象。君子观此卦象，从而综合万物之所同，分析万物之所异。

3. 《彖传》解说

睽，火动而上，泽动而下。

兑而丽乎明，柔进而上行，得中而应乎刚，是以小事吉。

天地睽而其事同也，男女睽而其志通也，万物睽而其事类也。

白话文解析：睽，乖离与相对，就像燃烧的火焰总是往上飘行，流动的水则总是往下渗入。又好像两个女子同居一室，因志向不同而行为各异。下卦的水则附丽于上卦的火焰而显得明亮，阴柔顺进向上直行，得居中正地位而与阳刚者呼应，因此说"小心谨慎地做事可获吉祥"。天和地相互乖离与相对，天下万物的所为情理却都相同无异，如世间的男女所为各不一样，但交感求和的心志却也相同，天下万物的形态各异，但禀受天地阴阳之气的表象却也相似，乖离之时有待适用的范围是多么广大！

（二）目前处理问题的原则

睽，易经六十四卦中的第 38 卦，阐明如何化"睽"为"合"的道理。睽是家人的综卦，下兑上离，离为火，兑为泽，火向上炎，泽向下润，相互背离。卦中"六五"得中，下应"九二"之刚，刚柔错位，亦是"睽"象。

睽卦象征背离分散，卦旨在于揭示如何化分为合，在这里可以觅得处理对立矛盾的良法。总的原则是：在解决背离对立的棘手矛盾时，须小心翼翼，谨慎行事，后果会是吉祥的。事情虽已处于离异状态，我们却要看到，其中必有可合之点、可同之处。"求同存异"的策略即由此而来。这时须委曲周旋，因势利导，终究可以化解前嫌，把分离变为合作，化干戈为玉帛，重修秦晋之好。睽卦六爻虽然都处于睽分之中，但没有一爻是久分不合的，各爻都通过曲折之途走进分而再合之门。

四、改善建议

（一）将来发展的方向：转无妄卦

系统上线后，针对上述诊断出来的问题，可以重点从以下两个方面进行改善加强：

（1）物流的管理：包括物料计划的精准性、安全库存重订货点设置的合理性以及来料到货的及时性、合格率等。

（2）业务部门权限的管理：免单权限（流程设置的合理性）、系统权限的安全性等。

（二）改善后的诊断

按照上面两方面改善的六流匹配模型诊断如表 3-4 所示。

表 3－4　KINGFA 项目改善后的六流匹配诊断

明流	未来走向	匹配结果	暗流	未来走向	匹配结果
信息流	良好，保持不变	阳爻	责任流	业务与各团队间的灰色地带责任难以强硬划分，但是可以由项目组统筹沟通、各团队协同合作来解决	阴爻
物流	加强物料计划管理	阳爻	权力流	控制过大的权限	阴爻
资金流	良好，保持不变	阳爻	利益流	良好，保持不变	阳爻

表 3－4 的物流和权力流转换后，得到第 25 卦无妄卦卦象，如表 3－5 所示。

表 3－5　KINGFA 项目改善后的六流匹配易经卦象

六流	结果	卦象
信息流		第25卦  无妄卦
物流		
资金流		
责任流		
权力流		
利益流		

无妄卦又称累卦，有春雷滚动万物萌发之意，是一个开始发展、守正道者诸事皆宜、顺其自然会发达的卦象。

（三）未来卦象解释

无妄。元亨利贞。其匪正有眚，不利有攸往。

象曰：天下雷行，物与无妄。先王以茂对时，育万物。

无妄卦：嘉美通泰，卜问得吉兆。行为不正当，则有灾殃，有所往则不利。

《象辞》说：本卦上卦为乾为天，下卦为震为雷，天宇之下，春雷滚动，万物萌发，滋生繁衍，这是无妄的卦象。先王观此卦象，从而奋勉努力，顺应时令，保育万物。

这个卦是异卦（下震上乾）相叠。乾为天为刚为健；震为雷为刚为动。动而健，刚阳盛，人心振奋，必有所得，但唯循纯正，不可妄行。无妄必有获，必可致福。

大象：雷动于天，阳气舒发，为真实无虚妄之意。

运势：凡事宜守正，若行为不检者，必招灾祸。

事业：贵自知之明，从个人实际出发，不抱非分之想，脚踏实地，勤奋努力，检点行为，防意外灾祸。不计较得失，诚心追求，待机而动，事业必成。

经商：切勿勉为其难，遵循市场规律，讲究商业道德，摒弃投机心理，勿贪暴利，经过辛勤努力，日积月累，必将成功。

求名：以良好的动机，刻苦努力，丢弃幻想，但问耕耘，不问收获，终将有所获。

婚恋：双方务以诚相待，绝不可抱以轻率的态度，亦不宜急于求成，应顺其发展，水到渠成。

决策：精力充沛，富有上进心，可有作为。但务必勤勉努力，诚心诚恳，奋发向上，刻苦钻研。不可因小有成就而得意忘形。不必追求所得，而应追求实干。遵循规律办事，等待时机再行动。尤其应清除非分的念头。这样，可实现自己的理想。

六流匹配易经卦象，看起来玄，但是诊断的结果却出奇的准。因此，K 公司将按照无妄卦提供的系统运维方向实施运行。2018 年，将再对项目的运维情况进行六流匹配易经卦象诊断，届时将验证报告的结论。

（感谢暨南大学 2015 级工业工程专业研究生申凤提供此案例）

第二章　家庭生活中的六流分析

阅读完家庭版 ERP 故事后，有学生感慨地说："学好 ERP 将来好找妻（夫）!"您说呢?

本章将以家庭采购和质检场景中的食材采购流程、财务业务场景中的生活费（应收款）处理流程和固定资产及人力资源管理场景的厨具购置（设备采购）流程，分析信息流、物流、资金流、责任流、权力流和利益流的六流匹配。

第一节　食材采购流程

一、流程简介

家庭生活中，妻子依据每日家庭成员饮食结构到市场采购食材。妻子向商贩询问食材价格之后，商贩考虑自己食材的成本，结合利润和市场竞争力等因素，报出价格。妻子在对市场上商贩给出的食材和价格进行对比后，选择商贩购买食材。妻子根据饮食计划计算所需食材的品种、数量和购买时间，与商贩达成采购协议，确定后直接向相应的商贩领取食材或给相应的商贩下达食材订单，完成订购食物原料的任务。

二、流程运作机制

（1）食材采购的角色与任务，如表 3 -6 所示。

表 3 -6　食材采购的家庭成员与任务表

家庭成员	任务
丈夫	给出饮食计划
儿子	给出饮食计划
女儿	给出饮食计划
妻子	制定食材采购明细，选择商贩达成买卖，接收采购食材，支付食材费用

（2）关系流匹配，如图 3 -7 所示。

①给出饮食计划：家庭每位成员给出饮食计划。代表完成了妻子与其他家庭成员间信

息流的匹配，同时也完成了家庭成员自身责任流与信息流的匹配。

②制定食材采购明细：妻子根据家庭每位成员的饮食计划，制定食材采购明细。代表妻子完成了责任流与信息流的匹配，同时也完成了责任流与权力流的匹配。

③选择商贩达成买卖：妻子根据市场商贩的报价及食材品质，选择商贩达成买卖。代表妻子完成了与商贩信息流、物流的匹配，同时完成了自身责任流与信息流、权力流与物流、责任流与权力流的匹配。

④接收采购食材：妻子挑选或检验食材合格后直接领取或接收。代表妻子权力流与物流的匹配。

⑤支付食材费用：妻子按照领取和接收的食材，直接向商贩付款。代表妻子完成了信息流与资金流的匹配，同时也完成了利益流与资金流的匹配。

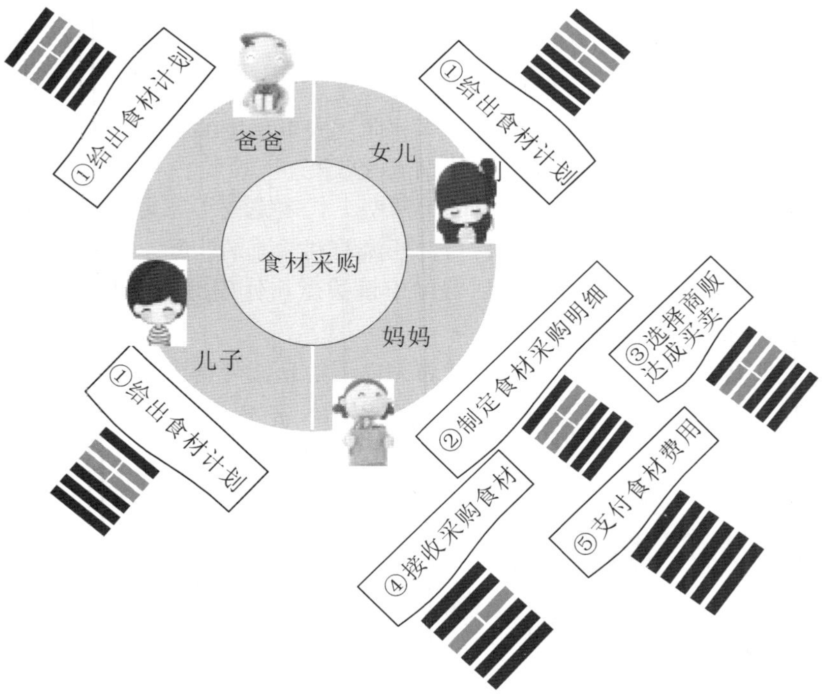

图 3－7　食材采购流程及关系流匹配

第二节　生活费（应收款）处理流程

一、流程简介

家庭生活中，妻子根据家庭开支预算向丈夫申请生活费用（应收款），并在约定时间收取生活费及进行相应记账处理。在家庭版 ERP 故事场景八财务业务处理中，妻子通过预算现金，发现5天后将会出现资金缺口，向丈夫提出提前收取生活费申请，收到丈夫小金库划拨资金后进行记账。

二、流程运作机制

（1）生活费处理的家庭成员与任务，如表3－7所示。

表3－7　生活费（应收款）处理的家庭成员与任务表

家庭成员	任务
妻子	生活费申请，生活费收取
丈夫	确认生活费，划拨生活费

（2）关系流匹配，如图3－8所示。

①生活费申请：妻子制定家庭开支预算并向丈夫申请生活费。代表完成了与丈夫信息流的匹配，同时也完成了自身责任流与信息流的匹配。

②生活费收取：妻子收取丈夫支付的生活费。代表完成了与丈夫信息流的匹配以及信息流和资金流的匹配，同时也完成了自身责任流与利益流的匹配。

③确认生活费：丈夫确认妻子生活费的申请拨款。代表完成了与妻子信息流的匹配，同时也完成了责任流与信息流的匹配。

④划拨生活费：丈夫给妻子拨款。代表完成了信息流与资金流的匹配，以及利益流与资金流的匹配。

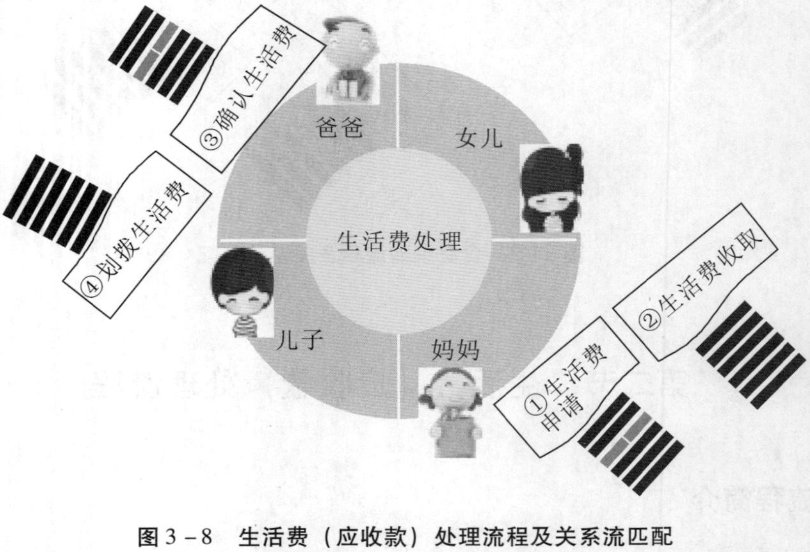

图3－8　生活费（应收款）处理流程及关系流匹配

第三节　厨具购买（设备采购）流程

一、流程简介

家庭生活中，妻子根据生活需要确定厨具的类型、购买价格、厨具用途等。妻子到商场挑选并购买厨具。

二、流程运作机制

（1）厨具购买的家庭成员与任务，如表 3－8 所示。

表 3－8　厨具购买（设备采购）的家庭成员与任务表

家庭成员	任务
妻子	购买计划，购买厨具，商家开票，支付购买费用

（2）关系流匹配，如图 3－9 所示。

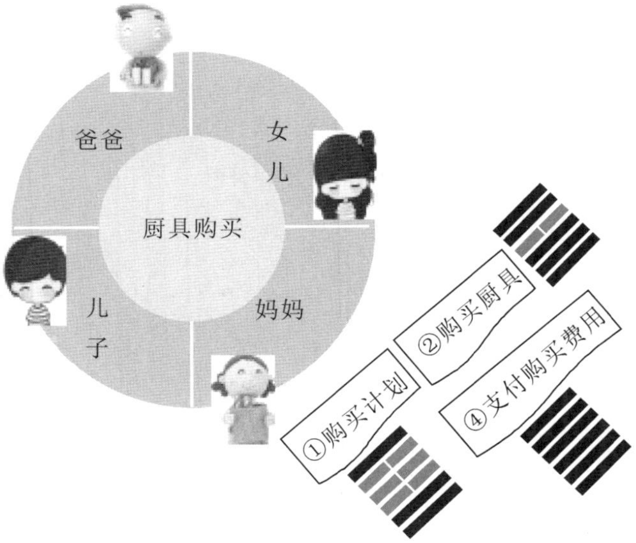

图 3－9　厨具购买（设备采购）流程及关系流匹配

①购买计划：妻子根据生活需要制订厨具购买计划。代表妻子完成了责任流与信息流的匹配。

②购买厨具：妻子根据购买计划到商场购买需要的厨具。代表妻子完成了信息流与物

流的匹配，同时也完成了权力流与物流的匹配。

③商家开票：商家为销售开具发票并交由妻子确认。代表完成了商家与妻子间的信息流匹配。

④支付购买费用：妻子根据商家报价，支付相应金额的资金给商家。代表完成了妻子与商家资金流与信息流的匹配，同时也完成了妻子利益流与资金流的匹配。

通过本章分析，我们发现，妻子同意丈夫和儿子请同事、同学吃饭，是因为丈夫和妻子愿意分享利益，这种意愿驱使丈夫和妻子启动资金购买食材；也正是在家里的地位及所拥有的权力引导支配妻子选购什么样的食材；在自己职责能力有限时，妻子拒绝了女儿的请求，使信息流和责任流匹配。可见只有信息流、物流、资金流、责任流、权力流和利益流相互匹配，家庭资源才能有效利用。

本编通过介绍家庭版 ERP 故事及其主要场景流程说明了信息流、物流、资金流、责任流、权力流和利益流在家庭生活中的流转匹配。阅读完本编内容，您赞同学生所说的“学好 ERP 将来好找妻（夫）”吗？请试用六流匹配易经卦象为故事中的妻子、丈夫诊断卦象吧。

第四编

企业转型实践逻辑诊断工具
——基于四大资本、习性和场域的六流匹配易经卦象

2008 年金融危机以来，我国企业进入企业转型与互联网应用的大潮中。此外，中国制造 2025 倡导“互联网 +”行动计划，将重点促进以云计算、物联网、大数据为代表的新一代信息技术与现代制造业、生产性服务业等的融合创新。

“互联网 +”与企业的实际环节到底怎样融合才能重塑竞争优势？互联网的可供性与实体经济怎样融合才能提升社会价值？制造企业转型实践到底如何才能使企业达到新的形态？传统企业的 OEM 制造向 ODM 或者 OBM 转型会有哪些断崖式的陷阱？带着这样的问题，笔者从 2014 年到 2015 年领导组建的企业转型课题组实地调研走访了十余家广东制造企业，通过对南方包装、明珠星钟表、白云山制药、视声电子、美的空调、宏强电子、爱玛制鞋数控、永丰余造纸、台一铜业、亚美钢材等企业的实地调研，发现传统制造企业沿着微笑曲线的转型非常艰难，主要是从 OEM 到 ODM 缺少研发人才，从 OEM 向 OBM 做品牌缺少资金。

因此，基于对国内企业转型实践的思索以及对国际前沿哲学实践转向和社会学前沿理论，笔者把布尔迪厄引入企业转型实践中来。本编试图结合布尔迪厄实践逻辑理论，将六流匹配易经卦象扩展为企业进行转型实践的咨询诊断工具，期望在企业转型过程中对企业面临问题的发现与解决有所帮助、指导。

第一章　布尔迪厄的实践场域理论

第一节　什么是布尔迪厄理论

布尔迪厄（Pierre Bourdieu）是当今世界最具影响力的社会理论家之一，在布尔迪厄看来，社会世界既存在于身体当中，即习性中；也存在于事物当中，即场域中。因此，社会世界以主客二重性的形象存在，主客不是分离的。布尔迪厄反对将社会看作实体性的物质结构，认为社会可以作为主观性的结构而被感知和触摸，即社会是主观化的客观，也是客观化的主观，主观与客观是交融的。简而言之，他反对在社会与个人、物质与精神、结构与行动等二元论范式中寻求社会实在，也反对将社会看作种种表象和意志呈现于主体的感悟中。在本书中，笔者突破了传统的对象思维，把企业与个人的关系性构建作为重点卦象分析，假设企业与个人是交融的，六流匹配易经卦象工具不仅适应于企业，也适应于个人。正是个人的六流匹配在企业部门的嵌入构成了企业的整体六流匹配，微观的个人实践构建成宏观的企业实践。就此而言，布尔迪厄的社会实践观是将社会看作由实践者、场域、资本、习性构成的有机生命体。为了抵制主观主义那种只诉诸主观体验的“虚无性”，布尔迪厄提出了“行动者”（Agent）的概念，这个“行动者”不仅本身积淀了结构主义所讲的“结构性”的东西，而且具有一定的能动作用。布尔迪厄所谓的“行动者”并不是主观主义的，甚至不同于我们通常所讲的“主体”。他不仅注意到了行动者在交互过程中与其他行动者的关系问题，也注意到了行动者对客体的塑造过程，此过程包含了行动者与社会结构乃至世界的本源性关系。

布尔迪厄实现了将社会学的研究对象“社会与个人”的关系设问，转变为“场域与习性”的关系设问。对“何谓社会”的回答，布尔迪厄直接从一种二元论的范式过渡到二重性的阐释。社会二重性直接与责权利尤其是符号权力的运作、行动者的信念状态、政治合法性、社会的生产和再生产相互关联。这些研究论点可以解决现有信息系统理论研究中存在的二元对立研究范式问题，也为本书的六流匹配企业及个人卦象诊断工具的提出奠定了理论基础。

第二节　《圣经》通天塔

《圣经·旧约·创世记》第11篇有一个著名的巴比塔的故事，我们从中可以看到语言作为一种符号权力具有无可替代的价值，也说明信息系统作为一门语言正成为社会世界一致行动及实现，六流匹配的“看不见的手”。传说诺亚方舟在大洪水劫难之后，诺亚的子孙们不断繁衍生息，都使用同一种语言，都具有一样的口音。他们为了不再被洪水所淹没，决定建一座城和塔。大家由于语言相通又同心协力，不久就建成了一座美丽而繁华的巴比伦城，并将建成一座通天高塔——巴比塔。高塔直插云霄惊动了上帝，上帝认为这些人冒犯了他的权威，想阻止通天塔的顺利建成。于是他悄悄地来到人间，想方设法改变并区别开了人类的语言。人们开始因为语言不通而分散在各处，那座巴比塔的建设自然也就半途而废了。这个广为流传的巴比塔的故事本身似乎只是在表述是上帝创造了语言，同时又使得语言多样化。但是，混乱和嘈杂却成为巴比塔的另一种寓意。语言的权力是无处不在的，并不是因为它涉及人类日常的生活实践，而是因为语言构筑了日常生活交往的角色定义和分工。语言权力并不是一种制度、储存的知识库、一项技能，而是人们社会实践时的习性、资本、场域的关系。也就是说，语言权力是运行在人类实践主体关系及其时空中的无处不在的调节之手。

巴比塔的故事在互联网转型过程中同样具有重要意义。信息系统作为符号系统，除了所指的软件代码和系统功能外，更多的是赋予了互联网、信息系统符号权力，把人们带进符号系统中。《易经》是一套符号系统，用卦象来代表具体事物或特定状态，然后借卦象的组合与变化指涉未来的发展。

第三节　把布尔迪厄的理论引入企业转型中

布尔迪厄的实践场域理论是社会学中具有普遍意义的分析模型，这也为后来的学者提供了进一步研究的空间和应用的余地。布尔迪厄理论为社会学及相关人文社会科学命题提供了崭新的研究视角和思路，并且在相对较广泛的领域都具有实际的指导意义。但是，国内外对其理解与运用尚处于拓荒阶段，国内已经有一些学者将这一理论根据不同情境进行相应的调整，对中国社会的某些领域进行研究，例如新闻场、福利场、科学场、文学场和体育场等。企业互联网转型也处于特定的社会场域之中，内部概念结构跟其他社会场域一样存在一定的一致性，也可以采用该理论来分析和研究。本书把布尔迪厄的实践场域理论用于企业互联网转型，对转型过程进行实践场域分析。实践场域分析将企业互联网转型置于更大的权力场域的关联中，以资本解释外部力量与场域内部逻辑的竞争和协商过程。布尔迪厄的实践场域理论以资本的总量和结构来界定责任、权力和利益，它对经济与文化资本的生产、流通和消费的考察，为我们摆脱追逐经济资本的单一视角来分析企业转型提供了更具社会学意义的思考框架。

本书引入布尔迪厄的实践场域理论，可以解决现有研究中存在的几个突出问题：

（1）用实践场域的观点而不是孤立静止的观点来研究企业互联网转型过程中的冲突及抵制，并用六流匹配实践逻辑表达出冲突及抵制的卦象。

（2）用行动者习性生成而不是环境与个体对立的二元模型解释互联网转型过程。

（3）用责权利匹配尤其是符号权力来解释企业互联网转型过程中的角色互动和权力实

践，以及三流匹配机制的作用过程和最终结果。

参照韦伯的“宗教劳动”，布尔迪厄发明了一套新概念，诸如场域、象征行为、象征产品、符号暴力和符号资本等。布尔迪厄在分析社会场域结构时正是以这一系列概念为框架进行的，因此我们可以运用这些概念工具对互联网转型场域进行管理机制分析。例如，企业互联网转型场域中的企业成员各自拥有的符号资本是什么？在转型过程中发生哪些冲突行为？是否存在符号暴力行为来进行互联网转型？责权利匹配机制是怎样与符号暴力结合产生最后的转型结果的？

在此，我们有必要对一些相关的核心概念（见图4-1）进行一定的梳理与考察。

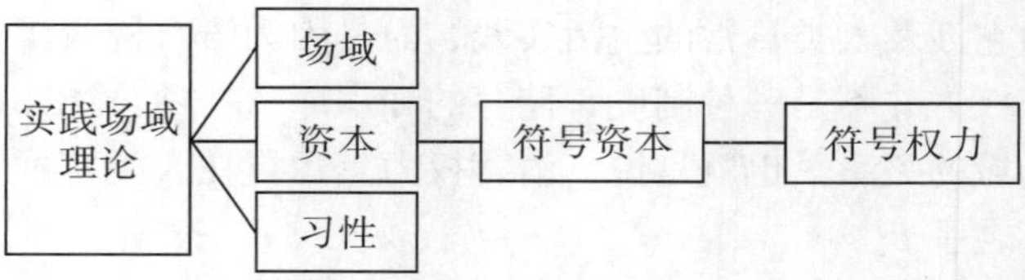

图4-1 实践场域理论的核心概念

第四节 布尔迪厄的实践场域理论

一、场域的定义

布尔迪厄将社会视为一系列不同的、受其自身特定规则支配的半自主场域。场域的相对自主性界定了场域之间的边界，展现了场域与外在因素之间既联系又独立的特性。根据布尔迪厄的著作，场域可以定义为：位置之间的客观关系的网络或图式。布尔迪厄认为场域“指的就是那种相对自主的空间，那种具有自身法则的小世界”，任何场域“都是一个力量之场，一个为保存或改变这种力量之场的较量之场”，每个场域“都是资本的特殊形式构成的地方”。场域通过场域中的行动者所在位置与其他位置之间的客观关系（统治、从属、同一）而得到界定，而且是在现在和潜在的情境中客观界定。

因此，场域是一个客观存在的、具有自身逻辑和必然性的社会空间，这个空间中占据各种位置的客体正是利用多种逻辑和策略，在不断的斗争中确保或提升其在场域中的优势位置。场域这个概念所涉及的是对行动者之间的关系、占据的位置的分析。在布尔迪厄看来，场域有其自身的特征。首先，场域是一个永恒斗争的场所。其次，场域具有相对自主性。再次，场域可看作生产符号暴力的场所。这些位置的存在，它们加诸占据者、行动者以及机构之上的决定作用都是通过各种权力（或资本）的分布结构决定的。

首先，每个场域都处于为争夺场域的统治地位的权力影响之中，每个特定的场域内部都存在着为争夺相应的位置界定的斗争。而决定这些位置的因素主要有两个方面：一是在这些位置上行动者所掌握的不同类型的资本及总额；二是这些位置之间的彼此关系。

资本是控制自我将来和他人将来的能力，资本的多寡构成了权力的作用强度。资本有多种形式：经济资本（可以直接转换成金钱）、文化资本（比如教育或者职业证书）、社会资本（比如社会地位和联系）、符号资本（声誉和威信）。社会地位是指在特定的环境下，反映个体获取资本的多少。

其次，在这些场域当中，外部的影响总是被转译为场域的内在逻辑，外部影响来源总是以场域的结构与动力作为中介。社会结构和行动者可以利用资本来决定并巩固个体的地位，而且个体无意识地接受该地位的权威作用，权威有可能再生产出相同的资本结构来约束被统治者。场域中的行动者利益分享的多寡是由场域空间的位置及资本结构决定的，与前面几章分析的利益流有联系。

最后，行动者在场域内生产的符号产品占据统治地位后，必然要向外部其他场域扩散并产生更多的符号暴力。场域内部的斗争最终会演变成场域外部的斗争，这种斗争的结果会达到某种平衡，但斗争的永恒性导致占据主流地位的符号不是固定的。

企业转型同样处于多重场域中，和其他社会、经济、文化场域一样充满了斗争。通过互联网把外部的影响转译为企业的内在逻辑，行动者可以利用互联网来巩固地位，而且让行动者无意识地接受互联网的作用，进而利用互联网再生产出相应管理逻辑及行为规则。企业转型过程中的冲突与组织变革深层的原因是管理秩序及权力的变革，涉及多个场域中的资本斗争。例如，企业转型过程中 ERP 系统实施的焦点经常在于顾问和关键用户谁能够强加给对方一种对自身所拥有的资本最为有利的业务规则和管理逻辑，是否客户化开发、是否把项目范围缩小、是否把项目延期交付、是否报表定制等争夺的焦点都是生产出占主流地位的、经过协商的符号产品。企业转型过程中也充斥着各种符号暴力和象征行为，这些行为构成了企业转型的实践。

二、场域与实践

布尔迪厄用实践来串联“场域”“资本”和“习性”等概念，他认为，习性是在实践活动中构成的实践感，习性具有总是趋向于实践的功能，习性作为一种持久的、有规则的和即兴之作的生成动力促使客观化的制度恢复活力。在结构—习性—实践的循环往复中，结构经由符号暴力塑造人们的习性，从而为实践提供了导向（倾向性）系统，继而再生产了原有的结构。当然，这一过程几乎是在无意识的状态中进行的。此外，客观的场域结构、习性的倾向作用与实践活动之间存在着一种密不可分的关系：习性是存在于客观的场域结构和动态的实践之间的主观性的中介。这三者构成了以下再生产的基本模式（见图4－2）。

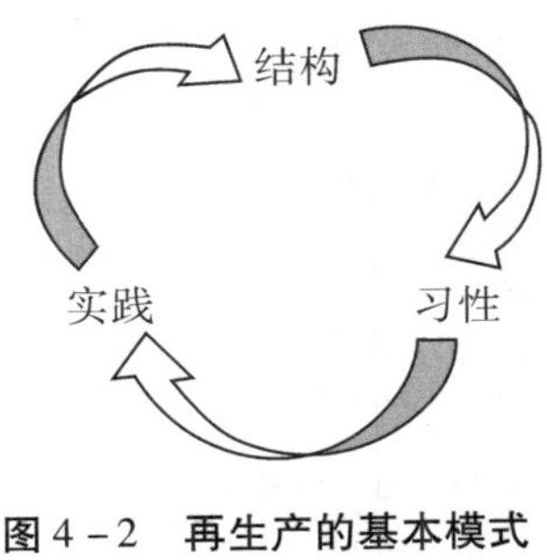

图4－2　再生产的基本模式

布尔迪厄的“再生产”实践公式提醒我们，在认识与分析企业转型实践活动时，不仅要看到带有一定资本的行动者的心智习性，同时要看到互联网转型场域的社会历史与结构，只有它们之间的本体论契合才能够构成一种所谓的实践感，最终实现企业转型的水乳交融。由于习性难改，转型面临诸多阻力，例如转型中 ERP 系统突然涌现的系统停滞或者旧的手工系统复辟等。实际上，正如布尔迪厄所形容的机制（结构）那样，转型中ERP系统的实施为企业带来的“最佳实践”其实就是某种机制，这种机制存在于双重状态之中：既存在于ERP系统的物质系统之中，又存在于企业个体的精神之中。在物质系统中，它以一个企业ERP系统实施场域的形式存在，是一个相对自主的社会世界，是一个缓慢形成的过程产物。在精神中，它以一些习性的形式存在着，而这些习性则是由创造该场域的同一过程所创造的，并直接顺应于这一场域。只有当物质和精神（或意识）趋于一致时，也就是说，当ERP中的“最佳实践”与企业管理传统产生机制趋同，ERP成为场域的产物时，那么，对于这一企业的行动者来说，企业互联网转型中的ERP系统实施就直接构成了意义和价值，企业转型的绩效才能真正释放出来。突破ERP里的责任、权力、利益机制到社会空间里的文化资本、习性、场域，可以构建出六流匹配的另三个暗流：文化资本、习性、场域。可以表示为：

责任流 ← 文化资本
权力流 ← 习　性
利益流 ← 场　域

三、场域与资本

布尔迪厄明确地表示：场域的结构是由场域中特定资本形式的分配结构所决定的，如果我们能确定特定的资本形式，那么就能分辨出该场域中所有有必要分辨的东西。他还认为，资本只有在一个具体的场域关系中才得以存在并且发挥作用。这种资本不仅赋予了某种支配场域的权力，还赋予了某种支配那些体现在身体或物质上的生产或者再生产工具的权力，以及赋予了某种支配那些确定场域日常运作的惯例和规则及从中获得利润的权力。一句话：“要想构建场域，就必须辨别出场域中运作的各种特有的资本形式。”那么，这些所谓的资本究竟具有什么样的内涵呢？它与经典马克思主义的资本有哪些区别呢？它有哪些形式呢？这些不同的资本类型分别在转型场域中占据什么样的角色呢？下面我们逐一进行探讨。

布尔迪厄这样定义资本：资本是积累的劳动（以“具体化”或“肉身化”等物化的形式），当某种劳动在排他性的基础上被行动者或者行动者团体占有时，这样的劳动就使得他们能以具体化的形式占有社会资源。资本是一种铭写在客体或主体结构中的力量，它也是一条强调社会世界的内在规律性的原则。资本需要花时间去积累，并且需要以客观化的形式或者具体化的物化形式去积累，资本是以同一的形式或者扩大的形式去获取生产利润或非生产利润的潜在能力，同时也是以这些形式去实现自身再生产的潜在能力。因此，资本包含了一种坚持其自身存在的意向，一种被铭写在事物的客观性之中的力量。实际上，布尔迪厄的资本是在马克思的资本概念上的扩展，例如，他跟马克思一样强调资本是积累的劳动以及可以获取生产利润。但是，布尔迪厄的资本概念已经超出了马克思经济领域的劳动价值内涵，更多的是在运用领域方面进行了扩展。简而言之，资本所具有的榨取剩余价值的剥削性是马克思关注的焦点，而资本直接或间接表达的各种权力关系则是布尔迪厄研究的重点。

在布尔迪厄看来，对于每个场域或者次场域都有一种与之相匹配的资本，而它们都是该场域中具有决定力量的关键性东西。对于他而言，有多少种场域似乎就相应地有多少种资本，我们必须在具体场域的分析过程中分析这些资本的至关重要性。但是，为了认知与研究的方便，布尔迪厄将资本分为四种基本的形态：经济资本、社会资本、文化资本和符号资本。

（1）经济资本简单来讲是指货币与财产，用布尔迪厄本人的话来讲经济资本就是“可以立即直接转换成金钱，它是以财产权的形式被制度化的”。在企业转型过程中，经济资本可以衡量企业购买力，企业可以根据自身的购买力选择符合要求的互联网产品。一旦企业购买完成，经济资本在转型场域的主要作用便基本完成。

（2）社会资本是指个体或群体凭借拥有一个比较稳定且在一定程度上制度化的相互熟悉交往、持久性的关系网络，而激活并积累的潜在资源的总和。社会资本具有集体性和制度性等基本属性（见表4－1）。

表4－1　社会资本的属性

属性	内容
社会资本的集体性	社会资本赋予关系网络中的个体一种集体拥有的资本，个体拥有社会资本数量既取决于他可以有效地调动的关系网络的规模大小，也依赖于与他交往的其他人拥有的资本数量的多寡
社会资本的制度性	社会资本的形成离不开社会交往与互动，个体（行动者）在交往中采取特定的策略，有选择性地将偶然的社会关系（如邻里、同事关系）转变为长久性的、可维系的社会关系，以满足其主观上的需要（友谊、尊敬、感激等），并进一步形成相互间的“社会义务”，即体制上得到有保障的稳定的权力关系
社会资本的制度化代理性	社会资本通常集中在代理手中，如家庭的领袖、家长、长子等，这种代理的功能在于它保证了社会资本的集中，从而可以有效地运用和调配这些集体性的社会资本，最终维护关系网络的存在
社会资本的可继承性	一个出身名门的人往往能继承上一代人传下来的社会资本，同时由于其拥有较高的社会声望，人们更愿意与其发展长期的、稳定的社会关系，因而其积累社会资本的能力也较强大

按照布尔迪厄理论，所谓社会资本“是实际的或潜在的资源的集合体，那些资源跟对某种持久性网络的占有是密不可分的，这一网络是一种体制关系的网络，而且是大家共同熟悉的和得到公认的。换句话说，这一网络是同某个团体内部的会员制相联系的，它从集体性拥有资本的角度为每个内部会员提供支持”。而特定行动者占有社会资本的数量“依赖于行动者可以有效运用的联系网络的规模大小，也依赖于和他有联系的每个人以自己的权力所占有的（经济的、文化的、符号的）资本数量的多少”。

（3）文化资本主要指借助不同的教育行动传递的文化物品，但实际上它包含了各种各样的资源，比如词语表达能力、一般的文化意识、审美喜好、学校系统信息和教育文凭等。文化资本的三种存在形态见表4-2。

表4-2 文化资本的存在形态

形态	表现方式	特征
文化资本身体化	附着在具体的个体身上，存在于其精神和身体持久的性情倾向中，如文化、修养、受教育水平等	具体化，特殊的累积性（时间投资）和传递性
文化资本客观化	文化物品，如书籍、绘画、纪念碑、工具等，是场域中个体竞争的重要武器，并具有生产利益的效能	独立性和传递性
文化资本制度化	制度性的规定或规则，如学历认定、学术资格等，使得资本拥有者之间的相互比较和相互替换成为可能	集体的代表性和权威性

在互联网转型场域中，决定转型效果的直接资本就是文化资本，文化资本决定行动者的相关知识和认知能力，从而直接决定转型中出现的行为。例如，国内转型失败案例归于员工素质低、手工管理基础薄弱等是文化资本总量少的表现，企业投入精力加强培训、加强基础管理就是提升企业文化资本的措施，也是责权利匹配机制发挥作用的基础。在转型时，企业的文化资本影响企业转型。

（4）符号资本是一种信用及信任资本，是行动者在实践活动中所拥有的荣誉和信誉（例如头衔与名望）。布尔迪厄指出，所有的资本形式必须被人们接受和认可才能发挥效力，以取得权力和获得更高的社会地位，而得到承认的资本才能称为符号资本，所以所有资本必须被转化为这种特殊的符号资本，才能够获得合法性与合理性。这种资本转化的过程就体现了不同于警察和监狱暴力的一种特殊暴力——符号暴力。符号暴力通过否认的方式统治了人类的意义世界，实际上是将统治阶级的意志和意识形态通过一些手段强加于人们的思想之中，导致了人们普遍的误识和集体无意识，从而不自觉地认可了支配阶级的统治。个人是没有能力生产符号资本的，它是集团信念对那些为集团提供最多物质和象征保证的人所赋予的一种信用，它是能带来资本的资本，是导致资本带来资本的机制之一。例如企业互联网转型过程中ERP系统的实施，为了实现将ERP的"最佳实践"灌输给企业用户，ERP厂商和咨询顾问集体采取了不同的象征行为获取符号资本，目的是谋求一种合法性手段对企业用户实施符号暴力，谋取经济效益。

四、场域与习性

布尔迪厄认为，习性概念运用的主要目的就是克服客观主义的机械论与主观主义的目的论之间的虚假对立，同时规避实证主义的唯物论与唯智主义的唯心论之间的两难选择，从而回避方法论上的个人主义与整体主义的尴尬去从。

布尔迪厄对习性概念定义为：一种可转换的、持久的倾向系统，这种倾向是以某种方式进行感知、感觉、行动和思考的倾向，个人由于其生存的客观条件和社会经历而通常以无意识的方式内在化并纳入自身。所以这种倾向综合了过去的经验和特定阶层的生存条件，是一些结构化了的结构，依靠对于各种框架的类比性的转换，发挥促进结构能力的结构功能，因此习性使千差万别任务的完成成为可能。也就是说，习性发挥产生与企业实践和表象的转换策略的作用，这些实践与表象之间的结构联系是无意识的、非策划的，也无须以掌握要达到这些目标的那些必经的程序与手段为前提。从“倾向性、结构化的结构、促结构化的结构、策略、无意识”这些词的运用上我们可以大致得出习性的概念性质、存在形式以及作用方式。

布尔迪厄认为习性与场域之间存在“二重性”特征。二重性是不同于二元对立的，二元对立一般是倾向在对立中完成对“二元”的理解，更多强调的是对峙与冲突；二重性则更多强调的是融合：你中有我，我中有你。企业中有个人，个人中也有企业。习性与场域是历史性行动分别在身体中和在事物中的两种呈现：习性来自社会制度，又寄居在身体之中；而场域是客观关系的系统，也是社会制度的产物，但体现在事物中，或者体现在具有类似于物理对象那样的现实性的机制中。习性是社会历史身体的承担，场域是事物的承担，布尔迪厄认为这两者之间存在一种“本体论契合”关系。也就是说，场域形塑着习性，场域制约着习性，习性成了某个场域固有的必然属性体现在身体上的产物。另外，“习性有助于把场域建构成一个充满意义的世界，一个被赋予了感觉和价值，值得你去投入、去尽力的世界”，即习性对场域有认知的建构关系，场域是一个被赋予了价值和利益，值得行动者去投入的社会世界。也就是说，习性在一定程度上承载着场域的结构性特征，而场域又是习性的共时性与历时性的生存土壤。

例如，布尔迪厄在分析艺术场域产生的过程中，认为艺术场的形成或者变革都需要社会机制与个体心智之间的契合才能最终完成。同样，转型场域的形成或者变革也需要企业责权利匹配机制和个性心智之间的“本体性”契合才能最终完成。在这个过程中，企业的管理传统所形塑而成的员工习性，最后将被互联网内在的结构所左右，发生不可逆转的变化。由此可见，互联网上的权力会对企业的六流匹配易经卦象产生作用并改变企业的习惯。

五、符号权力

在日常生活中，权力的运用并不总是以可见的方式出现的，它更多地转换为符号形式，并赋予对象某种合法性、权威性，这就是符号权力。布尔迪厄认为：“符号权力是通过言语构建已知事物的能力，是使人们视而可见和闻而可信的权力，是确定或者改变对于世界的视界，因而确定或改变了对于世界的行动乃至于世界自身的权力，是一种几乎是魔术的权力，借助于特殊动员手段，它可以使人获得那种只有通过强力（无论这种强力是身体的还是经济的）才可以获得的东西的等价物。作为上述权力，它只有在被认同的时候，也就是说，作为任意性被误识的时候，才能发生功效。”符号权力的实现依赖于误识，所谓误识，是指社会行动者在符号权力的支配下，把符合某一社会群体利益的、本质上是任意的某种真理误以为是普遍真理。也就是说，符号权力充分实现的前提是支配者的统治得到了被统治者的支持，被统治者接受和认同这种人为的权威和合法形式的支配地位而不自知，他们在自己不知情的情况下赞同了统治者的统治逻辑，并构成了统治基础的重要一环。从这种意义上理解，符号权力又可以称为符号暴力。布尔迪厄确认：符号权力维护统治阶级、造成社会不平等。现实社会统治的基本模式不再以赤裸裸的暴力与体罚为主，而逐渐转向文化与符号操纵的模式，文化资本是符号资本的主要基础，为符号资本和符号暴力的功能提供了主要的认识工具和划分原则。布尔迪厄认为，符号资本具有三种功能：认知功能、交往功能和社会分化功能。可以看出，符号资本是合法化的文化资本，承担了大部分文化资本的功能，使得行动者按照主文化即统治阶级意识形态的规定去进行生活和实践，而觉察不到对他们的文化压制和符号暴力，也就掩盖了文化统治和符号暴力背后的阶级利益和阶级统治，使得社会秩序合法化了。符号权力产生作用的一种很重要的权力就是命名权。命名权特征如下：首先，无论褒贬，命名都在权威的指导下进行，并受到共识的支配，譬如一名学生获得博士学位，这代表得到了学术机构的官方认可；其次，命名把语言层面的象征权威转换为社会认可的力量，同时强加一种不可违抗的社会共识；最后，命名是一场永不停歇的争斗，其目的是以象征符号来巩固合法性。

从布尔迪厄的理论中可知，研究互联网转型过程中的符号资本如何产生合法的符号权力，可以帮助企业更好地理解转型过程，并减少转型过程中的阻力。

第五节　布尔迪厄实践公式

布尔迪厄认为资本、习性和场域之间是双向互构关系，其公式为：

$$实践 = 资本 \times 习性 + 场域$$

资本与习性：习性取决于场域中行动者拥有的资本；同时习性也影响着场域中行动者使用资本的策略，它推动着拥有一定数量资本的行动者采取某种特定策略，积极参与场域的博弈或远离博弈。

资本与场域：相依共存。资本只有在场域结构中才能发挥作用，资本的价值取决于所处场域，资本既是场域内竞争的目的，也是竞争的手段；场域是行动者活动的社会背景结构，场域的结构取决于场域中特定资本的结构，没有资本，场域便没有意义。

习性与场域：场域对习性是形塑关系，场域制约着习性；习性对场域有认知的建构关系，场域是一个被赋予了价值和利益、值得行动者去投入的社会世界。

因此，布尔迪厄基于资本、习性、场域的实践理论可以被看成一种解释各种资源（资本）的努力，这些资源是被行动者所关注的用于制定自己的策略的资源，并且这些策略是受行动者习性、场域逻辑（社会结构）所影响的。在每一社会中，拥有不同资本的社会成员被划分为不同的阶层，行动者关注自己拥有的资本并用于制定行动策略，以便在不同的场域中竞争。这些竞争烙着行动者的习性，并受行动者所处场域逻辑的影响，这些竞争的目的是竭力维持并扩大自己的资本。

基于布尔迪厄实践公式，制造企业在“互联网 +”的场域内，可通过重构资本结构改变企业原有的 OEM 习性，使顾客、供应商等行动者共同参与企业的研发、设计、生产、销售、服务等环节，进行纠缠实践，产生相互交融的纠缠资本（见图 4 -3），在多方行动者相互纠缠作用下构建出新的服务制造企业习性，从而实现企业向智能制造转型（见图 4 -4）。

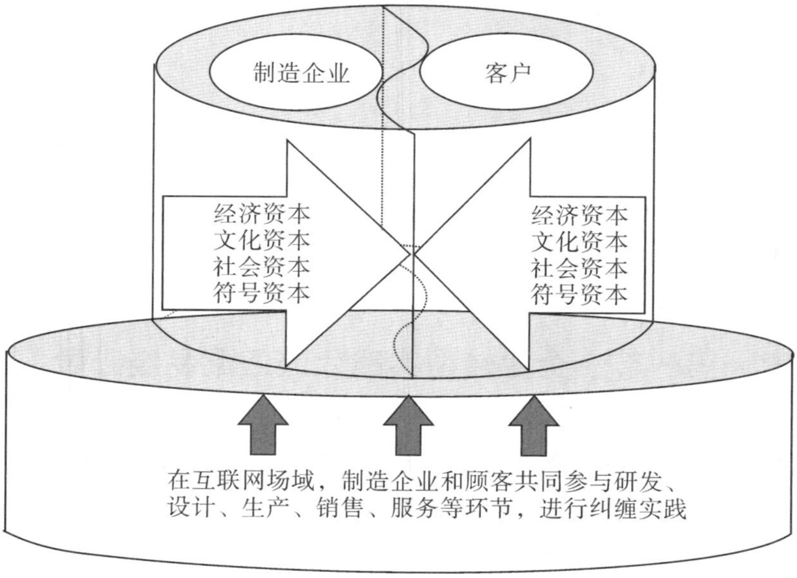

图 4 -3　互联网场域中制造企业与客户的纠缠实践与纠缠资本

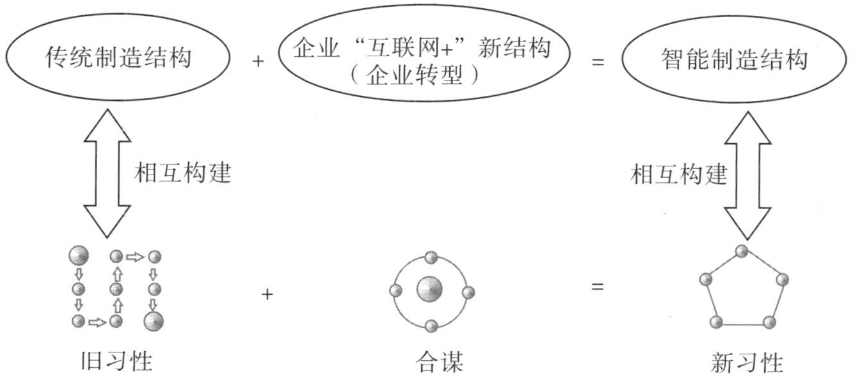

图 4 -4　企业转型过程的“互联网 +”场域构建

第二章　基于布尔迪厄实践公式的企业转型六流匹配易经卦象

上一章介绍了在“互联网+”时代背景下，为什么布尔迪厄实践场域理论的实践公式可指导企业转型的实践。本章将介绍六流匹配易经卦象与布尔迪厄社会实践公式相结合生成的企业转型实践六流匹配易经卦象。

第一节　企业转型实践六流匹配易经卦象

六流匹配易经卦象与布尔迪厄社会实践公式相结合，将生成扩展版六流匹配易经卦象——基于四大资本、习性和场域的企业转型实践六流匹配易经卦象，如图4－5所示。符号是用来指代或代表其他事物的象征物，它是传者和受者之间的中介物，承载着交流双方向对方发出的信息，因此符号资本对应信息流。社会资本多的行动者意味着拥有对于各种资源等物流的掌控和调用优势，社会资本对应物流。经济资本指生产商品和服务的金钱和物质资料，经济资本对应资金流。文化资本与责任往往具有正相关性，文化素养会熏陶行动者的责任心，文化资本对应责任流。习性与所处位置地位有直接联系，故随权力的变化而变化，权力大说明结构化的结构很强，习性对应权力流。不同场域有不同利益，场域多寡说明利益流的多寡。愿意分享利益说明行动者所处场域空间丰富，场域对应利益流。应用社会实践六流匹配易经卦象可以简单快捷地为企业或者个人进行诊断。

信息流 ──→ 符号资本
物　流 ──→ 社会资本
资金流 ──→ 经济资本
责任流 ──→ 文化资本
权力流 ──→ 习　　性
利益流 ──→ 场　　域

图4－5　六流匹配易经卦象与布尔迪厄实践公式的关系

基于批判实在论，企业转型六流匹配易经卦象中的六流同样有感知的事件层：符号资本、社会资本、经济资本的三流匹配属于明的六流匹配，也有驱动的机制层：文化资本、习性和场域的三流匹配属于暗的六流匹配，如图4－6所示。

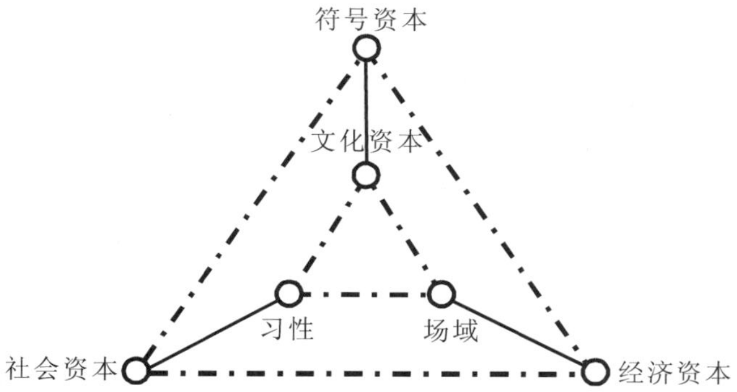

图 4－6　企业转型六流匹配易经卦象的六流关系图

企业转型实践六流匹配易经卦象具体诊断步骤如下：

步骤一：将符号资本、社会资本、经济资本、文化资本、习性和场域从上往下排列组合构成六流，判断每个流的阴阳爻象。

第一爻对应符号资本，针对符号资本的多寡，可以分析阳爻和阴爻。企业声誉、信誉、名声等合法性高或者对追逐符号资本目标明确则是阳爻，否则为阴爻。

第二爻对应社会资本，针对社会资本的多寡，可以分析阳爻和阴爻。社会关系网络丰富或者对追逐社会资本目标明确则是阳爻，否则为阴爻。

第三爻对应经济资本，针对经济资本的多寡，可以分析阳爻和阴爻。企业或者集团资金丰富或者对追逐资金目标非常明确则是阳爻，否则为阴爻。

第四爻对应文化资本，针对文化资本的多寡，可以分析阳爻和阴爻。企业或者集团文化修养、社会责任心非常强或者追求恪尽职守则是阳爻，否则为阴爻。

第五爻对应习性，针对习性的强弱，可以分析阳爻和阴爻。企业或者集团保有持续经营、历史长久、拥有某种性情行为倾向系统的目标非常明确则是阳爻，否则为阴爻。

第六爻对应场域。针对场域的多寡，可以分析阳爻和阴爻。拥有场域多，企业或者集团进入多元化运营或追逐某场域目标很明确则是阳爻，否则为阴爻。

步骤二：将步骤一得出的六流匹配模型与易经卦象（图 1－2 的六十四卦卦象图）相比对，得出企业转型实践六流匹配易经卦象，参照相应卦象的卦辞解释企业或者个人的六流匹配现状、特征还有走势，完成自我诊断，从而制定规避和应对措施。

第二节　企业转型六流匹配易经卦象诊断工具应用案例

【案例 4 – 1】HL 集团

一、背景分析

HL 集团（以下简称 HL）创建于 1995 年，主营服装制造。2003 年开始，HL 为了适应欧美市场个性化需求的新趋势，发展量体定制业务，可满足 3 岁以上男女西装、衬衫、大衣、马甲等正装产品量体定制，形成了完整的社会化制造体系，打造了独特的核心价值，并形成了传统企业向互联网转型升级的解决方案。

近年来中国服装业持续低迷，高库存、高成本、同质化等各种因素导致市场恶性竞争，经营举步维艰，服装企业平均利润低于 5%，出口服装企业更是低于 2%。

HL 传统的同质化标准化产品的零售业务也面临以上困境，此外，先产后销的营销成本大，利润空间非常小，客户满意度低，致使企业发展速度放缓。要摆脱困境，单纯依靠提供更高质量的标准化产品已经满足不了持续升级的消费需求，关键是要转变生产方式，突破工业化与个性化的内在逻辑冲突，创造性地实现互联网下的创造升级。

二、转型：变传统制造为智能制造

（一）HL 传统制造的六流匹配易经卦象诊断

步骤一：诊断六流爻象。

符号资本：大量同质化服装业企业之一，符号资本弱势，为阴爻。

社会资本：多年的发展，社会网络关系丰富，为阳爻。

经济资本：经营举步维艰，利润持续低迷，为阴爻。

文化资本：囿于服装制造业，文化单一，为阴爻。

习性：传统的服装制造业，固有传统服装制造的思维，无法跟上时代需求，为阴爻。

场域：跨服装制造、外贸等场域，为阳爻。

步骤二：对照六十四卦卦象图，为第 3 卦：屯卦。

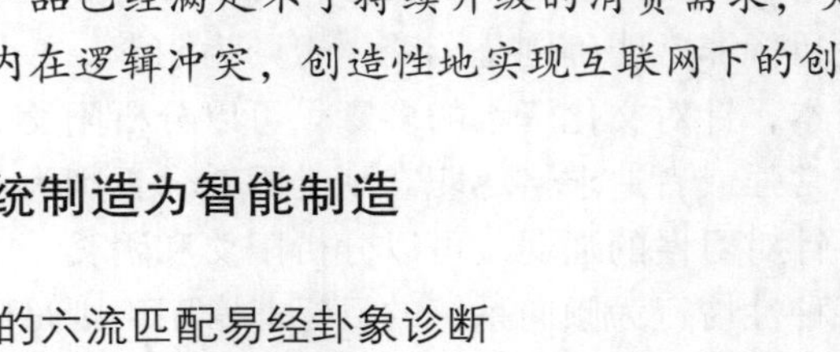

屯卦：这个卦是异卦（下震上坎）相叠，震为雷，喻动；坎为雨，喻险。雷雨交加，险象丛生，环境恶劣。“屯”原指植物萌生大地。万物始生，充满艰难险阻，然而顺时应运，必欣欣向荣。

事业：起初多不利，如知难而进，小心翼翼，勇往直前，灵活机动，可望获得大的成功，时机到来时一定要抓住，但不得操之过急，且仍有困难，务必有他人相助，故平时应多施恩惠。

经商：创业初期步履艰难，多有挫折。坚定信念最重要，不要为表面现象所迷惑，应积极进取，行动果断，打开出路。若仍无法摆脱困境，则应退守保全，等待机会，再展宏图。

求名：积极争取，主动追求，可以成功。

外出：慎重为好，有危险，宜改日动身。

婚恋：好事多磨，忠贞纯洁，大胆追求，能够成功，婚姻美满。

决策：初始困难，但若具有坚忍不拔的毅力和锲而不舍的奋斗精神，前途不可估量，但往往不为他人理解而孤独苦闷，事业会因此处于困难状态，需要得到贤德之人的帮助才能摆脱。如能以乐观主义精神处世，能取得成就。

（二）“凸形智造”转型实践

通过诊断，HL 要在“互联网 +”的场域内可持续发展，需要重构资本和场域。

1. “凸形智造”场域构建分析

HL 在企业发展过程中不断摸索，寻求转型，最终选择了大规模智能定制的社会化制造模式，走以两化融合手段实现企业转型的发展之路。一方面，HL 加强互联网作为生产场域构建的结构作用，为企业向高端制造业转型打造坚实基础；另一方面，HL 以客户需求为中心，让客户深度参与产品研发和品牌设计，用个性化定制塑造核心竞争力，实现客户的象征价值。

（1）开闸放水，引入社会资本。

（2）深耕制造，提升资本符号价值。

（3）“1 + N”制造模式：

①以 HL 定制工厂为圆心，与 100 多家战略合作公司、300 多家面料商、数百万粉丝客户、服装设计学院、设计协会、自由设计师合作，DIY 设计组合。

②人人创业平台、合伙人机制，使客户、职场群体、具备客户资源的群体可以成为合伙人，实现“人人创业”和“万众研发”。

③与牛仔服装、自行车、鞋帽、家具等行业的 30 多家企业签约改造，输出“HL 凸形制造模式”。

2. “凸形智造”的“凸”形资本分析

（1）经济资本。2015 年同 2014 年比，不仅营业收入增速和净利润增速都超过了 100%，流动资金占用也下降了 50%，如表 4－3 所示。

表4－3　HL与BB、服装行业财务数据比较

	HL		BB		服装行业	
	2014	2015	2014	2015	2014	2015
营业收入	10亿元	>25亿元	36.60亿元	43.00亿元	20 769.80亿元	21 932.90亿元
营业收入增速	>150%	>150%	－9.60%	17.00%	－2.60	5.60%
净利润增速	>100%	>100%	－38.56%	53.24%	－3.60%	4.00%
利润率	>25%	>25%	8.98%	15.75%	6.01%	5.68%

资料来源：笔者根据国家统计局、HL内部资料、东方财富网数据整理。

（2）文化资本。HL背靠强大的互联网，借助以客户个性化文化为中心的定制文化，塑造出独特的企业文化资本，成为行业内有竞争力的企业。

（3）社会资本。成为被学习、模仿的对象；是全国电子商务示范企业、全国两化融合示范企业、全国“互联网＋”工业示范企业；“服装个性化定制项目”被纳入国家工业和信息化部首批智能制造试点示范项目。

（4）符号资本。HL的符号资本包括受到社会认可的、能够再生产的、长期积累的品牌、商标、精神等以符号化方式存在的稀缺性资源。

3.“凸形智造”成就HL转型

在成功研发信息系统和与客户纠缠的基础上深化改进制造领域，给HL带来了丰厚的回报，HL的转型过程正是按照“凸形智造”的企业再造过程。

互联网场域将HL与客户紧密纠缠，纠缠实践不仅带来了经济利益的倍增（经济资本），也丰富了HL的文化资本，增强了HL在行业中的社会资本，提升了符号资本等。通过纠缠实践，HL颠覆了传统的行业习性，获取了更高的产品附加值，“1＋N”的商业模式越来越成熟，企业效益持续改进，并越来越显著。

三、转型前后六流匹配易经卦象诊断

HL“凸形智造”即现在的六流匹配易经卦象为第13卦：同人卦。

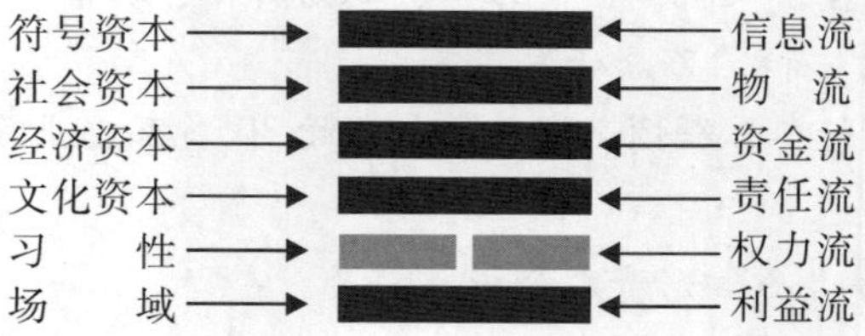

同人卦：聚众于郊外，将行大事，吉利。有利于涉水渡河，有利于君子的卜问。

《象辞》说：同人之卦，上卦为乾为天为君王，下卦为离为火为臣民，上乾下离象征君王上情下达，臣民下情上传，君臣意志和同，这是同人的卦象。君子观此卦象，取法于

火，明烛天地，照亮幽隐，从而去分析物类，辨明情状。

事业：顺利、平安，尤其是与他人的合作会十分成功，宜广泛开展人际活动，建立广泛的联系，克服狭隘的门户之见，照顾各方面的利益，求大同，存小异，坚持正确的原则，必能成就大事业。

经商：以真诚合作、精诚团结的态度与同行共事，公平竞争，必可获得自己应得的利益。

求名：自己必须刻苦努力，尤其必要取行师长和志同道合的朋友的指教、帮助，自己虚心进取，完全能够达到目的。

决策：性格开朗、乐观，为人热情，人际关系好，社交能力强，要善于同他人合作，尤其要协调多方面的关系，要有原则性，与不良风气作斗争，有魄力，敢作敢为，富有自我奉献精神，并具有统御能力，适于担当一定的责任。

【案例4－2】ST公司

一、调研背景分析及ST概况

ST有限公司（以下简称ST）成立于2005年，是国内一家从事水处理设备研发、制造、销售、工程安装、维护保养为一体的直饮水运营服务型企业。所谓直饮水，是指直接在用户终端（如学校、住宅小区、医院、办公楼等）区域设立水处理中心，配置深度水处理工艺设备，直接对原水进行深度净化处理，再通过由食品级的专用水管组成循环管网的方式输送到用户的、符合国家标准的直接饮用水中。初入直饮水行业的ST主要是以“投币饮水机”的形式，做住宅小区的直饮水。2007年开始，创始人带领ST进入校园直饮水领域，大多是采用BOT模式来进行，也就是前期由ST投资建设，工程建成后，在几年的合同期内，学生付费喝水，这种模式保证了ST的利润。ST致力于打造“中国健康饮水服务第一品牌”，现已成功塑造了国内最具影响力的“ST世界校园直饮水工程”和华南最为专业化、系统化的为客户提供全面水系统服务的“ST世界国际净水连锁卖场”两大服务品牌。

ST于2011年正式迈入多元化发展历程，旗下拥有多家子公司，业务涉及校园直饮水项目、家庭直饮水机终端销售、广告媒体、礼仪服务、人才服务、餐厅和酒店服务等多个领域。

二、转型前诊断分析

（一）习性分析

ST在经过初创到开拓市场再到转型发展的历程中塑造了企业习性。在与公司高层领导及员工进行合作探讨的调研过程中，可以判断出整个公司的企业文化氛围不够浓厚，员工工作风格较为随性，因而导致从个人到集体所表现出来的习性不强。

（二）四大资本分析

1. 社会资本待加强

ST经过八年的市场开拓，成功在全国范围内发展起来，公司拥有一定数量的合作供应商及客户群体，但其合作模式并未形成很强的持久性关系网络，所掌握的资源量也不是全国同类型企业的榜首。因此公司的社会资本有待提高，需要从社会层面上建立更加牢靠持久的社会关系网络，增强社会信任。

2. 符号资本要巩固

ST目前缺乏在公众视野里的良好品牌形象。通过在与公司合作的高校里进行的实地调研发现，公司虽然在很多高校安装了健康直饮水机，但由于宣传力度不足，大多数同学并不了解直饮水的价值，甚至会绕远路选择传统的烧水炉打水。ST世界品牌在用户群体里并未达到很高的认知度，而在整个国内市场领域，企业虽然也进行了一系列的慈善行动，但也未获得较大的荣誉和声望。所以符号资本不显著。

3. 经济资本较充裕

在互联网快速发展的时代下，ST也从未停止过前进的步伐。公司不仅具有先进的技术水平，更有雄厚的资本作为运作资金，企业内部资金流顺畅，拥有良好的经济资本。

4. 文化资本较弱

ST董事长是一个有情怀的热情企业家，为公司开拓业务打下坚实基础，但其文化资本不高，不是典型的知识分子。企业招聘的员工也多不具备较高的文凭与学识，故而形成了企业弱文化资本的现状。

（三）场域分析

从场域视角出发，经过市场开拓后，目前公司在校园直饮水业务方面也有很大突破。但企业所处的环境在互联网的影响下不断发生变化，停滞不前只能被市场淘汰。因而公司高层领导做出战略调整，企业不再满足于原有的传统直饮水服务领域，需要转型成为校园互联网生活服务商。但是ST在以往发展历程中并未涉足互联网领域，因而在转型之路的探索上缺乏足够强大的场域。如何在全新领域升级本公司原有的ST世界品牌，以此作为战略转型的重要手段，从而在与其他同类型服务型企业的竞争中不断改善其所在场域中的位置，这是企业目前亟须解决的问题。

（四）诊断结果

综合上述分析，对照六流匹配易经卦象，为第16卦：豫卦。

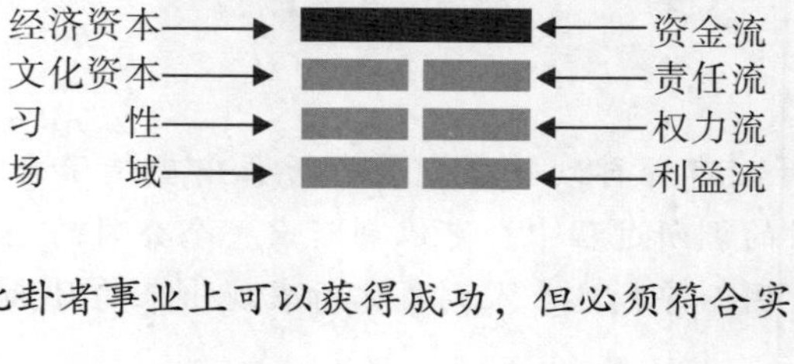

豫卦：卦辞显示得此卦者事业上可以获得成功，但必须符合实际，顺应潮流，且得自

己努力奋斗，树立远大目标，尤其不可因事业的顺利而放松谨慎小心的态度，陷于懒散享乐。否则，必将后悔莫及。经商时运已到，应大胆行动，即使遇到挫折，也可以很快化险为夷。应加强同他人的合作，开诚布公，共同开发事业。

此卦象可以匹配当下公司现状：具有良好的组织领导，员工做事积极务实，整体充满喜乐之象，企业越办越好，顺应互联网的发展潮流趋势，转型也可以尽力而为，暂时没有很大的阻碍与不顺。在转型为校园生活服务商的道路上，需要多与互联网的达人合作，借鉴成功经验，共同发展事业。

三、转型方法与措施

（一）企业转型的原因及面临的问题

1. 企业转型原因

企业刚开始是BOT发展模式，在这个模式下每个项目都需要与企业逐个去谈，效率很低，能够免费喝到直饮水的学生数量非常有限。一段时间后，企业产生了一个宏大的愿景："怎样让千万的孩子免费喝上直饮水呢？"让千万孩子免费喝水，这样的公益事业需要庞大的资金投入。经过多方咨询，相关人士反复验证，ST决定转型。利用现有的互联网平台，把ST世界打造成一个校园互联网生活服务提供商，吸引众多企业以不同方式的共同支付来完成公益。这是一个多方共赢的事业，对学生有利，对学校有利，对社会有利，对企业也是有利的。ST秉承创办企业的初衷"为社会谋福利"，开始企业转型。

2. 企业面临的问题

传统制造行业进行互联网化转型不仅面临着机遇，同样也面临着挑战。通常面临着以下问题和挑战：

（1）技术问题。ST要转型为电商，就必须先招募大量的IT人才来完成电商所需求的前端商城建立和后台系统搭建等工作，而且对网络建立、营销技术手段、消费者剖析和数据发掘技术等方面要求都比较高。假如这些全部都由ST来完成的话，那么成本过于庞大。

（2）形式问题。如果ST仅经过电子商务让消费者完成购置流程——选择、比价、购置等，那么ST批发商铺就只能沦为"产品展现店"，单纯地把线下形式复制到线上必死。是选择线下为主，线上为辅？还是线上为主，线下为辅？或者双线并进的战略？

（3）运营问题。由于认识和体制受限制，许多传统企业在网店运营过程中难以把控，出现管理上的严重偏差，在宣传推广上仍然以线下落地为主。这要求ST的互联网平台拥有一套完整的人员激励和管理制度，确保每个岗位的员工都能尽职尽责，帮助企业在电子商务中更好地运营管理和宣传推广。

（二）转型方法

1. 社会资本

针对其较弱的社会资源与关系网络，为使公司发展壮大，成为行业的领先者，建议ST加强与相关企业的合作关系，策划和举办具有较大社会影响力的公益活动，以使企业"善营销"的理念深入人心，塑造良好的社会形象，获得较好的社会反响。

由于企业资金较为雄厚，以下的具体活动可供参考：

(1)“喝水献爱心”活动。借鉴“微信运动”的“每日一万步，捐赠一元钱”活动，与社会责任感高的或希望在大学生群体中得到宣传推广的企业合作，围绕App喝水记录的核心功能，每日喝满8杯水即可参与随机金额的现金捐献。以此活动增加App使用的趣味性与公益性，在增加用户活跃度与留存率，更好地进行产品运营的同时，培育大学生的社会责任感，并树立和传播企业“善”的形象，引导健康的生活方式。在与其他企业的合作中，还可以交换并获得更多的流量，最终实现合作企业、ST与学生用户的三赢局面。

(2)“爱心农作物”活动。ST的董事长杨先生曾为一名山区儿童捐助学费，在春节时懂事的孩子为他寄来一箱当地产的大枣，其风味与品质皆不亚于市面所售同类产品，经过询问得知其价格却更为低廉，于是萌生将山区自产农作物放上App平台进行销售的想法。蔬果同样为健康的食物，与公司引导健康生活方式的理念相符，这类食品也是在城市有较好物质生活的大学生群体可购买的，因此此方案具有可行性。

除此之外，农作物作为最脆弱的农业产品，号召与呼吁其他企业加入采购队伍，最后将蔬果内部消化，或以较低价格、一定的活动方式免费赠予用户。这样做既能帮助弱势群体，获得社会广泛的良好企业声誉，又能使公司产品为用户带来福利，满足其需求。

2. 习性

由于公司在摸索中从制造业转型为互联网产品运营商，企业文化尚未准确定位并全面传播，因此企业内原有员工的工作方式还未有实质改变，相关的工作准则与要求也相对松散，且新加入的团队成员秉承着前任公司的企业文化。ST整体的文化氛围仍未统一与规范，员工习性不良。

针对此项不足，公司可以采取以下改善措施：

(1) 邀请各层级、关键岗位与重要部门员工进行会谈，共同探讨并定位企业文化。

(2) 开展企业文化培训，使每一位员工清晰理解企业文化。

(3) 将新的企业文化进行传播。制作企业文化标语、海报、台历、工作日志、工作手册等，使文化融入工作环境的各方面。

(4) 依据企业文化制定相应的道德标准、工作细则，建立严格的考核评估制度与奖惩体系，使员工依照新的企业文化行动。

(5) 进行团队建设活动，增加团队凝聚力，激发员工的工作动力，提高其积极性。

3. 场域

在传统行业疲软和“互联网+”的大背景下，ST互联网化发展战略是一个大胆创新的尝试，一方面公司在直饮水工程行业地位雄踞一方；另一方面，公司为了分得互联网的一杯羹，就不得不发展新领域的场域能量。

(1) 构建自己的互联网服务场域，从弃“水”开始。

一方面，互联网服务的对象是年青一代，其关键在于模式构建和运营，运营带来流量并在模式中转化盈利。而运营中关键的又是内容信息和活动运作，目标是对客户群形成富有吸引力的符号资本，也就是公司应该注重企业形象的塑造——成立全资控股子公司，全权负责校园服务商的业务运作，摆脱“水”的旧形象，这有利于在互联网行业构建自己的场域能量。另一方面继续做好“校园直饮水供应商”，成为“校园互联网服务商”的后台，利用供应链的思维对场域能量进行融合。

（2）单点突破，全线合作，构建“互联网服务”新场域。

互联网服务更新换代的速度很快，推出难以被取代的贴近用户的新型服务模式或功能成为突破的关键。全线合作，如渠道合作能迅速进入新的场域，凭借一个“点”开始创造自己的场域。很多大而全且毫无亮点的失败案例比比皆是，因此ST应着力针对大学生客户群体的实际需求，开发出一个“聚能点”，通过全线合作的方式构建自己的新场域，进而打下发展的基础。

（3）注重业务整合，运营突破，巩固并提升场域地位。

目前，国内在校园互联网领域的竞争格局不明朗，没有出现能够统领高校生活领域的App，这说明了场域能量分散，也说明了聚能通道不明朗、难突破。这对于公司来说既是挑战也是机会，一方面注重业务需求的挖掘和整合，逐步并购相关优良品牌，占据关键市场份额；另一方面，在运营策略上要实现同步化和个性化并存，获得鲜明品牌效应，增强场域的作用。

（三）转型措施

1. “1＋N”的App模式

（1）传统App的商业模式。随着智能终端普及化和互联网技术的发展，App运营的商业模型也逐渐成形。对于开发商而言，App本身作为一种新型产品，它必须具有可持续盈利的功能；对于用户而言，App则必须具备一定使用的价值，它必须能满足用户深层次的服务需要。在传统的盈利模式的视角下，以盈利为主要目标的商业价值和以性价比高为主的用户价值是难以调和的一对主要矛盾，尤其在中国市场消费观念下，这个矛盾越发显著的现象在于收费下载的App不被广泛接受，这是App市场开发商大规模发展的主要瓶颈。

（2）“1＋N”的App商业模式。ST在企业转型、构建企业特色App的过程中，强调对大学生校园生活实际需求的满足，以ST世界饮水终端为基础，打造社交化、本地化、移动化的多样化功能，整合并带动周边商家资源的“1＋N”，即Fo＋SoLoMo商业模式。

Fo（Foundation）是基础，也是App的核心功能，即ST世界现有的智世界饮水终端系统。通过在众多高校推出免费直饮水系统，并与App捆绑使用，由此获得大量的目标用户，这是后续开发“＋N”的多元化校园生活服务被接受与使用的根本。

So（Social）是社交，根据校园社交中大学生群体的个性化需求，打造一个具有校园特色的本地化的新型社交平台这是提高用户黏度和拓展新用户的重要战略。校园新型社交平台可以更好地满足大学生群体社交本地化的需求，即大学生希望在校园认识到更多身边的朋友。同时，校园论坛移动平台功能可以使校园信息分享和交流一体化，校园内个体不再是信息单项传输的孤岛。

Lo（Local）是本地化，为满足校园学生的多样化需求整合周边商家资源，搭建一个本地化O2O服务平台。将周围商家的整合带动学校商圈进入新的O2O市场，把优质商家产品和服务以更低价格进入校园市场，如“吃”“喝”“玩”“乐”“住”“行”等，形成开发商、周边商户、学生三赢态势。

Mo（Mobile）是移动，使得用户可以随时随地利用碎片化的时间，构建个性化的个人中心，以此获得定制服务与有针对性的推送信息。通过移动终端的线上活动、移动支付等功能，使用户的在校生活更加便捷高效。

（3）加入“*N* 维思想”的原因。“1 + *N*”模式本质上就是企业创造、实现价值所必需的众多要素的有机组合，反映了价值创造、价值维护和价值实现的逻辑。So 的模式构建大学生校园互联网服务平台，创造了用户价值；Lo 的模式在整合商户资源的服务过程中也为商家创造商业价值；Mo 的思想可使 App 的运营通过广告和增值服务盈利。在融入“*N* 维思想”的创新商业模式中，实现了价值链上的多赢，形成了良性发展的商业生态圈，是企业转型升级路上关键的一步。

2. 如何打造“1 + *N*”的 App 模式

（1）产品用户群体分析。ST 世界是立足于学校的，其开发的“喝水吧”App 是针对广大在校大学生用户群体的。大学生作为一个特殊群体，在价值观念、生活形态、消费观念和消费心理上都有其独特之处。仔细分析研究这些独特之处并提炼出消费心理特征，能够更好地指导开发大学生市场商机。

因为一个 App 的使用是需要通过用户主动下载的，所以想要使“喝水吧”App 在大学生群体里普及，就需要 App 有足够吸引学生的点，这个点从上述分析来看，可以是一种表达大学生追求的理念，也可以是吸引大学生使用的强大完善的功能。既能满足学生的时尚观念又能满足多方面功能需求，让大学生觉得离不开这款 App，并不断根据新的动态来更新设计 App，这样才能长久留住易改变的大学生客户群体。

（2）产品的基本功能。“喝水吧”App 是一款致力于打造全方位服务大学生校园生活的 App，其基本功能包含以下九大模块：

①个人中心。每个学生可以凭借学号注册一个专属账号，此账号可以绑定校园卡、水电费卡充值等。里面有针对每个学生的不同课程表、考试时间、考试成绩查询等个性化信息。

②喝水中心模块。此款 App 的切入点就在于让大学生养成健康的生活方式，提醒适当时间喝直饮水的服务，设置签到表，并可以链接到朋友圈分享，可以使同学们形成一种相互监督、带有比赛性质的签到活动，激发大学生使用的兴趣与热情。

③校园公告。这里要提供及时的校园资讯，可以分为娱乐活动、学术讲座、公益劳动等不同部分来通知，信息全面，满足大学生快速获取有效信息的需求。

④学生惠。在这个模块里可以放上合作商家的针对学生群体的优惠物品，从生活学习日用品到水果饼干等，再到企业希望做的一些促销优惠活动等，都可以在这个模块里展现，并能直接在线网上支付，绑定校园卡方便学生消费。同时，这里也可以设置一个毕业班二手物品专区，让有需要的同学挑选。

⑤赚学费。这个平台可以发布学校的一些兼职信息，整合与本单位有合作企业的招聘实习信息等内容，让想赚取学费的大学生可以及时看到。

⑥秒杀区。在这里进行限时优惠活动，刺激大学生消费，除了像淘宝的那种定时秒杀，也可以设置开学专场秒杀会、期末放假专场狂欢会等形式的秒杀，而进行活动秒杀的商品也要针对大学生群体特别选择呈现。

⑦品牌惠。专属高质量的品牌专场，里面的商品应保持高水准，让喜欢品牌的大学生

觉得有可买性。

⑧充值。提供校园卡、手机卡、水电费等充值服务，方便大学生校园生活，无须出门即可缴费。同时提供充值送积分的活动，攒够一定的积分可以兑换商品。

⑨背包。平时上课阶段提供短期旅行攻略，与周围的旅行社进行合作，实时发布最新的旅行路线；寒暑假临近时，可以设置特别假期长途旅行。

四、转型后诊断分析

（一）习性分析

ST 通过对员工进行规范的管理，改善公司的习性，注重员工的习性并改良员工的习性。公司通过建立企业文化、举办公司集体活动等方式，推动良好的企业文化深入每个员工的内心。优秀企业文化产生的共同的价值观、认同感，加强了员工间、部门间的沟通与协调，打破它们之间的障碍。当公司的企业文化被企业员工共同认可后，它就会成为一种黏合力，从各个方面把其成员聚合起来，从而产生一种巨大的向心力和凝聚力，使公司内部更加团结。提高员工对公司的认同度，改良员工的习性，从而改善公司的习性。

（二）资本分析

ST 进行了 ST 健康水的推广，并推出了新的 App 占领校园直饮水市场，App 可作为公司的符号资本，但 App 的推广效果不太明显，在校园学生群体中接受度不算高，不少同学认为 App 的使用带来了很多的麻烦，ST 目前仍然未形成良好的符号资本。

ST 通过提供好的服务，增大对社会的影响力，提高公司的社会资本。公司从为大学生提供健康水的角度出发，让学生的校园生活更加美好，同时公司也开展“喝水献爱心”“爱心农作物”等活动，在为大学生提供健康水的同时，也帮助社会上一些需要帮助的人，为贫困地区提供爱心捐赠，帮助农民销售滞销的农作物。公司也通过市场宣传来提高社会资本，在开展爱心活动的同时，也应注重宣传，让更多的人知道活动的开展过程。除此之外，企业以及企业中的人，在社会里如何行动，同样对社会造成影响，并反过来塑造企业的形象。企业还通过招聘来影响社会，一家企业如何成长、如何吸引潜在的雇员、如何测试和筛选应聘者、如何拒绝不适合的应聘者，这个过程就是在对一个相对较小的群体造成相当深刻的影响。公司需更注重招聘的过程，提高公司的社会资本。

ST 坚持持续改进，公司有着合力创造、共同分享的美好愿景。ST 拥有多个投资人，有雄厚的资金来源，公司运行良好。ST 拥有较强的经济资本。

ST 坚持以客户服务为中心、以公司发展为目标、以个人成长为动力、以造福社会为梦想，推动客户与公司、社会和个人共同进步。但企业本身的属性为互联网公司，企业氛围灵活但不集中，企业文化氛围不浓厚，ST 的文化资本较弱。

（三）场域分析

ST 抓住“互联网 +”的政策机遇，由原来传统的水机供应商企业转变为结合互联网的校园生活服务供应商，在场域方面有了很大的提升。在公司转型的过程中，公司聘用了很多互联网方面的专业人才，为公司业务的发展提供保障。

同时公司注重运营，关注目标客户，以服务对象需求为核心，形成了公司与服务对象之间的强大场域。在国内校园服务领域，ST 目前未存在强劲的竞争对手，具有一定的优势性。

（四）诊断结果

通过转型后的分析得出卦象为第 58 卦：兑卦。

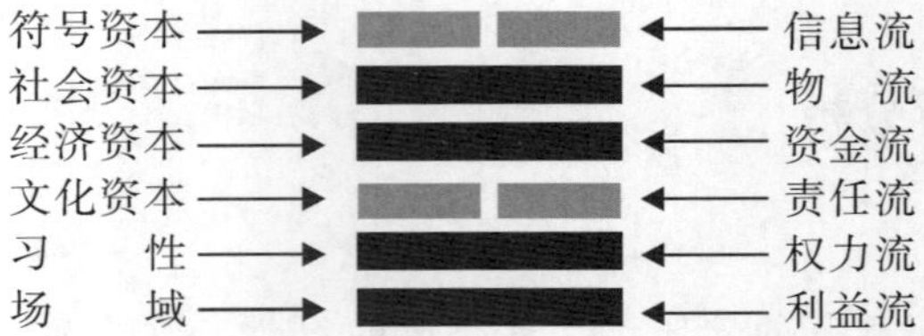

兑为泽，此卦象表明：由于擅长人际关系，能团结他人，获得援助，因此各项事业都十分顺利。经商很有利，可以取得多种渠道的支持，企业面临的问题都会得到解决，匹配转型后的公司现状。

现在，ST 世界尝试以创新的营销模式，从传统的校园直饮水服务商转型为校园互联网生活服务商，以“一杯水 + 一张屏 = 一张网”为大学生提供多种生活服务，饮水的刚需使饮水机媒体和 App 使用率达 100%。ST 世界是全国唯一的双屏联动校园媒体，以创新的平台营销理念、领先的产品技术平台运营、捆绑式的应用模式和垄断优势的用户规模，让广告商的产品深入地直接接触大学生或目标用户的生活环境，独占年轻市场，培养品牌的忠诚度，以一种“善营销”的方式让企业获得竞争优势。从 2015 年 4 月正式启动新模式以来，企业以惊人的速度，迅速打开沉静疲弱的市场，每月以 5 万学生的覆盖速度迅速扩张，业绩开拓速度增加了 8 倍，新模式盈利能力增加了 3 倍。

五、启示

（一）“互联网 +”为传统行业带来生命力

“互联网 +”就是“互联网 + 各个传统行业”，但这并不是简单的两者相加，而是利用信息通信技术以及互联网平台，让互联网与传统行业进行深度融合，创造新的发展生态。它代表一种新的社会形态，即充分发挥互联网在社会资源配置中的优化和集成作用，将互联网的创新成果深度融合于经济、社会各场域之中，提升全社会的创新力和生产力，形成更广泛的以互联网为基础设施和实现工具的经济发展新形态。

（二）“产品 + 服务”提高企业核心竞争力

随着科学技术的进步，产品技术越来越复杂，消费者对企业的依赖性越来越大。他们购买产品时不仅购买产品本身，而且希望在购买产品后得到可靠而周到的服务。企业的质量保证、服务承诺、服务态度和服务效率，已成为消费者判定产品质量、决定购买与否的一个重要条件。对于生产各种设备和耐用消费品的企业，做好产品服务工作显得尤为重要，它可以提高企业的竞争能力。

（三）一切想法以用户需求为驱动

产品定位是确定产品在用户心中占有的位置和形象，产品为哪些用户服务、有什么特色，关键在为用户解决什么需求。所以产品定位是产品设计的第一步，确定要做产品的核心功能和特色。依据用户需求驱动来做决策，第一步是要验证需求驱动是否存在。有些产品之所以失败，重要原因正是没有认真验证需求，而是靠主观经验来判断，做出错误的决策。真实需求不能来自简单模仿、公司资源和战略规划、竞争压力及领导喜好。真实存在的需求，只能来自实实在在的用户，来自用户需求的分析。

（感谢2015级工业工程专业研究生吴俊芳、陈宣瑜、黄锦清、齐春雨、曾海霞、高婕、彭洁玲提供此案例）

关于“互联网＋”时代背景下的企业转型存在的问题，本编分析了为什么将布尔迪厄实践逻辑理论引入企业转型实践中，并将布尔迪厄实践公式与六流匹配易经卦象相结合生成企业转型六流匹配易经卦象诊断工具，以HL集团和ST公司的案例说明了该诊断工具的具体应用。

第五编

六流匹配易经卦象解说

前面四编介绍分析了六流匹配易经卦象的由来及应用，同时，基于对国内企业转型实践的思索以及对国际前沿哲学实践转向，结合布尔迪厄实践逻辑理论，将其扩展为企业转型实践逻辑诊断工具——基于四大资本、习性和场域的六流匹配易经卦象。本编将以卦象、卦辞解析和案例分析的方式对64个六流匹配易经卦象进行解说。

第一章　一流为阳爻的六流匹配易经卦象

有且仅有一流为阳爻，其余流为阴爻，是这类六流匹配易经卦象的特征。卦象图表现为虚多实少，共6个。

一、播/剥卦（山地剥）

【卦象】

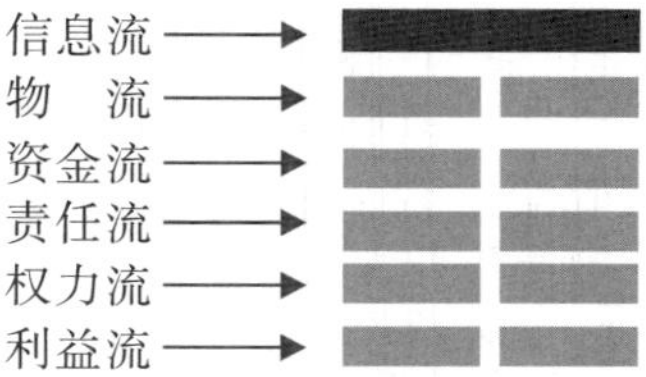

播/剥卦除信息流为阳爻外其他流均为阴爻。一阳在上，五阴在下，这是此卦的卦象。喻示关注信息，追求信息目标明确，且愿意发布已有信息。

【卦辞】

运势：厄运缠身，宜重新部署，不宜自作聪明，防被小人连累。

事业：时运不佳，乃大势所趋，个人只能顺应时势而暂停行动，静观待变，不可冒险，积极创造条件，增强实力，谨慎隐忍，勿与小人同流。时来运转，成就事业，为期不远。

经商：已从高峰转入低落，进入不景气时期，需要认真总结经验教训，进行整顿，尤其不可孤注一掷。景气形势一旦到来，可顺势从容再起。

求名：成功的可能性不大，不宜执意强求，应继续创造条件，努力提高自己，充实处世的本领，增强实力，待机东山再起。

婚恋：务须慎重考虑，除非有十分般配者，不要随便进行。双方应注意维护家庭的和睦。

决策：一生曲折较多，往往陷入不顺利的境况，甚至绝境，但可绝处逢生。只要冷静分析形势，顽强拼搏，一定会彻底改变命运，获得美好的结果，为他人惊羡。关键是不可急于求成，尤其不可冒险。须顺应时势，并防小人陷害。

【案例5-1】某高校的六流匹配易经卦象诊断

步骤一：对某高校的六流爻象进行诊断匹配。

某高校致力于紧跟时代和市场需求培养各专业人才，因此对信息追求目标明确，且对政府制度政策、各学科前沿发展、市场对人才需求变化等各类信息都非常关注并主动获取，信息流为阳爻。由于只专注于培养各专业人才和学术场内的课题申报及论文发表，物流为阴爻。由于所在地区高校云集，政府或教育机构划拨资金有限，收入绝大部分来自学生学费，相对学校的规模而言，资金并不充裕，资金流为阴爻。该校领导对学生和教职员工的事务不太热衷，不愿意对学生和教职员工承担过多的责任，责任流为阴爻。在教育机构和学术圈没有什么发言权，权力流为阴爻。利益方面，并未拥有重大利益也不愿意分享利益，利益流为阴爻。

步骤二：对照六十四卦卦象图，得出卦象为第23卦：播/剥卦。

【小测验】

试为身边炒股或从事新闻行业或位居管理层的人诊断六流匹配易经卦象，看看卦象有无共同点。

二、比卦（水地比）

【卦象】

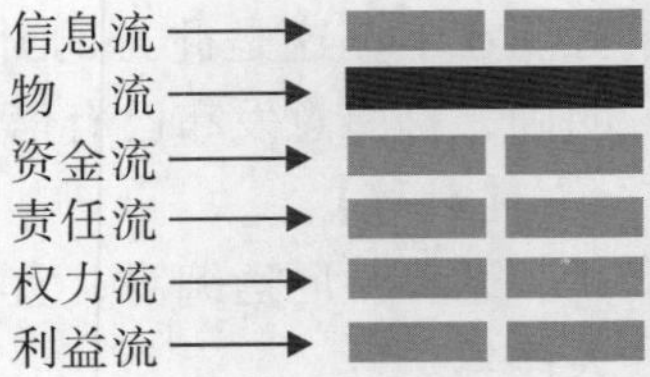

比卦的特征是追求物质品质目标明确，且拥有丰富物质。除第二流物流为阳爻外，其他五流均为阴爻，这是比卦的卦象。

【卦辞】

运势：平顺，可得贵人提拔，凡事宜速战速决，不可过分迟疑。

事业：顺利，能够成功，向前发展，可以得到他人的帮助和辅佐，以诚实、信任的态度去做事。待人宽厚、正直，主动热情，向才德高尚的人士学习，听取建议。

经商：愿望能够实现，且有较丰厚的利润，但需要与他人密切合作，真诚交往，讲究商业道德，遵守信义，如唯利是图，贪心不足，或自以为是，会导致严重损失。

求名：有成功的希望，不仅要靠个人的努力，更为重要的是他人的赏识和栽培。

婚恋：美好姻缘，相亲相爱，彼此忠诚，白头到老。

决策：心地善良，待人忠诚、厚道，乐于帮助他人，也能得到回报。工作勤恳，对自己要求严格，可以实现自己的理想，但要多动脑筋，多思考，善于判断是非，尤其要注意选择朋友，一旦结交品行不端的人，会成为自己的祸患。如果与比自己高明的人交朋友，并取得帮助，会终身受益。

【小测验】

试为粮食管理部门或物流企业诊断六流匹配易经卦象，并比较得出的卦象有无共同之处。

三、豫卦（雷地豫）

【卦象】

豫卦除资金充裕外，既不发布信息，物流也不丰富；既不愿承担责任、分享利益，掌握的权力也少。即资金流为阳爻，其他五流为阴爻，这是豫卦的卦象。

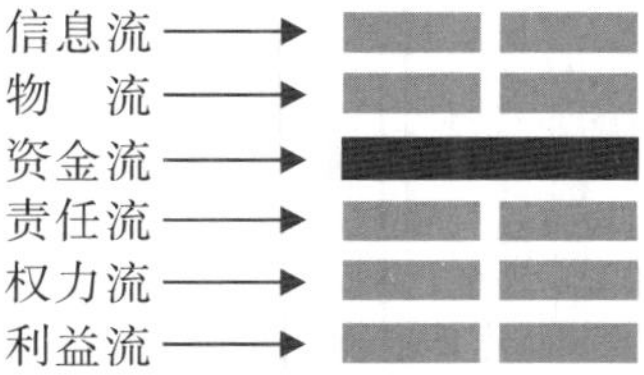

【卦辞】

运势：如意安泰，可得长辈扶助，但须防色难，凡事应有备而战。

事业：十分顺利，可以获得成功，但必须符合实际，顺应潮流，且得自己努力奋斗，树立远大目标，尤其不可因事业的顺利而放松谨慎小心的态度，陷于懒散享乐，否则必将后悔莫及。

经商：时运已到，应大胆行动，即使遇到挫折，也可以很快化险为夷。应加强同他人的合作，开诚布公，共同开发事业。

求名：天资聪颖，如能坚守正直的品德，严格要求自己，努力上进，不因有成绩而骄傲满足停止前进，而是兢兢业业，不惰不怠，必定有重大成功。

婚恋：十分顺利，一生吉祥，但万不可掉以轻心，更不可玩弄感情，否则将会出现悲剧。

决策：一生顺利，不会出现大的波折，容易比较顺利地得到自己应该得到的。但关键在于自己的努力和奋斗，不得耽于安乐，不可玩物丧志。豁达、大度更有利于健康和长寿。一旦遇到意外的灾害，只要时时严格要求自己，坚守纯正，乐不忘忧，居安思危，必可转危为安。

【案例 5－2】利用六流匹配易经卦象诊断工具对某农商银行进行诊断

步骤一：六流爻象匹配。

某农商银行经过初期的探索，已经整体调查掌握了客户的诸多信息，所以现阶段并不需要再积极地去挖掘信息，而是维护目前的客户群体，所以信息流比较弱，为阴爻；该农商行内部的设施并没有多先进，与其他一些普通的银行没有区别，所以物流也较弱，为阴爻；该行每天都有很多的业务需要处理，资金流量比较大，所以资金流比较充足，为阳爻。

该银行对于客户来说并没有承担很多责任，比如如果客户的金钱因其大意发生意外的话，银行是不会给予补偿的，所以责任流较弱，为阴爻；该行只是一个小小的农商行，并没有太大的权力，而且对于权力的追求也很小，所以权力流为阴爻；该银行给予客户的利率是比较高的，并不是一味地追求自身利益，并且当该行年收入高时，还会给员工更高的年终奖，可见该行愿意与客户和员工分享利益，并不是过度追求利益，所以利益流比较弱，为阴爻。

步骤二：对照六十四卦卦象图，得出卦象为第16卦：豫卦。

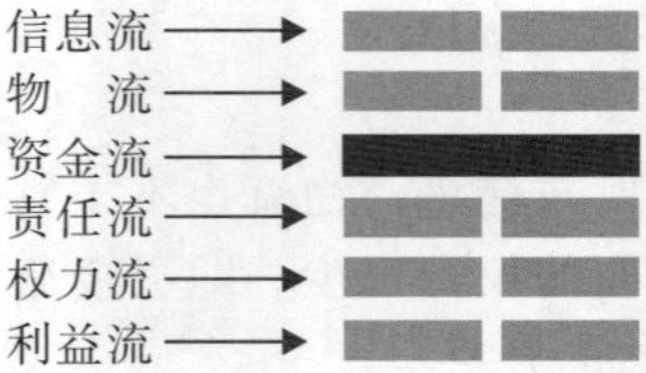

【小测验】

试为暴发户诊断六流匹配易经卦象。

四、谦卦（地山谦）

【卦象】

责任流为阳爻，其他五流为阴爻，这是谦卦的卦象。比喻功高不自居，名高不自誉，位高不自傲。

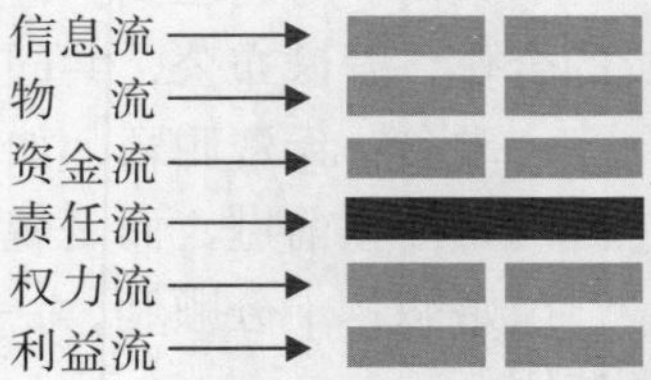

【卦辞】

运势：吉利平安，前途无限，但必须去除骄横之气。

事业：尚未被人器重，但因品德高尚，终会为人发现。自己不必有意表现，尤其不可放弃谦虚的美德，埋头苦干，一定会得到他人的帮助，在事业上大有作为。

经商：较为顺利，但不会获得暴利，须逐步积累，故应极其小心谨慎，诚心与他人合作，遵守商业道德，通过自己的勤劳努力，取得商业的发展。

求名：天资聪明，但因性格不善于表现自己，起初往往被埋没，只要自己不灰心，继续努力钻研业务，保持谦逊好学精神，未来将有更大的成功。

婚恋：美满的婚姻应由双方共同去努力争取。否则，恋爱不成功，家庭不能和睦。

决策：具有内高外低的谦虚美德，善于团结他人，也能得到别人的帮助，事业很顺利。遇到困难，很快可以化险为夷，有惊无险。由于能够认真吸取别人的长处，进步很快，会畅通无阻，但需要特别注意学业、德业和修养。

【案例5-3】LB公司的六流匹配易经卦象诊断

1. LB公司基本情况

LB公司成立于2015年7月，是一家立足于改变中国技工生态圈，以提升中国技工收入、技能、自尊为己任的科技型企业。其中，L是指大家一起快乐拥抱共享经济时代，共享经济红利；B是指千千万万的愿意利用自己的闲暇时间进一步创造价值的技工。

基于共享经济时代背景的LB平台，通过利用移动互联网信息技术，着眼于技术技能的所有权和使用权之分离和适配，期望从根本上解决技工相关的社会资源合理配置和效率提升问题。其核心是通过 LB 平台，人们不需要拥有技能的所有权，而是通过对技能的有偿使用，解决工作、生活中的技术诉求；而技工个人不需要依附任何组织，却能够拥有个人时间的支配权和技术支出的定价权，从而获得其技能和信誉的个人品牌。

LB 平台通过注册技工资料填写和审核、客户评价、后台记录，构建了平台“乐工评价体系”，使每一位乐工都拥有自己的乐工评价分值，对技工在区域、行业的流动提供了客观参考依据，让一直备受忽视的技工群体拥有温暖的乐工家园，成就乐工社会地位。LB 公司同时创造了推广收益红包制度，让每一个有热心一起改变中国技工生态圈的人，都能做到有劳有得、多劳多得，在分享乐工给我们的工作和生活带来便利的同时，也收获了红包带来的乐趣。

LB 通过民主联盟的方式，共同制定商业规则。目前拥有全国 LB 联盟公司近 100 家，体现了“平台，是大家的平台；LB 是大家的 LB”的精神。地区联盟主要负责技工评价体系资料真实性的审核，组合行业专家意见、技工自身之技术和经验、客户体验等数据，通过科学的分析和整理，构成了完善的技工评价体系。技工在服务过程中积累自己的分值，形成自身的无形资产，拥有独立的信用体系，他们将成为独立的、拥有个人品牌的、可信的服务个体。由此促使技术工人能够灵活就业、自由流动，使得技术技能这一核心资源在现代社会得以合理配置和流通。

LB 提供电机、仪表仪器、发电机、空压机、工程设备、码头设备、五金塑胶设备、包装设备、矿山冶金设备、化工设备、食品加工设备、物流设备、纺织设备、木工家具设备、机器人、机床设备、叉车、吊车、装载机、挖掘机、水泥搅拌车、汽车、摩托车、电动车、水电、家电、电脑、打印机、软件、网络、阀门、锅炉、电梯等多类产品的信息发布。

2. LB 存在的问题

利用六流匹配易经卦象诊断工具诊断 LB 存在的问题及找出相应的解决方案和措施。六流分别是信息流、物流、资金流、责任流、权力流、利益流。

(1) 信息流。目前 LB 在行业内是一个新企业，仍在推广阶段，还不是被大众所熟知的平台，其所能提供的信息也仅限于诸如维修、租赁方面的，相对于其他类似平台来说比较有局限性；另外，目前只有极小部分的人群知晓其发布的信息。因此，LB 的信息流在易经分析上属于阴爻。

(2) 物流。LB 是基于共享经济时代背景下而开发的平台，通过利用移动互联网信息技术，着眼于技术技能的所有权和使用权之分离和适配，期望从根本上解决技工相关的社会资源合理配置和效率提升问题。由此可知，LB 主要投资是 App 的研发，自身并不需要很多的设备投资，LB 物流在易经分析上属于阴爻。

(3) 资金流。LB 通过民主联盟的方式，共同制定商业规则。LB 是个民营公司，且没有其他合作伙伴或者投资人，要独自支撑起产品的研发和推广，其资金相对来说较为紧张，且同行业的类似公司竞争激烈，要想取得竞争优势，就必须投入更多。因此，LB 资金流在易经分析上是阴爻。

(4) 责任流。LB 的企业使命是为天下技工谋福利；企业愿景为构建技工评价体系，促进工业技能标准制定；企业宗旨为诚实守信、守法经营，共创一个有社会责任感、让每个有追求的技工都拥有创业平台的互联网公司。LB 希望能改变中国技工生态圈，其企业文化体现出非常强的使命感和责任感，责任流在易经分析上属于阳爻。

（5）权力流。LB 通过民主联盟的方式，共同制定商业规则。LB 采用民主联盟方式，建立了完善的技工评价体系和技工独立的信用体系，技工能够灵活地与需要服务的企业联系，自由流动，并没有涉及什么权力的应用，只要供需相符即可实现合作。因此，LB 的权力流在易经分析上属于阴爻。

（6）利益流。LB 从 2015 年成立至今仍在前期推广中，需大量的资金投入，而平台当前也还没有为很多人所知晓，收入还不能完全抵销投资，那么为了平台能够得到更好的发展，LB 必须将目前的所有资金作为前期投资，这样就没有足够的利益与其利益相关者共同分享，因此 LB 的利益流在易经分析上属于阴爻。

综上六流分析，得到卦象为第 15 卦：谦卦。

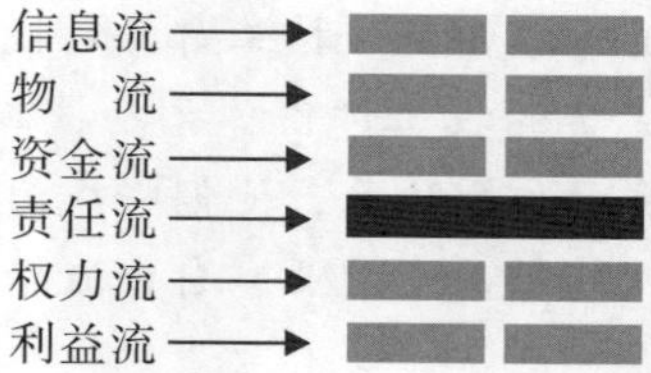

五、师卦（地水师）

【卦象】

师卦最大的特征是权力重大，为阳爻，其他流皆为阴爻。

“师”指军队，喻寓兵于农。兵凶战危，用兵乃圣人不得已而为之，但它可以顺利无阻碍地解决矛盾，因为顺乎形势，师出有名，故能化凶为吉。

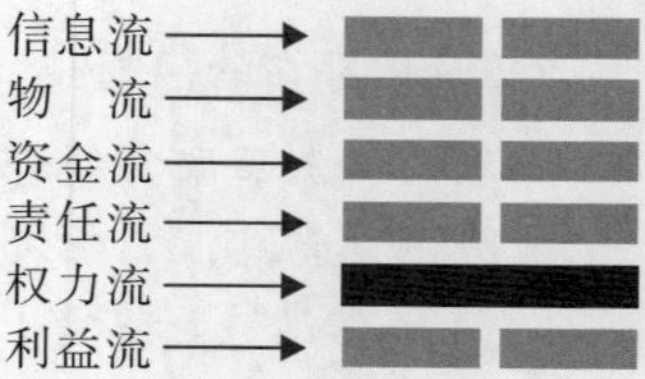

【卦辞】

运势：困难重重，凡事以正规行事，忌独断独行、投机取巧，提防潜在敌人。

事业：阻力很大，困难很多，处于激烈的竞争状态，要与他人密切合作，谨小慎微，行为果断，切忌盲目妄动，适度即可，注意保全自己。机动灵活，严于律己。从容沉着对付一切，必能成功。

经商：已有一定的积蓄，可以从事大的营销活动，但必卷入激烈商战，以刚毅顽强的精神和高尚的商业道德，辅以灵活的方法，勿贪图小利，勿掉以轻心，加强与他人的沟通，必可摆脱困境，化险为夷。

求名：具备很好的条件，但须有正确的引导，务必严格要求自己，克服不利因素的干扰，经过扎实努力，必可名利双全。

婚恋：慎重、专注，否则会陷入“三角”纠纷。痴情追求可以达到目的。

决策：天资聪颖，性格灵活，具有坚强的意志，对事业执着追求，迎难而进。可成就大事业。喜竞争，善争辩，富有冒险精神，不免带来麻烦，务必老成持重，不贪功，以中正为要。

六、复卦（地雷复）

【卦象】

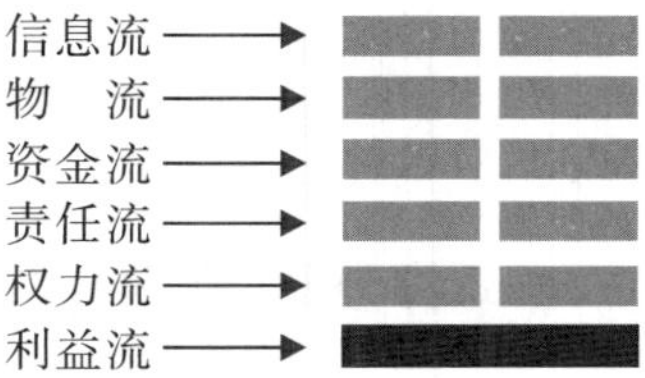

复卦除利益流为阳爻外，其他五流皆为阴爻。喻示动在顺中，内阳外阴，循序运动，进退自如，有所往则有所利。

【卦辞】

运势：开运亨通之象，万事不宜急进，按部就班可成。

事业：已经度过了困难时期，开始进入积极行动的阶段。但务必抓住时机，当机立断，切不可急躁，且应时常反省个人行动，严以修身，勇往直前，可望成功。

经商：可大胆投资，与志同道合的伙伴坦诚合作，打开市场，勿因挫折而退缩。更可以打入外地，坚守商业道德，循序渐进，一定会有所赢利。

求名：时机正在成熟，不要急于求成，继续奠定基础，机遇一旦到来，务必要抓住，必将转运。最忌自伤意志。

婚恋：顺利。但切不可性急，应冷静考虑。家庭的美满幸福，靠严于律己维持。

决策：性格活泼，精力旺盛，但因急躁情绪会造成事业损失。一定要冷静思考，勇于改正错误，必能重振事业。此时应抓住时机，明确方向，灵活机敏，脚踏实地改变处境。一旦出现意外，宜当机立断，暂行退让。如能准确驾驭自己，努力奋斗，成就事业将十分顺利。

【小测验】

试为身边的志愿者或慈善家诊断六流匹配易经卦象，看看所得卦象的利益流爻象有何特征。

第二章　两流为阳爻的六流匹配易经卦象

这类卦象特征是任两流为阳爻，其他四流为阴爻，共 15 个。

一、观卦（风地观）

【卦象】

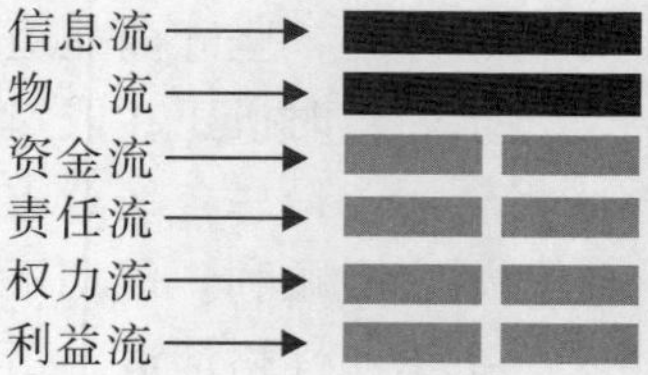

观卦的特征是信息流、物流为阳爻，资金流、责任流、权力流、利益流均为阴爻。二阳在上，四阴在下，这是此卦的卦象。喻德教遍施。说明喜欢追求多的信息，对物资看得很重。

【卦辞】

运势：处身于变化之中，宜多观察入微，心身苦恼，并防外来诱惑。

事业：事业已出现不顺利的迹象，务必谦虚慎重，高瞻远瞩，尤忌短期行为，心胸开阔，注意搞好人际关系，团结他人，不宜轻率行动。必要时不妨投靠德行高的人，以图再度发展。

经商：市场形势不稳定，正处于变动期，应谨慎小心，随时观察动向，从长计议，做好退却的准备。

求名：贵在自知之明，虚心向他人求教，端正处世态度，尤其不可自我满足，更须守中持正，树立远大理想，勿丧失个人追求的目标，勿偏离正道。

婚恋：不顺利，双方应经受住考验，从长计议，会有理想的结果。

决策：具有组织能力，适宜承担负责工作，但人生旅途多曲折，必须注意培养自己的预见性和观察力，办事务必公正，实事求是，注意人心动向，关心他人。尤其不可以陷入小人之道和近视行为之中。应有决断精神，不可盲从，必要时可进行策略依附。

二、晋卦（火地晋）

【卦象】

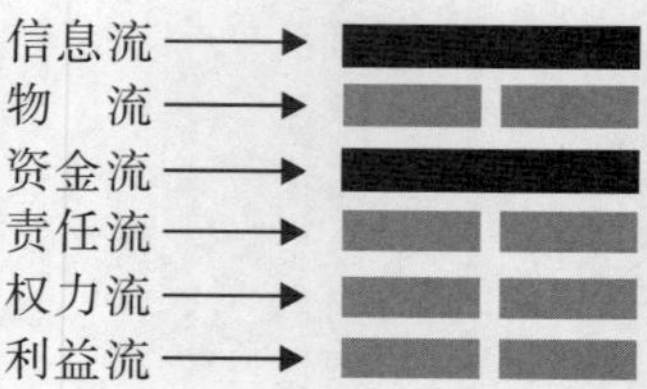

晋卦的特征是信息流丰富、资金流充裕。即信息流和资金流为阳爻，其他流为阴爻。代表太阳高悬，普照大地，大地卑顺，万物生长，光明磊落，柔进上行，喻事业蒸蒸日上。

【卦辞】

运势：事业、名望、财运皆吉，所谓有加官晋爵之兆。

事业：顺利。应遵守正道，迎难而上，克敌制胜，因势利导。建立良好的人际关系，深得人心。全力以赴，不得有丝毫犹豫不决，更忌优柔寡断，而应败不馁，勇往直前。注意和衷共济，共同前进。

经商：行情好，市场竞争顺利。但也会遇到一些困难，要迎难而上，因势利导，克敌制胜，争取众人支持。前进中的挫折不可免，只要动机纯正，必可转危为安。

求名：经过刻苦努力与奋斗，已具备开拓事业的基础，却因无人引荐，暂时不得志，绝不可因此自暴自弃，须耐心等待时机。同时，更加积极地创造条件。

婚恋：吉星高照。会有理想的结果，但绝不可自恃条件优越而抱无所谓的态度或过于挑剔。

决策：处于不断上升的形势，不会有过大的阻力，但务必争取众人信任，获取人心，再接再厉。只要动机纯正，克服侥幸心理，必会喜从天降。

【案例 5 -4】E 公司诊断报告

1. 背景介绍与形势分析

（1）行业背景介绍：

国外留学在中国大陆曾经是一个只有精英阶层才能涉足的领域。在 20 世纪 70 年代末 80 年代初，中国出现了第一波留学浪潮，以公派的访问学者为主，自费留学生非常少见。直到 2000 年前后，国内出现了第三波留学浪潮，涌现出不少本科生的身影，与前辈不同的是，这批留学生有许多是为了逃避“千军万马挤独木桥”的高考。他们之中，很多孩子成绩一般，但家庭经济条件优越，在国外可以轻易申请到心仪的院校。到了 2016 年，随着中国“第四波留学浪潮”的迸发，越来越多的家长趋向于将孩子送出国外，接受西方更系统更优质的教育模式。

学生从决定出国开始，要做的第一件事就是考试，其次就是留学申请。留学的整个过程是可以 DIY 的，但根据申请者的情况不同，有大部分申请者对于留学信息的掌握程度不足，因而需要求助于一些留学机构，才能成功留学。很多当年的留学生归国后自己创业，开设工作室、小型培训机构和留学服务机构，考试培训和留学这个大市场也得到了资本的极大关注，因此留学中介孕育而生。

（2）E 公司发展介绍：

E 公司是一家做出国留学核心业务起家，在留学市场上已经扎根多年的广州本土小有规模的留学教育机构，2000 年正式成立公司。2005 年，E 公司实现第一个三年目标（广东第一），成立第一家分公司——深圳分公司；2006—2011 年，E 公司每年成立多家分公司，业绩迅速提升；2014 年，天津分公司、福州分公司正式成立。

截至 2016 年，E 公司已经在全国建立了 23 家留学分公司，并在境外建立了 7 家分支机构，共有员工 3 600 多人。

2011 年，英联资本以 5 000 万美元投资 E 公司。2014 年初，私募股权基金巨头 CVC 以 2 亿美元的价格，从创始人及英联资本手中收购了 E 公司的部分股份。此后，E 公司通过猎头聘请了多位拥有跨国公司管理经验的国际化职业经理人。

E公司收入主要来源于咨询服务费及考试培训服务费，2014年、2015年、2016年1—4月，营业收入分别为7.79亿元、9.47亿元、3.07亿元，净利润分别为1.51亿元、1.73亿元、2 571.31万元。其中，留学咨询业务收入占比为76%~80%，考试培训业务收入占比为20%~24%。

（3）E公司面临的挑战与机遇：

近两三年，大批打着线上考试培训和留学的名义，以低价出国留学和考试培训产品吸引消费者的机构在市场面世。早期确实会有很多家长被这些低价和线上的产品所吸引，很多家长会被一些打着零中介、零价格办理申请服务的机构所吸引。家长作为留学过程的主要决策者，他们的年龄层已经从60后转为70后、80后。这群人是社会中知识层次较高的一类人，他们的信息收集能力更强、受教育程度更高，甚至有一些家长自己就有留学经历，视野更宽广。

因此，在这个阶段，如果一个留学教育机构仍停留在提供信息的层面，那绝对是不能满足客户需求的，必须不断地将更大的价值体现在给客户提供的服务中。E公司不再满足于做一个留学中介机构，及时进行了商业模式的转型。E公司采取去中介化策略，促进公司成为留学教育公司，将更有价值的服务提供给更多的家庭。E公司的经营理念从以往的帮学生“成功留学”，变成帮助他们“留学成功”，自身定位也从“做最专业的留学咨询机构”向“做最值得信赖的国际教育机构”转变。

2. 六流匹配易经卦象诊断分析

根据处在变革期的E公司目前的基本现状和特征，我们用六流匹配易经卦象进行企业诊断分析。通过以下六个关注度进行判断：流充足，是阳爻；流不丰富，则是阴爻。

（1）问题一：企业的名望及信息发布足够吗？

E公司是中国的国际教育旗舰机构和中国十大教育知名品牌之一，是中国教育部官方认证的留学咨询与出国培训的旗舰机构，具有雄厚的国际教育资源优势。E公司是二十多个国家和地区上千所院校授权的官方招生代表，拥有全球鲜有的美国国际招生协会（AIRC）认证会员资格；E公司是首批被澳大利亚移民局授权使用“电子签证”系统的机构，也是全国首家澳大利亚“八大”名校官方代理机构；E公司作为英国院校官方授权的全国最大的招生代理机构，所服务的学生遍布牛津大学等英国的一流大学。

从2005年以来，E公司每年从社会各大报纸、门户网站或其他教育媒体手中获得的奖项与殊荣近百个。2016年，E公司独立发布了针对商科学生留学的《中国学生商科留学报告》、针对本科学生的《中国学生低龄留学白皮书·本科篇》、针对澳洲的《澳新中学生留学适应力报告》。多年来一直被国内主流媒体连续评选为中国十大教育集团、最诚信教育机构等。

E公司得到国外文教机构、移民局、著名学府、社会主流媒体的认可，近十年收获的奖项与殊荣有近百项，且企业信息发布公开透明，所以信息流为阳爻。

（2）问题二：企业物流发达吗？

因E公司是服务型企业，物流不发达。而从其交付物——服务的角度上，通过对服务质量的评估发现，在销售与服务的对接上，会有沟通不畅导致客户产生不良情绪甚至投诉退款的念头，所以物流属于阴爻。

（3）问题三：企业资金充裕吗？

2016 年 5 月，E 公司创始人以及管理层团队联合 PE 私募股权基金 NLD 牵头的几家国内投资机构回购了 CVC 私募股权基金所持有的全部股份，CVC 本次退出获利 6.92 亿美元，是两年前投资额的三倍。E 公司有充裕的现金流，所以资金流为阳爻。

（4）问题四：企业责任心强吗？

E 公司的企业文化建设中以理念文化尤为明显。

使命：提供专业国际教育服务，帮助顾客成为国际化人才。

目标：做最专业的教育服务机构；帮助顾客成为国际化优秀人才；成为最专业的国际教育专家；海外教育机构首选的合作伙伴。

价值观：我们得到的一切都来自顾客。

我们要让所有的员工的劳动得到公正的回报，为员工营造愉快的工作环境；我们作为一个企业要为社会进步和本地的发展承担责任，利用本企业的职能为社会尽一分力量。

从理念文化上的企业使命、目标、价值观都体现以客户为本，但从行为文化上看，没有非常突出的事件体现 E 公司对社会、合作伙伴与客户的责任心，因此责任流为阴爻。

（5）问题五：企业管理者权力大吗？

在 E 公司管理团队的构成中有部分是留学背景咨询公司出身的职业经理人，也有小部分是从基层培养的有丰富业务经验的老员工，工作氛围和上下级关系比较轻松。由于人力资源部门对业务管理岗位没有编制岗位手册，且一人担任多个要职的现象普遍存在，三家一级分公司的总经理也是留学事业部总部的副总或总经理，扮演的角色较多反而难以果断决策。事业部的几位副总虽然分管不同的职能部门，但权力界定不清晰，因此权力流为阴爻。

（6）问题六：企业的投资者或股东是多元利益共享的吗？

目前由于各分公司对不同国家或地区的留学申请服务流程各有特色，各个国家的服务流程没有完全标准化，虽然有一套客户关系管理（CRM）系统，但系统开发到现在，功能不完善，也不能完全贴切地反映实际业务。此外，E 公司业务岗不重视系统的使用，也没有按规范操作系统来结束各申请服务阶段，并进行权责收入的确认。尽管管理层想把利益分享出去，但财务上无法尽快确认收入，所以利益流属于阴爻。

综上所述，根据六流匹配模型与易经六十四卦的结合，可得出 E 公司的卦象为晋卦。

根据《周易》中晋卦卦辞，对 E 公司的卦象进行诊断。

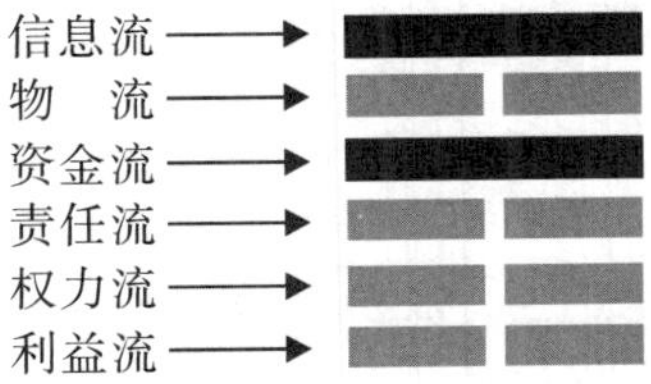

传统的解卦是：“晋。康侯用锡马蕃庶，昼日三接。”

北宋易学家邵雍解对晋卦解为：“日出地上，万物进展；赏赐隆重，百谋皆遂。得此卦者，如旭日东升，气运旺盛，收入颇丰，谋事可成，百事如意。”

对于晋卦的企业行为等可以看下面的规诫：

特性：荣誉心重，固执，爱面子，外华内虚，喜领导他人。

运势：事业繁荣，声誉渐高，于人、事、物均获宏利之际，与人共事者吉。但要知进德虚怀，即是诸凡对人、事宜谨守德操，不可傲溢心怀，否则有破象也。但财运旺。

周转：可获得强大资金。

买卖：进取得利，并获得巨财。

改行：可行。

开业：吉利。

事业：顺利。应遵守正道，迎难而上，克敌制胜，因势利导。建立良好的人际关系，深得人心。全力以赴，不得有丝毫犹豫不决，更忌优柔寡断，而应败不馁，勇往直前。

经商：行情好。市场竞争顺利。但也会遇到一些困难，必迎难而上，因势利导，克敌制胜。

求名：经刻苦努力与奋斗，已具备开拓事业的基础，却因无人引荐，暂时不得志，绝不可因此自暴自弃，须耐心等待时机。同时，更加积极地创造条件。

决策：处于不断上升的形势，不会有过大的阻力。但务必争取众人信任，获取人心，再接再厉，只要动机纯正，克服侥幸心理，必有喜从天降。

运用六流匹配易经卦象诊断后，与E公司情况进行对比，分析内容与现在发展情况相当吻合。E公司从2000年成立至今，“事业繁荣，声誉渐高”，业务蒸蒸日上，受到投资者的青睐，“获得强大资金”支持，资本市场运作顺利。在公司发展过程中，留学市场“行情好”，“市场竞争顺利”，“但也会遇到一些困难”。随着越来越多的家长趋向于将孩子送出国外，接受西方更系统更优质的教育模式，未来市场对留学服务行业质量要求仍将进一步提高，学生申请海外留学的难度或将提升。E公司“必迎难而上，因势利导”，“务必争取众人信任，获取人心，再接再厉”，必须在服务上及规划上给客户更多的帮助，用心对待每一位客户，获得客户的信任，获取良好的口碑，提升自身品牌的竞争价值。

为此，E公司必须进行商业模式的转型，去中介化，成为留学教育公司，将更有价值的服务提供给更多的家庭。从帮学生“成功留学”到“留学成功”，从“做最专业的留学咨询机构”向“做最值得信赖的国际教育机构”转变。“经刻苦努力与奋斗，已具备开拓事业的基础，却因无人引荐，暂时不得志”，要“更加积极地创造条件”，“不得有丝毫犹豫不决，更忌优柔寡断，而应败不馁，勇往直前”。

3. 基于六流匹配卦象诊断分析的改进意见

E公司如何创造条件转型变革，下面将对六流匹配易经卦象的“晋卦”改卦象并提出改进的意见：

（1）信息流。因E公司在社会名望高，信息发布比较公开透明，市场认知度高，品牌策略在这家服务型企业里运用的效果很好。此外，全国各地分公司每年均会举办两场国际教育展，这也是提升品牌知名度的一个很好的途径与渠道，对业务发展有很大的提升。客户的口碑对服务型的企业来说非常重要，最近有同行被国外招生协会与多家律师事务所调查，股价大跌，给投资者带来了损失。在打造品牌知名度上要继续加大力度，做好公关媒体的工作，与社会各阶层、政府机构保持良好的关系，并及时处理好突发危机。所以信息流应当保持强势，为阳爻。

（2）物流。物流对留学教育行业来说，不占有重要地位，反而需要提升的是服务质量，服务质量的提升更需要的是服务意识与态度的转变，以及沟通技巧的运用，所以亟须加强的是责任流。物流保持阴爻。

（3）资金流。根据公司自身定位打造一个完整的国际教育链条，从“做最专业的留学咨询机构”向“做最值得信赖的国际教育机构”转变，这需要大量的资金支持，这个市场针对的消费群体是社会中最精英、知识层次最高的一类人，对生活与教育的品质的追求相当高，因此打造国际化教育产业，对人才、设备、环境、院校资源的投入是非常多的，需要庞大的资金支持。由此，资金流应当保持充裕，为阳爻。

（4）责任流。E公司的理念文化虽然很强，但在企业与员工的行为上，却没有切实地执行。责任心在企业中的重要程度是不言而喻的，客户是服务型企业的衣食父母，加强员工服务意识与服务态度，应成为E公司对内部员工宣导的重点。从以往的帮学员“成功留学”，变成了帮助他们“留学成功”，这不仅仅是卖服务，而是帮助学员提升自身素质，使其在能力、分数和心态上都能够匹配更高层次的学校与教育，能适应留学生活，进而变得更优秀。再者，E公司有庞大的合作院校体系，学校希望招到的是国内优秀、适合的学生，所以寻找生源及申请服务时，应如实反映学生的教育背景与个人及家庭的能力。在打造国际教育品牌时，也应包括彰显对社会的责任心，因此责任流转变为阳爻。

（5）权力流。因职能部门人员规模较小，管理者一人担任多个重要岗位职务，且权力界定不清晰，因此总部业务支持部门颁布的新政或制定的新举措，总是难以推行到分公司，员工执行力弱，若权力流改阳爻，在此变革时期，领导层做决策会更加果断，且很多新举措也能顺利有效地执行。

（6）利益流。与制造型企业相比，服务型企业的一个最大特点就是人力资本在企业资本中的占比高，人力资本已经成为服务型企业的“第一资源”。服务型企业的经营理念是一切以顾客的需求为中心：其工作重心是以产品为载体，为顾客提供完整的服务。而员工是服务的输出者，如果员工在工作中产生不良情绪，是否会影响到他的工作，影响对客户的态度与服务？我们不能保证每位员工都是非常理性的，在要求员工更好地满足客户需求，提升客户满意度之时，是否先把员工当客户同等对待，提升员工的满意度？所以企业要与员工分析利益，让员工像股东一样成为企业发展的受益者。因此，利益流应转为阳爻。

经过改卦后的卦象为大有卦。

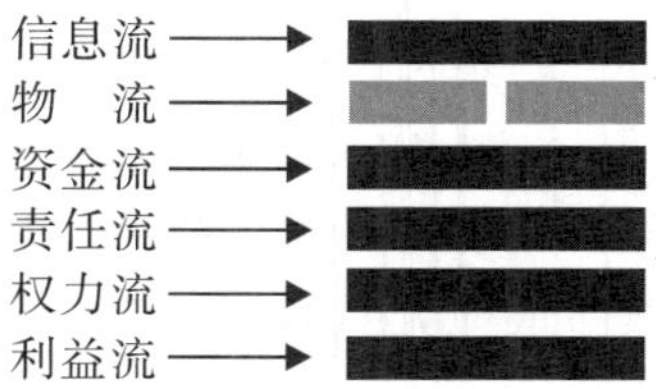

根据《周易》中大有卦卦辞，对E公司的改卦卦象进行诊断。传统的解卦是：“火在天上，大有。君子以遏恶扬善，顺天休命。”

改卦后，通过卦象分析，E公司“已经取得一定的成就”，“最忌得意忘形，胡作非为。务必止恶扬善，坚守中正，交往正直的朋友，戒惧谨慎，兢兢业业，真正做到大而不盈，满而不溢，事业可望迈上新的台阶”，这些是对当下最好的警醒。“能扩展大事业，吸收各方专才”，“依计划行事”，员工执行力强，意味着权、责、利划分清晰，激励机制有效运行，表示去中介化进行商业模式变革“顺利可行”。但品牌形象打造上劝诫“切勿就此满足，停顿不前，尤其不可陷入世俗圈内”，不可与其他留学申请服务的机构打价格战，“应继续努力”“奋勇向上”，从“成功留学”到“留学成功”，从“做最专业的留学咨询机构”向“做最值得信赖的国际教育机构”转变。

朋友很多，交际广泛，对事业很有帮助，指的是E公司拥有业内最强大、最庞大的院校合作体系。对院校而言，他们希望吸纳优秀的、适合的学生。因此要努力耕耘，承担社会责任，实现国际教育资源的良性互动，树立整个留学市场的品牌形象。卦辞告诫在合作伙伴中“有拆台的小人”，因此在公关策略上应未雨绸缪，做好危机公关。

4. 结语

留学是人生重要的国际经历和昂贵的投资，是为今后在日益竞争激烈的职业生涯中获胜的准备，所以在做此重大人生决策的时候，需要的不是简单的操作流程服务，而是针对一生的职业生涯规划与能够匹配更高层次的学校与教育的能力。这场变革对E公司乃至整个留学教育界来说是具有深远意义的，若变革成功将为社会培养更多年轻化的国际人才。

（感谢暨南大学2015级工业工程专业研究生余敏婉提供此案例）

三、艮卦（艮为山）

【卦象】

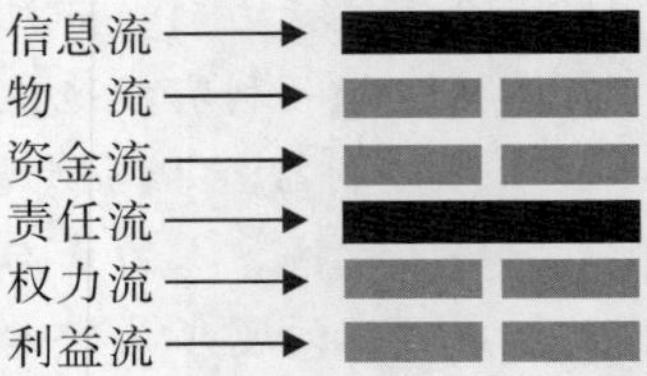

信息流和责任流为阳爻，其他流皆为阴爻，这是艮卦的卦象。

艮为山，喻静止。

【卦辞】

运势：凡事不宜妄动，前路受阻，最好待机而动。

事业：在经过一段发展后，应进行调整，暂时停止行动，总结经验教训。不可因贪名利而妄进。自我克制，自我约束，谨言慎行，不要盲目追求。经过休整后，在适当时机到来时，再大显身手。

经商：进入停滞不前的状态，切勿盲目冒进，而宜适时停止；进入安静退守的状态，不要受外界干扰，尤其是应该保持内心和理智上的宁静，更不要轻易与他人合作。等待时机，必有光明前途。

求名：应保持纯正的目的，静守正道。勿为功名诱惑，秉守忠厚，可得成功。

婚恋：重感情，彼此以诚相待，可白头到老。

决策：性格沉静、内向，不喜好活动，也不善于交际，为人忠诚老实，讲信义。注意听取他人的建议，明哲保身。机遇不到，不宜积极活动，该止则止，勿抱不切实际的想法。

【小测验】

试为法官或企业高管诊断六流匹配易经卦象，看看其信息流和责任流有何特征。

四、蒙卦（山水蒙）

【卦象】

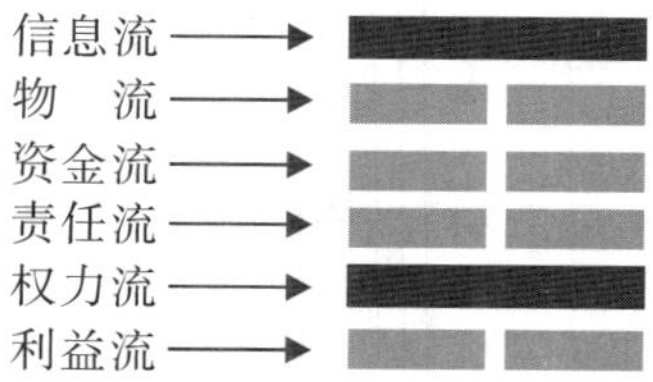

信息流、权力流为阳爻，其他流为阴爻，这是蒙卦的卦象。喻示前路有险，仍不停止前进，是为蒙昧。因把握时机，行动切合时宜，因此，蒙卦具有启蒙和通达的卦象。

【卦辞】

运势：初时迷惑不知方向，须忍耐待机而动，凡事多听取别人意见，则运可通。

事业：事业开始，混乱无序，危机四伏，以勇敢坚毅的行动可以扭转局面。然而必须接受严格教育，培养奋发图强的精神。务必脚踏实地，最忌好高骛远，否则会陷入孤立无援的境地。

经商：务必小心谨慎，不得急功近利，尤其应树立高尚的商业道德，以良好的信誉提高竞争力而取胜。

求名：必须接受良好的基础教育，陶冶情操，且动机纯正，可以达到目的。

婚恋：注意考察对方品德，不可以金钱为诱饵。夫妻需相互宽容、理解。

决策：有时会陷入迷惘困顿的境地，加上胆小、不果断，往往误事。如能接受长辈的教诲，甚至严酷的考验，抛弃疑惧的心理，等待适当时机，必然一帆风顺。

【小测验】

试为国家新闻出版广电总局和地方广电传媒诊断六流匹配易经卦象，并比较卦象中六流爻象的特点。

五、颐卦（山雷颐）

【卦象】

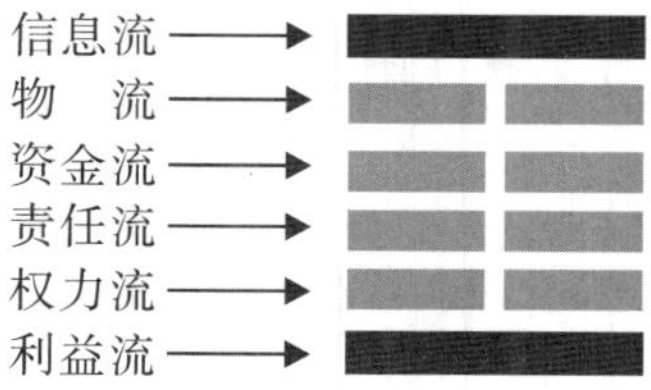

颐卦卦象中的六流除信息流和利益流为阳爻外，其他流为阴爻。

外实内虚，是其卦象。喻示阳实阴虚，实者养人，虚者为人养。

【卦辞】

运势：处事欠缺周详考虑，不宜心怀阴谋，要守正道而善方吉。

事业：凡事得靠个人追求，自己奋斗，而不能依赖他人。更不得用不光彩的手段谋求财物。只要遵循正道，自食其力，谨言慎行，一定会有好的机遇。这时，经过一番艰苦奋斗，能够成功。

经商：不得急于求成，应谨慎小心，循序渐进，以诚待人，真诚与他人合作，因时制宜，不断追求新的开拓方向，必要时可适当冒险。

求名：以丰富自身知识为目的，知足安乐，刻苦努力，成功的希望极大。

婚恋：不可急于求成，关键在于加强自己的修养。一旦选中对象就应全力追求，不可三心二意。

决策：注意道德修养，乐于尽力而为地去帮助他人，救人急难，不贪求不应得到的财物。因此，能受到他人的尊重，也能不断得到外来的援助，个人事业十分顺利，成功的可能性很大。不可粗心大意，牢记成就大阻力也大的道理。

六、萃卦（泽地萃）

【卦象】

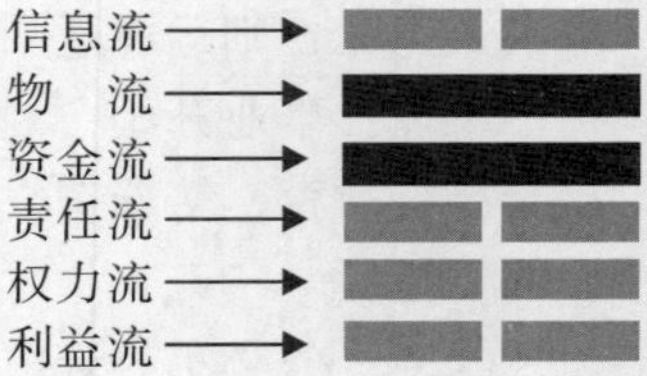

萃卦的特征是物流丰富，资金充足。即卦象是物流和资金流为阳爻，其他流为阴爻。萃，聚集、团结。喻示危机四伏，务必未雨绸缪，彼此相得益彰，安居乐业。

【卦辞】

运势：吉运昌盛，又得长辈提携，事业大利，但须防财务纠纷。

事业：兴旺发达，团结和睦。正值蒸蒸日上，但水多泛滥，人多竞争必然激烈。盛则必衰，切勿骄傲，谨慎小心为好。但也不得犹豫不决，宜勇往直前，开拓新的业务。务必以高尚的品德服众。

经商：真诚合作，团结互助。大胆开拓市场，稳妥前进，有备无患，必可取得不断发展。

求名：光靠个人努力，建树不会很大，定要取得他人的帮助，加上个人的条件方可达到理想的境界。

婚恋：勿急于求成，相亲相爱，美满幸福。

决策：善于团结他人共同合作，具有领导才能。但心胸应宽阔，眼光务必远大，以诚信、中正为本，不失原则，尤其要严格要求自己，宽容他人，遭到他人反对时，应认真反省自己，总结教训，以这种心境处世为人，终生可平安，事业必通达。

【小测验】

试为中粮储公司诊断六流匹配易经卦象，看看其物流和资金流有何特点。

七、蹇卦（水山蹇）

【卦象】

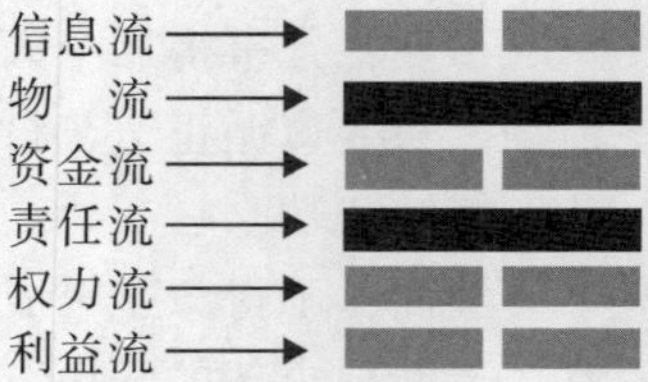

蹇卦的特征是物流和责任流为阳爻，而其他流是阴爻。蹇，跛行艰难。喻示困难重重，人生险阻，见险而止，明哲保身，可谓智慧。

【卦辞】

运势：多灾多难，进退两难，此时宜守正道，不可轻举妄动，动反招祸。

事业：诸事开头难，坚持下去，会有好的结果。人生不易，首先得求助自己，修德养性。志高自信，奋勇进取。逢到困难，得求友人相助，行动不可冒险，要以柔克刚，待机候时，量力而行。

经商：逐步起业，冒险行事，自寻苦恼。宜加强商业道德，真诚同他人合作，陷入困境时，不得见死不救，而应奋不顾身。联合行动，可活跃于市场竞争之中。

求名：循序渐进，加强自身修养。居静观动，待变，伺机而动，能进则进。内心坦然，不可为追逐名利而冒险。与贤能结合，追随高人，必能转危为安。

婚恋：不是很顺利，不能急，宜慎重选择。应有自知之明。

决策：艰难不利。但可视为考验。奋进向前，充满信心，切勿自寻苦恼。交结贤人，相互帮助，坚守中正之道，可遇难呈祥，结得善果。

八、坎卦（坎为水）

【卦象】

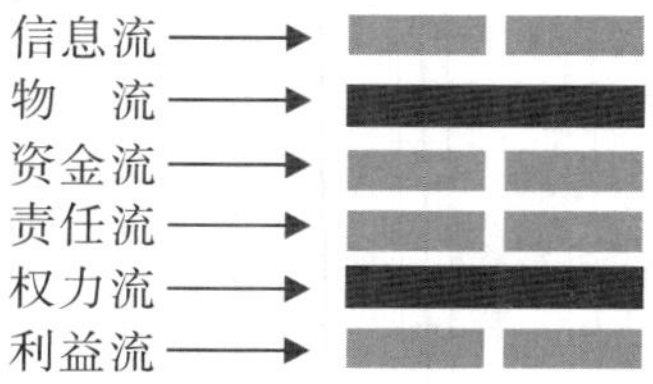

坎卦的特征是物流丰富，权力重大。即物流和权力流为阳爻，其他流为阴爻，这是坎卦的卦象。喻示险阻重重。

【卦辞】

运势：危机重重，宜沉着应付，保持心境开朗，凡事莫与人争。

事业：陷入艰难险阻之中，险况丛生。既不得冒险，也不可束手待毙，应以积极态度，努力创造条件，改变处境，化险为夷。务必诚心实意，充满信心，不图侥幸，不辞艰险，宜静观待变，运用智慧，突破险境，转危为安。

经商：十分不利，甚至可能面临破产的境地，但内心应沉着踏实，保持头脑冷静，身陷险境而心不陷，勿轻举妄动，先求自保以观变，把握时机以脱险。

求名：不为他人理解，怀才不遇，千万不可自暴自弃。不改初衷，泰然自若，循序渐进，终可为人理解和发现。

婚恋：多遭不利，应冷静分析原因，积极改变自身条件。双方同舟共济，共渡难关。

决策：不幸。然而是转运前的考验。只要能不因困境而失常，且不图侥幸，保持信心，勿自陷险境。镇定自若，不轻举妄动，洞察时机，必可转危为安，成出险之功。

【案例5－5】AL有限公司制浆造纸业务诊断报告

1. AL制浆造纸业务基本情况

AL制浆造纸业务是AL集团五大重要业务之一，公司每年30%的营业收入来自这块业务。尤其是在过去的五年里，可以说AL订单总额的一半来自制浆造纸市场。业务根据工艺方式的不同主要分成两大类：机械制浆及造纸、化学制浆及造纸。AL集团的制浆技术全球领先，在中国市场是客户“首选”的制浆生产线设备供应商。中国造纸100强企业中80%的客户制浆生产线由AL提供。AL技术先进，工艺性能稳定，能根据不同客户生产现场的工艺要求进行个性化的设计，同时拥有“精良”的设备安装调试队伍，能在客户合同规定的时间里完成生产线的安装、调试和试产。AL 公司在全球造纸市场拥有良好的声誉。

制浆造纸服务部是 AL 公司在制浆造纸设备领域里负责给设备生产线提供备件及服务的部门。部门的业务市场主要取决于公司在中国市场及东南亚国家市场销售出的整机生产线或生产线上的一些单台设备及某个独立的设备工作单元（如磨浆机单元、脱水单元、热分散单元、疏解机单元、洗涤过滤单元等）。制浆造纸部门下属业务领域的部门组织架构如图 5－1 所示。

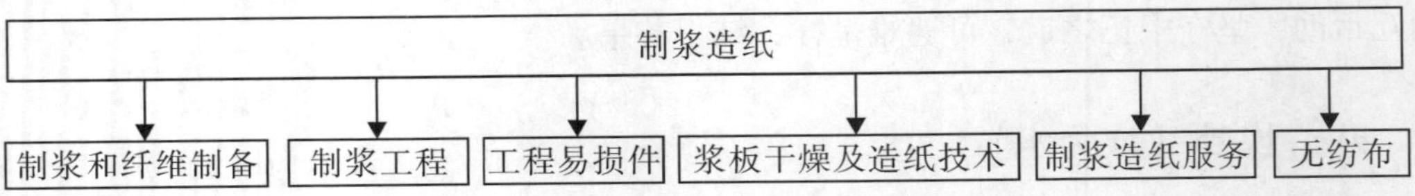

图 5－1　制浆造纸部门组织架构

从组织架构图中可以看到制浆造纸业务领域一共有 6 大块业务，这 6 个部门在业务上的联系非常紧密，市场上 90% 的客户是共享的，但在具体业务运营上每一个部门又是独立进行的。制浆造纸服务部（PKP）目前主要服务于制浆和造纸行业，业务的重点是提供备件、维修、机械、流程优化及升级改造。AL 公司在中国一共有 150 条化浆生产线，目前有 43 条在运行。其中最主要的 15 条由外资公司 AL 和维美德提供。PKP 着重关注这些重要的客户给他们提供现代化的高技术的解决方案。2016 年及接下来几年 PKP 关注的重点将保持不变——给化学浆厂提供服务，并重点开拓东南亚国家尤其是越南国家的市场。2015 年底 PKP 已经专门设立了一个越南市场的销售，到目前为止已经接到了越南客户越来越多的询价，相信未来的越南市场将成为制浆和造纸业务的主要市场。此外，制浆造纸服务部在技术及服务方面将有大幅度的提高，因为研发中心及产品将从欧洲转移到中国，PKP 订单总额虽然不高，但是相比于 AL 其他业务部门，PKP 是净利润最高的一个部门。

2. 制浆造纸业务存在的问题

利用六流匹配易经卦象诊断工具诊断制浆造纸业务存在的问题及找出相应的解决方案和措施。

(1) 信息流：AL 制浆造纸业务“信息流”管理得不是特别好。制浆造纸业务下面目前一共有 6 个业务部门，其中 3 个是属于设备生产线提供部门，另外 3 个是备品、备件及现场服务的部门。备品、备件及现场服务部门的业务取决于设备部门在市场上向客户销售出多少设备生产线及设备单元，等项目质保期（通常是 2 年）过后备件业务就属于服务部门了。因为各个部门的业务侧重点不一样，项目部门在合同执行阶段关注更多的是在合同规定的时间给客户提供正确的产品及优质的现场安装指导服务，很多情况下没有特别注意一些项目文字信息的存档保留，尤其是每一个设备单元下包含了各种各样的备件（如备件的型号、备件的品牌等）及客户现场反馈使用过程中各种原因导致需要对备件进行技术或者设计改进的产品，这些对服务部门非常关键。但是部门的同事由于工作性质的不同，没有形成非常好的信息记录及保管意识，从而没有一个非常系统的信息记录而导致备品备件部门在接到客户现场备件询价的时候需要不断地与相关人员进行产品信息的确认，尤其是对一些使用年限长的或者技术进行升级后的产品，花费在跟客户确定信息的时间就更长，甚至由于客户及公司销售人员对备件的“名称定义”不一样，经常有需要到客户现场去确定询价的产品。近年来在备品备件部门负责订单处理的同事对信息不共享，这一点深有感触。因此信息流在易经分析上属于阴爻。

（2）物流：AL 制浆造纸业务在“物流”上可以说是非常丰富的。因为公司属于国际跨国集团，在制浆造纸行业里是处于全球前列的供应商。AL 集团在全球拥有 250 个加工基地及服务部，采购及物流网络遍布全球。公司技术实力雄厚，在行业里享有良好的声誉。与 AL 合作的各种公司（如运输公司、报关公司、票务公司、培训公司及保险公司等）都是国际知名的大公司。公司每年针对从总部发往世界各地的物资进行全球统一的安排及调配。2016 年物流中心全是先进的全自动化的智能控制，无人操作，货物接收及派发秩序井然。AL 物流在易经分析上属于阳爻。

（3）资金流：十年前 AL 公司制浆造纸业务的资金流非常雄厚，同时 AL 给客户提供的是世界一流的技术服务。十年前中国国内的制浆造纸技术处于相对落后的状态，很多小中型的制浆造纸厂都处于“停产整顿”的阶段，只有一些实力雄厚的大型国有企业或者民营企业会有足够的眼光及意识和资金来引进国外的生产技术，双方在合同付款签订条件上 AL 公司通常都处于“主”地位，从而 AL 的资金可以得到很好的保证。前几年 AL 公司的现金流非常丰富，附近的一些大银行非常愿意跟 AL 公司进行业务洽谈和合作。但最近几年由于国内技术水平的上升及信息网络的发展，很多国内的同行水平上去了，同时客户十多年来的设备操作的维修也让他们掌握了很多公司产品的核心技术，因而很多客户在自己公司就直接建造了设备维修车间。最近这几年 AL 制浆造纸备品备件及服务业务在中国市场上日益艰难，同行的竞争越来越激烈。由于客户给 AL 的资金压力也越来越大，很多客户直接提出“货到 30 天以后付款”，有些甚至是采用“六个月的承兑汇票”业务。AL 公司资金的压力越来越大，因此 AL 资金流在易经分析上属于阴爻。

（4）责任流：制浆造纸服务在“责任流”上也不是特别的理想。由于下面管辖的部门很多，而且根据产品的工艺不同又分成两个不同的产品中心：一个在芬兰，另一个在奥地利。这两个国家由于地理位置及民族性格不太一样，在工作配合及风格上存在一定的差异，从而导致隶属于这两个不同产品中心工作的同事在日常工作中容易产生一些摩擦。芬兰是北欧国家，天气寒冷，芬兰的同事在工作效率方面通常要比奥地利国家的偏低一些，此外，制浆造纸业务下面有 6 个大的部门，总共员工有接近 300 人。每一个部门有各自的总经理，业务独立运行，人员众多，有一些同事的责任意识不是特别的强。例如：有些销售人员去客户现场推销业务的时候只顾推销自己部门的业务或者只顾推销自己负责的业务；有些客户通过电话咨询办公室的售后服务人员，在不是涉及自己本部门业务的时候，有些“责任意识”不是很强的同事不能给客户提供良好的解答和服务；日常工作过程中有些业务定义划分也不是特别的清晰，导致容易出现扯皮的现象。因此，责任流在易经分析上属于阴爻。

（5）权力流：制浆造纸业务在权力流上应该是比较理想的。公司的组织架构清晰明了，组织架构按照业务及产品的不同进行有效的交叉分配。集团公司下面按照全球区域划分成“北欧业务”“中欧业务”“北美业务”“南美业务”“非洲业务”“大洋洲业务”及“亚洲业务”，每一个区域都有全球的销售及产品负责人，涉及对应的每一个国家区域设置区域业务及产品负责人。例如：制浆造纸服务部门，产品中心来自芬兰国家，部门老板来自奥地利，其上司来自芬兰，在老板下面的组织架构中按照部门业务的性质又分成几大块如技术、产品、销售、售后服务及办公室订单处理。组织架构清晰明了。在易经分析上权力流属于阳爻。

(6) 利益流：AL 在制浆业务上受到全球经济大环境的影响及同行竞争的挤压，所签订的合同利润越来越低。对一些集团大客户很多商务条款也非常优惠，例如：发货后同意客户 60 天以后承兑付款，甚至有一些客户提前时间付款要求 AL 公司给予“贴息”补助的政策。由于业务压力大，很多情况下 AL 公司都不得不接受。有些客户对一些使用量大的备件甚至提出“寄售”的要求，让公司零资金的在客户现场进行备货，待客户使用完产品后再进行每个月的月结。寄售给 AL 的资金占用及资金有效的回笼带来了很大的障碍。种种不利因素导致业务的利润越来越低。在易经分析上利益流属于阴爻。

从上面六个流的分析得到第 29 卦：坎卦的卦象。

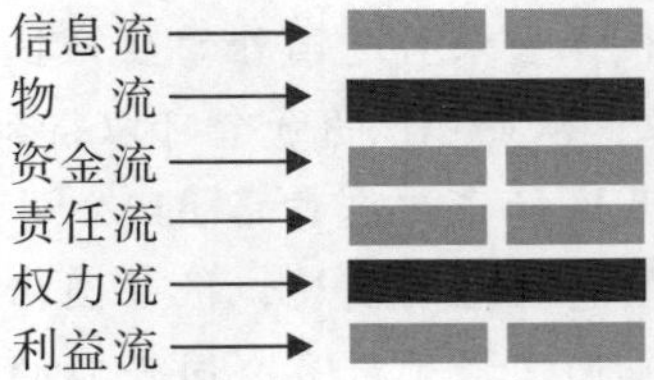

坎为水，坎上坎下。这个卦是同卦（下坎上坎）相叠。坎为水、为险，两坎相重，险上加险，险阻重重。一阳陷二阴。所幸阴虚阳实，诚信可豁然贯通。虽险难重重，却方能显人性光彩。

大象：两水重叠，坎水为险，进固险，退亦险，进退两难。

运势：危机重重，宜沉着应付，保持心境开朗，凡事莫与人争。

事业：陷入重重艰难险阻之中，险况丛生。

经商：十分不利，甚至陷入面临破产的境地，但内心应沉着踏实，保持头脑冷静，身陷险境而心不陷，勿轻举妄动，先求自保以观变，把握时机以脱险。

求名：不为他人理解，怀才不遇。不可自暴自弃。

婚恋：多遭不利，应冷静分析原因，积极改变自身条件。双方同舟共济，共渡难关。

决策：不幸。然而是转运前的考验。

3. 对策建议及改善后的卦象

根据上面的卦象诊断，制浆造纸业务在“运势”“事业”“经商”等几方面与目前业务的实际情况非常吻合，要想改变目前进退两难的局面，建议采取如下的措施：

(1) 信息流的改善：

加强信息管理，加强 CRM、SAP 系统的应用。AL 公司 2003—2007 年间由于没有运行

SAP 软件，很多项目信息没有很好地保存。此外，由于项目人员的变动，有些信息也没有很好地传承下来，对一些客户现场提出的设计变更等信息也没有及时记录下来，针对这些信息的空白，每个部门应该制定严格的信息管理政策，要求每一位项目人员及与客户接触的售后服务人员都有良好的信息意识，把最正确的一线信息及时地反馈回公司，并登记在公司目前运行的 SAP 和 CRM 软件上。

改善后，信息流从阴爻转变成阳爻。

（2）物流的改善：

虽然已拥有发达的物流网络，但要制订确实可行的业务发展战略规划，扩张巩固业务网络。

AL 公司高层对目前中国区制浆造纸业务市场也相当清楚，尤其是近年来经济大环境不好及国家对环保的要求进一步严格，2016 年 AL 公司在制定年度目标的时候就重点讨论了行业的形势及中国政府的“十三五”规划。目前行业的形势是面临“产能过剩”，中国市场没有更多的新项目获得立项。在董事会上，AL 公司讨论了“十三五”规划将如何影响制浆造纸部门和其具体的业务。同时，制浆和造纸业务是一个能源消耗型的行业，各个企业在上新的项目（制浆生产线或造纸生产线）将会消耗很多水、电及木材等。在当下的经济环境下，中国市场未来的新项目会越来越少，更多的会是一些公司由于环保要求或者由于某种产品产能过剩需要“改造”的项目。因而公司在这一大环境背景下应制订适应市场变化的中长期战略规划，设定利润目标、市场占有率目标、产量目标、品种目标及人才战略目标。将战略规划落实到各部门实现，高层领导决策、人人关心规划，为实现规划形成全员统一的目标意识。并以企业中长期规划的前景激励员工，调动核心层人才的积极性，做到年年有新变化，年年有新贡献。近年来中国劳动力市场成本的节节攀升，导致很多造纸企业逐渐向东南亚国家转移，公司决策层也应及时做出相应的战略调整。

改善后，物流保持阳爻不变。

（3）资金流的改善：

市场大环境不好，新项目由于环保要求会越来越少，客户用于业务发展的资金压力也会越来越大，供应商的资金也受到同样的影响，资金流将在长期一段时间表现为阴爻，但是公司仍需要加强财务管理与成本分析。

目前由于市场业务艰难，产品最终的利润越来越低，AL 公司应该建立全面预算管理体系，提高科技基金提成比例和固定资产的折旧比例；建立技术、生产、销售三个核算系统，开展成本分析，设定目标管理体系，加强生产周期成本、资金周转、库存资金、产品成本、劳务成本等成本效益分析。此外，要有坚定的统一的对外部客户的付款政策，不能因为大小客户之分而制定不同的付款政策，对一些大客户比较苛刻的付款要求进行有理、有据的回避。

（4）责任流的改善：

公司通过文化建设及团队建设提高员工的责任意识。激发员工的责任心是一种激励制度，可以从下面几个方面去实现：

①要求员工对自己的事情负责。

②要求员工有互相帮助的精神，树立责任意识。

③培养民主的团队气氛。

④允许员工犯错误。

⑤不打击员工的积极性。

⑥加强公司的文化建设及团队建设。通过团队建设项目培养员工的集体合作意识。

经过一段时间的改善后，责任流将逐渐从阴爻转变成阳爻。

（5）权力流的改善：

AL公司十年前将制浆造纸技术引进中国时客户是非常崇拜的，但这些年来AL公司一直没有更好更新的技术进来，因而很多客户及国内同行通过各种条件已经对AL公司的产品进行了深入的学习和了解，很多产品已经不再拥有核心的技术了，导致产品的利润越来越低。AL公司在未来的发展过程中应该引进产品策划人员与项目经理人才，设定产品开发目标，提高科技资金投入，不断地对现有产品进行技术更新及开发新的产品，以确保在技术上有绝对优势。

AL公司提高技术开发能力后，权力流保持阳爻。

（6）利益流：

由于造纸业务市场的特殊性及经济大环境的不好，利益流在长期一段时间都将继续表现为阴爻。

通过上述从六流着手改善公司后，卦象变为第57卦：巽卦。

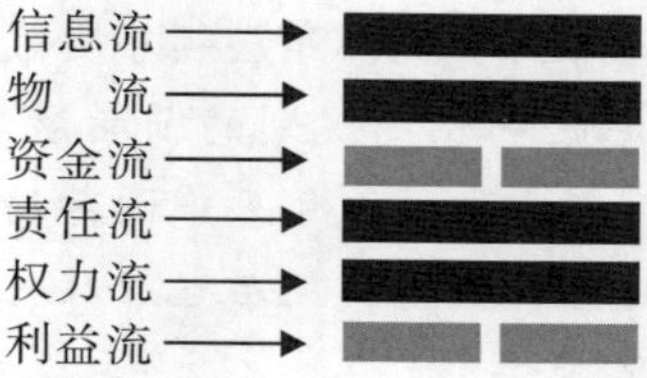

这个卦是同卦（下巽上巽）相叠，巽为风，两风相重，长风不绝，无孔不入，巽义为顺。谦逊的态度和行为可无往不利。

大象：此卦为两重巽风重叠，巽为入，风之所到无孔不入，犹如政令颁布，深入民心。

运势：波折重重，运势起落浮沉不定，要随机应变，心平气和，择善固执。

事业：正在发展中，应本着勇往直前的精神，战胜一切困难和险阻，奋发向上。万事起头难，开始会受挫折，但在有才德和有力量的人物帮助下，会有理想的结果。

经商：市场竞争激烈，风险大。商业活动务必小心谨慎，遵守商业道德，以谦逊的态度对待同行、顾客乃至竞争对手，必定可以取得利益。

求名：以谦逊的态度对待一切，但又不可自卑、软弱、做作，更不可虚伪，这样就可以进步很快。

婚恋：不可抱轻率的态度，而应慎重，相互尊重。

决策：头脑聪明、灵活，性格开朗，以谦虚的态度处世，会受到各个方面的欢迎，也会得到上级的重视。谦虚不可过度，应以刚健中正为前提，绝不可表现为懦弱和虚伪。否则，不利于自身的成长。

通过上述的一些措施，从卦象上看，制浆造纸业务应本着勇往直前的精神，战胜一切困难和险阻。市场竞争激烈，风险大，商业活动务必小心谨慎，遵守商业道德，以谦逊的态度对待同行、顾客乃至竞争对手，必定可以取得利益。

（感谢暨南大学2014级工业工程研究生林红萍提供此案例）

【小测验】

试为采购部门和仓储部门诊断卦象，比较其六流爻象特征。

九、屯卦（水雷屯）

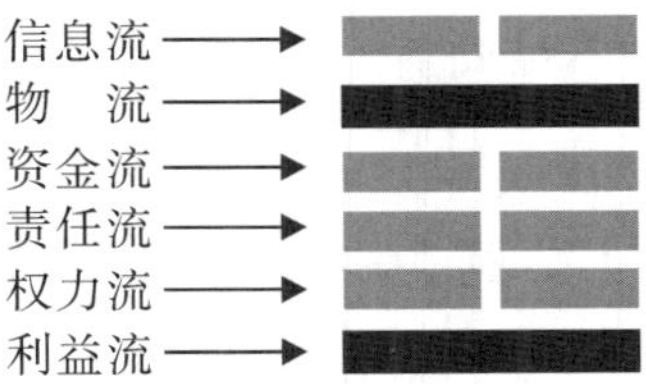

【卦象】

物流丰富，愿意分享利益；但信息不发布，资金少，权力也少，即囤积物资供人分享之卦。物流和利益流为阳爻，其余为阴爻，这是屯卦的卦象。

【卦辞】

运势：身处困境，步步为营，有初难后解之意。

事业：起初多有不利，要知难而进，小心翼翼，勇往直前，灵活机动，可望获得大的成功，时机到来时一定要抓住，却也不得操之太急，且仍有困难，务必有他人相助，故平时应多施恩惠。

经商：创业初期步履艰难，多有挫折。坚定信念最重要，不要为表面现象所迷惑，应积极进取，行动果断，打开出路。若仍无法摆脱困境，则应退守保全，等待机会，再展宏图。

求名：积极争取，主动追求，可以成功。

婚恋：好事多磨，忠贞纯洁，大胆追求，能够成功，婚姻美满。

决策：初始困难，但若具有坚忍不拔的毅力和锲而不舍的奋斗精神，前途不可估量。但往往不为他人理解而陷于孤独苦闷之中，事业会因此处于困难状态，需要得到贤德之人的帮助才能摆脱。如能以乐观主义精神处世，就能取得成就。

【小测验】

试为粮食部门或物资设备管理部门诊断六流匹配易经卦象，看看其物流和利益流有何特点。

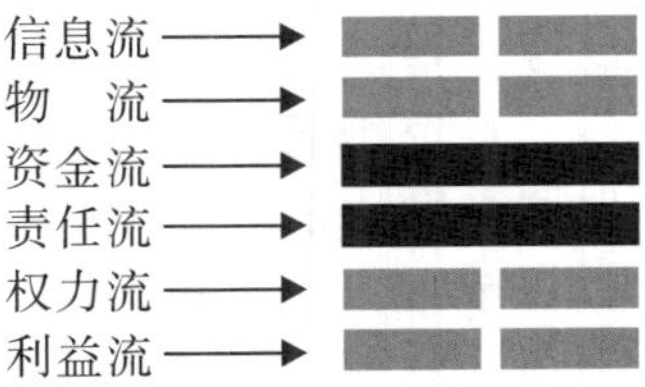

十、小过卦（雷山小过）

【卦象】

小过卦的特征是内实外虚。即除资金流和责任流为阳爻，其他四流为阴爻，此为小过卦的卦象。象征小的过度、小有过越。本身有亨通的含义，但必须守持正道。只适用于日常小事，所以小有过度时，忌好高骛远，应当务实。

【卦辞】

阳为大，阴为小，卦外四阴超过中二阳，故称“小过”，小有越过。

运势：诸事不利，宜行小事，不宜做大事，更防因小过失造成惊动，惹来是非争讼。

事业：行动宜谨慎小心，切勿冒险，尤其不得钻空子。但只要坚持正当的行为，可勇敢向前，努力奋斗，开拓事业。不过，一定要把握尺度，不要好高骛远，以免招致灾祸。随机应变是关键。

经商：对市场行情未十分掌握时，可先稍试探一下，随即收敛行为，否则会导致危险。不应大规模行动，也不必胆小怕事，稳扎稳打，逐步发展。

求名：应遵循中正的原则和循序渐进的道理，求得稳步前进。切勿追求虚名，更不得不顾实际情况攀高位。

婚恋：应较长时间地彼此了解，不可仓促行事。

决策：行动必须把握分寸，适可而止。盛时应防止办事过火，即时收敛自己。过度将不足成事，反会招祸。一切行动都要因应变通，不可固执。

【案例5-6】S公司销售部门诊断分析报告

1. 公司部门概况

S公司为外资通信企业，公司总部位于上海市闵行区，隶属于英国的Smiths集团。Smiths集团成立于1850年，现有员工23 000余人，分布于50个国家，在伦敦证券交易所上市100多年。2015年的销售额为30多亿英镑。整个Smiths集团包含5个事业部，分别为：能源、采矿事业部，医疗设备事业部，危险及违禁品检测事业部，工程组件事业部，电子组件、通信事业部。S公司属电子组件、通信事业部，主要生产通信仪表及通信组件，为集团旗下的三级全资子公司。

2. S公司销售部门六流匹配易经卦象分析

利用六流匹配易经卦象诊断工具对S公司销售部门进行诊断分析：

（1）信息流：从公司角度看，S公司为外资公司的三级子公司，离英国的总部比较遥远，从公司总部获得的信息量比较少。同时由于销售部门的老板为新加坡人，不懂搞好不同部门间的人际关系，因此销售部是一个相对来说被其他部门孤立的部门，从外界获得的信息量比较少。同时不足10人的销售部门的同事分别被派驻在北京、上海、深圳、广州、苏州5个城市，每年难得见上一面，所以相互间的沟通和信息交流非常少。因此信息流的爻象为阴爻。

（2）物流：公司内部生产的产品比较单一，主要为单一仪表及无源器件产品，同时由于离总部比较远，从总部或者从事业部获得的资源相当有限。而且销售人员获得的资源也非常有限，几乎主要是靠自己单打独斗，无法从公司获取有效的资源，因此物流方面的爻象也为阴爻。

（3）资金流：作为一个外资公司的全资子公司，每年的销售占不到总公司销售额的百分之一，因此在成本开销方面也只是占集团成本很小的一部分，几乎可以忽略不计。随便聘请法务顾问或者其他顾问都能开到年薪百万元，因此在成本开销方面，公司几乎不太考虑。每次领导或者老外出差，非五星级酒店不住，充分说明由于背靠大树，不缺乏资金，同时销售部每天都跟钱打交道，因此在资金方面比较充裕。资金流为阳爻。

（4）责任流：作为一个外企单位，从社会责任角度看，是比较负责任的，积极向国家纳税，每年都向贫困山区小学进行捐赠。除了公司捐赠，还发动全公司员工进行捐赠，充分体现了一个企业的爱心和对社会的责任感。同时作为一个外企单位，按照国家要求给员工全额缴纳各种保险及福利费用，员工离职时给员工提供高额的离职费用，所以相对来说，公司和部门的责任感都比较强，因此责任流为阳爻。

（5）权力流：作为销售部门，本应该拥有比较大的自主权力，但在公司内部销售部的权力较小，受制于财务部、研发部、法务部。给客户申请折扣时需要财务部门同意审批。签订合同前关于产品交付期需要和研发生产部门进行确认。确认完成后，客户发过来的签字盖章的合同需要发给法务部门进行审核，待法务部门走完流程，公司才可以签字盖章回传给客户。一般合同从客户给到销售部，然后销售部再回传给客户，需要一周左右的时间。销售部门自主权力不足，因此权力流为阴爻。

（6）利益流：销售部门每年发展目标不明确，唯一明确的只有每年的销售任务，缺少其他的发展目标。比如：每年需要新拓展的业务、团队建设目标缺失。对员工而言，缺乏明确的晋升目标，公司招聘的职位都是优先考虑社招的人员，一般不考虑内部员工。同时部门奖金制度复杂，客户资源及奖金分配不均。缺少和员工共享公司发展的利益。因此利益流为阴爻。

综上所述，六流匹配易经卦象为第 62 卦：小过卦。

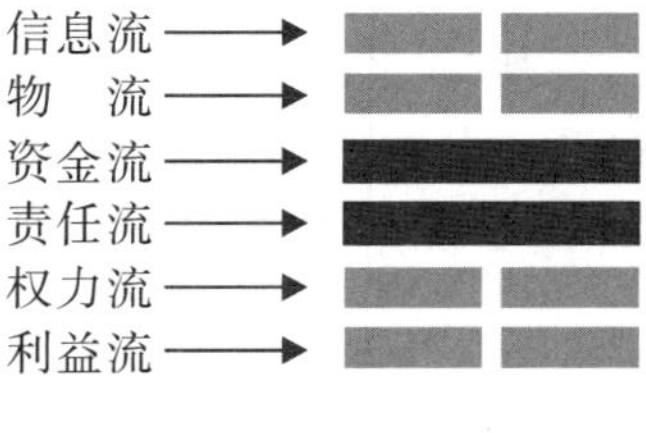

卦象解读如下：

【中上卦】雷山小过（小过卦）行动有度。

象曰：行人路过独木桥，心内惶恐眼里瞧，快步保你过得去，慢行一定不安牢。

这个卦是异卦（下艮上震）相叠。艮为山，震为雷，过山雷鸣，不可不畏惧。阳为大，阴为小，卦外四阴超过中二阳，故称“小过”，小有越过。

事业：行动宜谨慎小心，切勿冒险，尤其不得钻营。

经商：对市场行情不十分掌握，可先稍试探一下，随即收敛行为，否则会导致危险。

求名：应遵循中正的原则和循序渐进的道理，求得稳步前进。切勿追求虚名，更不得不顾实际情况攀高位。

外出：应慎重考虑和做好充分准备后再外出，否则不利。

3. 部门卦象改变及分析

根据所推算出来的卦象进行改变，共有六种改变方式：

（1）由小过卦改变为丰卦（改变利益流）：

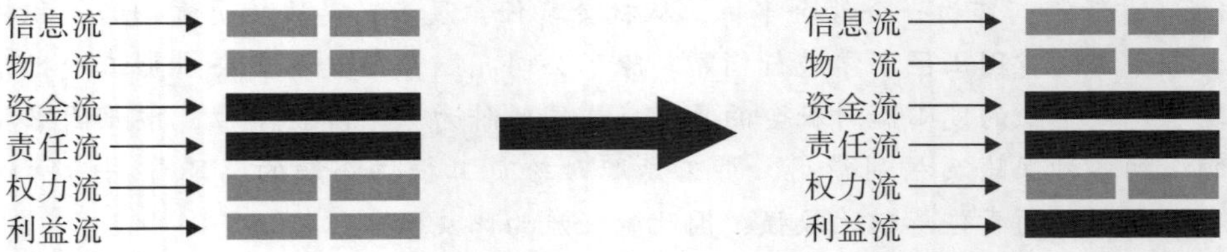

【上上卦】丰卦，周易六十四卦第55卦。

象曰：古镜昏暗好几年，一朝磨明似月圆，君子谋事逢此卦，近来运转喜自然。

这个卦是异卦（下离上震）相叠，电闪雷鸣，成就巨大，喻达到顶峰，如日中天。告诫：务必注意事物向相反方面发展。治乱象因，盛衰无常，不可不警惕。

事业：处于十分顺利的鼎盛时期，各方面都很顺利，成就很大。但务必注意开始出现的衰败症状，防微杜渐，严防骄傲自满。同时，不必盲目追求不切实际的事情，全力保持当前状况的延长。

经商：由于准确地把握了市场动态，商情对自己十分有利，可以大胆发展，但一定要密切注意行情，分析信息，稍有不慎，破产可能就在一夜间。一旦破产应立即总结教训，寻求真诚的合作者，早日走出困境。

求名：经过努力和奋斗，已获得成就，应注意保持和稳步发展，切勿追求虚名。

外出：十分顺利。但应提高警惕，防止乐极生悲。

决策：由于个人天资聪颖，条件好，因此各方面十分顺利。但务必深刻认识人生无常的真理，一切应保持适度，切记物极必反。更不应自我封闭，陷入困境，切莫灰心。

（2）由小过卦改变为恒卦（改变权力流）：

【中上卦】恒卦，周易六十四卦第32卦。

象曰：渔翁寻鱼运气好，鱼来撞网跑不了，别人使本挣不来，谁想一到就凑合。

这个卦是异卦（下巽上震）相叠。震为男、为雷；巽为女、为风。震刚在上，巽柔在下。刚上柔下，造化有常，相互助长。阴阳相应，常情，故称为恒。

事业：诸事无不成于恒，持之以恒，必有成效。恒乃成功之本。为此，务必动机纯正，守静而勿躁动，不可急于求成，也不可固守死道，应从个人实际出发。最忌人云亦云，最宜随机应变。如此，诸事顺而成。

经商：大胆行动，有所往必有所利。注意市场行情和周围的情况。随时变更经营策略，但不得改变常理常道，坚持慎重选择的方向，勿追随潮流。忌不自量而冒险强求。

求名：有始有终，善始善终，立于正道，坚持不懈，学习方面尤应提高涵养，必可成。

外出：果敢行动，有利。

决策：循序渐进，不要在一开始期望过高，也不能因此放弃追求，应脚踏实地，从实际出发，不要好高骛远，更不可不自量力，勿冒险激进，勿反复无常。坚信宇宙常新，不断地修正自己的见解，补充新内容。

由于S公司为Smiths集团旗下三级全资子公司，所以从一开始就决定要受制于集团和事业部的安排，S公司能够决定的事情相当有限。同时S公司的销售部门所有对外的商务活动，均受到公司上层及财务的监督，签订合同过程中也受到法律部门的约束，所以改变权力流这条道路无法走通。

(3) 由小过卦改变为豫卦（改变责任流）：

【中中卦】豫卦，周易六十四卦第16卦。

象曰：太公插下杏黄旗，收妖为徒归西岐，自此青龙得了位，一旦谋望百事宜。

这个卦是异卦（下坤上震）相叠。坤为地，为顺；震为雷，为动。雷依时出，预示大地回春。因顺而动，和乐之源。此卦与谦卦互为综卦，交互作用。

事业：十分顺利，可以获得成功，但必须符合实际，顺应潮流，且得自己努力奋斗。

经商：时运已到，应大胆行动，即使遇到挫折，也可以很快化险为夷。

求名：天资聪颖，如能坚守正直的品德，严格要求自己，努力上进，必定有重大成功。

外出：充分准备，从容出发，会十分顺利和平安。

决策：一生顺利，不会出现大的波折，容易比较顺利得到自己应该得到的。

作为一家欧美外资公司，一定会严格遵守欧美的思维方式经营企业，遵守中国的各项制度，因此责任流也无法改变。

(4) 由小过卦改变为谦卦（改变资金流）:

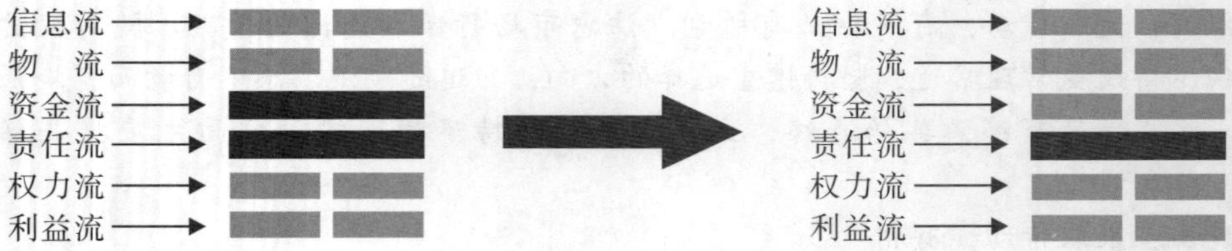

【中中卦】谦卦，周易六十四卦第15卦。

象曰：天赐贫人一封金，不争不抢两平分，彼此分得金到手，一切谋望皆遂心。

这个卦是异卦（下艮上坤）相叠。艮为山；坤为地。地面有山，地卑（低）而山高，是为内高外低，比喻功高不自居，名高不自誉，位高不自傲。这就是谦。

事业：尚未被人器重，但因品德高尚，终会为人发现。

经商：较为顺利，但不会获暴利，须逐步积累，故应极其小心谨慎，诚心与他人合作，遵守商业道德，通过自己的勤劳努力，取得商业的发展。

求名：天资聪明，但因性格不善于表现自己，起初往往被埋没，只要自己不灰心，继续努力钻研业务，保持谦逊好学精神，将会取得更大的成功。

外出：顺利，但应准备充分，途中小心，渐可忽视安全。

决策：具有内高外低的谦虚美德，善于团结他人，也能得到别人的帮助，事业很顺利。遇到困难，很快可以化险为夷，有惊无险。

S公司作为一个营业额只占整个公司百分之一的子公司，过惯了背靠大树好乘凉的好日子，如果独立出来自负盈亏，独自承担经营风险，会受到公司从上到下的抵触，所以不予采纳。

(5) 由小过卦改变为咸卦（改变物流）:

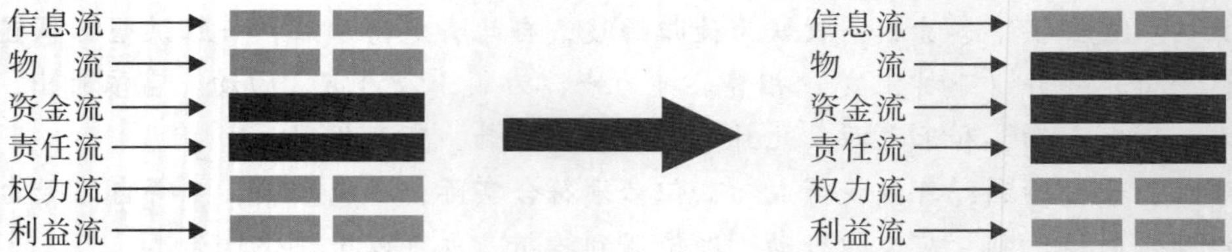

【中上卦】咸卦，周易六十四卦第31卦。

象曰：运去黄金失色，时来棒槌发芽，月令极好无差，且喜心宽意大。

这个卦是异卦（下艮上兑）相叠。艮为山；兑为水。兑柔在上，艮刚在下，水向下渗，柔上而刚下，交相感应。感则成。

事业：和为贵，和则万事兴，务以诚感人、以诚待人。广泛交友，谦虚礼让。树立大志向，坚持主见，不可盲目随大流。不利时应安居待机，不可妄动强求。

经商：有利可图。但应以纯正之心，以诚待人，加强合作。市场若不景气，绝不可妄动，不可强求，而应静待发展，虚心听取不同意见。

求名：志向应宏大，脚踏实地，虚心请教他人，使人悦而应，帮助、重用自己。切莫自我封闭，更不得冷漠孤僻，应以广阔的胸怀发展自身。

外出：虽希望外出，但暂时不宜远行。待时机成熟时再出行。

决策：吉祥如意。人际关系好，善于交际。以真诚的态度、无私的心去处世，不会有不利的地方。与他人合作应坚持原则。办事不可优柔寡断。不顺利时，应停止行动，总结经验，以图发展。待人诚恳，但不可与玩弄口舌的小人交往，防止受骗。

目前，S公司的研发团队都在国外，上海总部只是负责产品生产、销售，因此增加新的产品必须是国外提出才可行，国内提出的产品需求一直响应很慢，增加新的产品类型的可能性不大。同时由于S公司主要生产仪表，研发周期长，因此也决定了S公司不可能在短期内丰富物流。

（6）由小过卦改变为旅卦（改变信息流）：

【下下卦】旅卦，周易六十四卦第56卦。

象曰：飞鸟树上垒窝巢，小人使计举火烧，君占此卦为不吉，一切谋望枉徒劳。

这个卦是异卦（下艮上离）相叠。此卦与丰卦相反，互为“综卦”。山中燃火，烧而不止，火势不停地向前蔓延，如同途中行人，急于赶路。因而称旅卦。

事业：正处于创业、发展的阶段，各种困难很多。只要能坚持中正的方针，依正道办事，注意调查，处处小心谨慎，并根据情况的变化，采取应变措施，事业就可进展顺利。

经商：市场行情犹如旅途一样，意想不到的情况会随时发生。

求名：根据时代的要求，丰富自己的知识和能力，不断提高自己，并且争取得到他人的帮助。

外出：很顺利，且经常出行。因此，要时时注意安全。

决策：人生处于多变状态，一定要眼光远大，树立大志向，不断地充实自己，以诚心实意和谦虚的态度去待人处世，勿计较一时得失，广泛交友。人生旅途十分顺利。

信息流主要由S公司在集团内的位置决定，一个外资公司的三级子公司注定不会参与或获取集团内部更多的信息，信息流也无法进行改变。

4. 改善措施

根据卦象演变的凶吉及公司内部分析，只有改变利益流，将小过卦演变为丰卦，由中上卦变为上上卦。针对利益流的改变，结合S公司销售部门的发展，可以进行如下改善：

（1）S公司销售部门应确定明确的发展目标，在销售额、人员的晋升发展及员工技能的发展方面提出具体的目标。

（2）合理完善销售奖金制度，明确奖金计算方式，调动人员积极性。

（3）和其他部门共享部分小的利益，搞好部门间关系。

（4）将客户的利益放在首位，积极响应客户需求。

（感谢暨南大学2014级工业工程专业研究生王鑫提供此案例）

十一、解卦（雷水解）

【卦象】

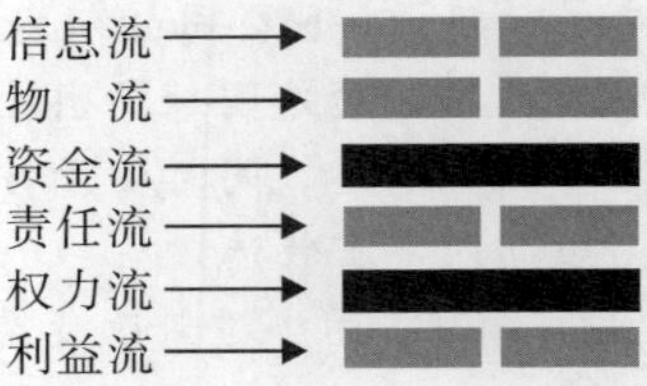

解卦的特征是资金充沛，权力重大。即除资金流和权力流为阳爻，其他流为阴爻，这是解卦的卦象。喻示万象更新，一切消除。

【卦辞】

运势：宜把握良机，快速处理身边困境，更宜出外求谋，因贵人在远方，以西南为吉方。

事业：元气初复，宜休养生息，安静平易为佳，宜宽宜和。当准备就绪则应立即行动，争取主动，不可拖延，所往必有功利，但切勿贪得无厌。克勤克俭，刚柔相济，以柔为主。远避小人，团结君子，相互依托，共成事业。

经商：行动贵神速，积极而为，方可摆脱险境。行商宜循正道，切勿招摇过市，此乃愚蠢行动，必自招灾祸。

求名：初出茅庐，应继续充实自己。待机行动。尤应远小人，近君子和有才德的人，以期迅速提高自己。

婚恋：应适时进行。夫妻和衷共济，可家庭和睦，免除灾难。

决策：稳妥为宜，亦不应冒险，因一切尚在元气初复阶段。为争取大发展，务必宽以待人，以柔致治，广交贤者，疏散小人，以中庸、正直的方式，张弛结合的手段，开拓方兴未艾的事业。

【小测验】

试为操盘手诊断六流匹配易经卦象。

十二、震卦（震为雷）

【卦象】

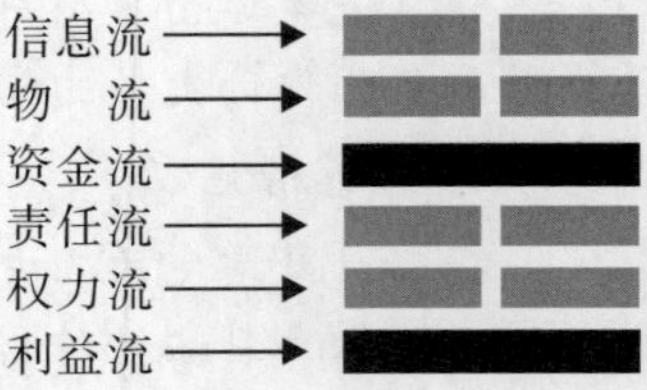

资金充裕，愿意利益分享，但信息不发布，不愿承担责任，物资少，权力也小，即提供资金供人分享之卦。

【卦辞】

运势：表面昌盛风光，内里正处多事之秋，动荡不安之境。

事业：处于不顺利，甚至面临危险的局面，对此务必提高警惕，有备方可无患，一旦出现突发事件，可以泰然处之，并且可以由此吸取教训，一方面使损失减少；另一方面可以迅速复原，使事业迈上新的高度。

经商：在激烈的商场竞争中，随时可能出现问题，陷入困境。冷静、从容地应付到来的现实，坚持不偏不激的中正原则，以刚毅的态度，从容不迫地去战胜困难。经过一番危机后，一定可以获得巨大利益。

求名：很可能会遭到挫折。不必灰心，而应自我反省，找出问题的症结所在。

婚恋：恋爱和家庭都可能出现变故，应以冷静态度处理，会有理想的结果。

决策：处于人生的转折关头。应正确地总结过去，为开拓新的事业奠定基础。在前进的道路上应随时小心谨慎，勤勤恳恳，坚持正确原则，在困难中前进，命运亨通。

【案例 5－7】R 公司研发管理六流诊断与对策

R 公司自成立以来，始终秉承“科技创新为本，市场服务为先”的核心理念，充分发挥产、学、研联合的优势，不断加大科研投入，立足采用高新技术完成对传统产品的改造、升级及更新换代，其间取得了一系列丰硕的技术成果。

公司以技术为依托，以市场为导向，凭借一流的技术和产品质量，在行业中处于领先地位。在未来的发展中，公司将继续加大科研投入，进行战略整合；在开发、制造和管理等环节上探寻最优；以最大努力寻求与合作企业的共同发展，致力于成为客户最值得信赖的“合作伙伴”。

R 公司作为电梯产品一级供应商，开发设计电梯控制系统，在行业产业链中扮演重要角色，与电梯主机厂形成利益共同体。R 公司基于市场研究判断和市场反馈，展开新产品研发和成熟产品的改进。

1. 当前电梯市场环境分析

近年来，电梯行业受房地产市场的影响有些举步维艰，电梯行业最主要的下游——地产行业的景气度与电梯需求关联性较强。其中，电梯行业订单规模与房屋施工面积关联度较高，电梯企业回款状况与房屋竣工面积关联度较高。甚至有人预测，电梯行业将步入低谷。一些地产商的资金短缺，他们将部分资金压力转嫁给供应商以缓解压力，比如电梯行业里的无底限价格竞争、强制性改变付款方式或压缩付款比例，以及故意延长尾款支付期限和延长质保期，甚至变相强买，以房抵款等。此外，电梯行业的二三线品牌努力搏击，伺机利用自身灵活的政策优势来抢占市场，以前由外资电梯品牌占据绝大部分市场份额的市场格局，正在发生变化。国内电梯企业以模仿＋创新的研发模式，在市场上争得更多的发展空间。

根据电梯协会统计，2014 年中国电梯产量约 71 万部，2015 年全年电梯产销量接近 80 万部，按每部电梯 20 万元的平均单价计算，目前国内电梯市场已经是千亿元级规模的市场。2014 年中国电梯产量相比 2004 年的 11 万台产量增长了 5.5 倍，过去十年的年均复合增长率约 20%，但是从 2012 年开始产量增速下滑至 20% 以下。

新梯产量增速下滑，主要是由于国内电梯业经过近十年的高速增长，电梯保有规模已经达到一定量级。随着电梯保有量基数的扩大，电梯行业从原来的爆发式发展阶段进入稳定增长阶段，增速下滑属于行业发展到一定成熟阶段的自然表现。

2. 当前企业环境与六流诊断的问题提出

电梯行业机会型的发展道路被逐渐稀释，企业的战略也较于趋同。企业的成功不一定依靠高瞻远瞩的战略，企业可在局部进行创新。成熟市场对企业的系统管理能力达到了更高的要求。企业在这时候，就像一个木桶，各块板虽有长有短，但不能出现某块板太短，而其他板太长，这会导致企业管理系统失衡，导致企业“漏水”。

如何最大化企业研发活动资源投入？如何使得投入的资源有效发挥以提升竞争优势？如何最小化企业研发活动的风险，提高产品开发的市场命中率？如何整合技术开发与产品开发的资源，以有效支撑企业的战略具体化？在多变的市场中，制造业的竞争优势突出表现在两个方面：一方面，能够比竞争对手更好地挖掘市场现实的与潜在的机会，更有效地开发相关产品；另一方面，在交付客户产品时能够比竞争对手更好地实现客户价值最大化(应用、时间、成本、质量、服务、环境等)，与此同时实现企业自身资源运作的增值。为了不断提升这样的竞争优势，制造业各个业务体系的逻辑关系突出表现在拓展的增值特性上。面对不断变化的市场压力和需求压力，作为产品开发直接结果的产品定义需要更好地适应这样的变化，使得在每个订单实现过程中能够最少地变化生产过程，尽可能利用成熟资源（包括技术的、管理的）快速、低成本、高质量地完美交付客户需求的产品，在实现客户价值最大化的同时使得企业价值同步最大化。可以看出，企业的产品定义过程与产品实现过程之间有着非常紧密的联系，它们作为一个完整的拓展价值链，对于产品型企业的竞争优势至关重要。它的核心就是生命周期产品模型，它不仅仅是通常意义上产品开发过程中技术部门的成果，更加重要的是它的标准化、规范化、适应性，是整个生命周期中快速响应客户、最大化客户价值与企业价值的重要保证。因此，对于产品制造型企业来说，建立一个有效的研发管理体系有着非常深远的意义，它的建立不仅从保证产品定义过程的有效性方面提升企业的竞争力，而且还将从保证订单实现过程的有效性方面提升企业竞争力。

利用信息流、物流、资金流、责任流、权力流、利益流这六流匹配，对企业的研发环境进行诊断分析，与R公司当前的现状相符。通过相互独立，而又彼此联系、制约的六方，透视企业在成熟阶段下，产品研发可改的对策。企业有对称美，匹配好的地方企业的贪污谋私等现象就能杜绝，匹配不当的地方往往就是管理不到位，乱象发生的地方，在企业的治理上就会出现动荡。熟悉市场条件下的产品研发，需更加注重六流的匹配，谁发展得更稳健，谁就能巩固并强化市场地位。

3. 六流诊断问题分析与诊断

(1) 信息流为阴爻。

当前阶段，公司已经建立了基于研发项目的管理制度，在产品开发管理领域，有一套研发项目流程、各个任务交付节点、相对应的交付内容。技术文件编写规范，文件编校审批流程不够畅通。从研发管理角度，梳理信息流。产品设计、BOM 编制、产品变更这些量都是非常大的，希望能提高效率。关于变更：由于变更没有系统化，而且产品很复杂，许多场景都需要嵌套引用，当底层变更的时候，涉及寻找大量的设计资料，难免会导致资料遗漏，希望可以分析变更的需求，哪一些需要引用，毕竟一份变更涉及非常多的资料。另外修改大量的设计资料，工作量较大，希望有一个系统化的管理变更机制，追溯变更所涉及的资料，提高效率。

很多流程还是手工跑，打印出来需找人签核，有时找的人还不一定马上就能找到。这个过程需要进行电子流程化，建构 IT 系统来分发审批任务，提高设计结果确认过程的执行效率。手工签核，每次有改动都要打印出来，跑审核流程。打印的资料也比较多，通过电子化流程，可以推进无纸化，减少不必要的资料打印。

在信息流上，需要再加强。研发信息流程的时间、节拍需更合理，不快也不慢，在合适的时间，将合适的信息传递到各个研发岗位。

（2）物流为阴爻。

对研发而言，R 公司的物流即为数据的流动，研发数据的体现主要为各种类型的设计文件、说明规范书等。由于许多文档需要重新打印出来，非常麻烦，资料也会越来越多，管理起来非常不方便，因此希望能够实现无纸化办公，所有的文档记录都可以按照模板进行编写和存档。因此，需要实现系统自动做校对验证，帮助管理图文档，能够减少编辑 BOM 时间。

将研发分为预研和开发，研发体系的项目重点分为产品预研、产品开发、技术预研、技术开发四大类。预研是在市场前景尚不明确或技术难度较大的情况下，对符合公司战略的产品进行立项研究，着重探索和解决产品实现的可行性，布局技术专利，建立长效竞争优势，对有利于增强公司产品竞争力的产品，进行前瞻性技术、关键技术或技术难点的立项研究。之所以将研发项目分类，是为了管理的需要。由于开发项目的进度、结果可以预知，质量可以控制，因此针对开发项目，进度、质量、财务往往成为考核的目标。

在研发执行过程中，项目与产品之间的关系，同样一份设计结果文件由某个开发项目产生，可归属于一个或多个产品。以设计文件为载体组成的研发数据，文件之间、文件与产品项目之间的关系不够清晰，导致不同的工程师对数据的查找使用更多的是依赖自身的经验，数据本身的导向性不够。

（3）资金流为阳爻。

R 公司产品进入成熟期，有稳定的客户群体和收入来源，资金流的系统性风险小，在资金流上目前不存在问题。

（4）责任流为阴爻。

R 公司的研发项目管理，体现了技术线和项目线双线并存的管理思路。在项目团队中有两个非常重要的角色，一个是项目管理经理，另一个是技术组长。项目评审负责人来源于研发、市场、制造等各个领域，全面负责新产品的成功开发，并组织项目开发团队，对团队结果负责。

此方面流程、岗位定义清晰，但须完善，建立基于流程驱动的项目管理，在研发项目融入流程管理的思想方法和管理手段，将产品开发看作一系列任务过程，这些任务有输入、处理和输出，根据相应的业务目标，将相互关联的任务连接起来形成完整的业务流程，从而能够使管理信息系统提供对业务管理过程的全面支持。项目管理具有明显的流程化特征，大量的项目业务活动都是基于流程方式来进行的。因此，采用流程驱动的项目管理信息系统，能够充分发挥流程管理的优势，有助于为项目各项业务的开展提供有效的信息化支持，明确研发任务责任主体。

（5）权力流为阴爻。

授权是一门管理的艺术，充分合理的授权能使管理者们不必亲力亲为，从而把更多的时间和精力投入企业发展中，以及如何引领下属更好地运营企业。R 公司归属于某集团下属企业，在研发行使权力的过程中，会受制于集团。某些在研发上的投入或研发方向的取舍不能完全自主，上下权力如何分配更有利于企业发展，还有一个理想的集权、分权模式付诸实践。

(6) 利益流为阳爻。

利益分配在员工与企业、部门与部门、企业与集团之间进行。从研发人员流动性来看，R 公司的研发人员稳定，反映出利益的分配还比较合理。研发部门为企业的核心部门，是公司的核心竞争力，利益流不存在模糊不清的情况。

4. 六流匹配易经卦象诊断

通过对六流的逐个分析与提炼，当前的卦象为第 51 卦：震卦。

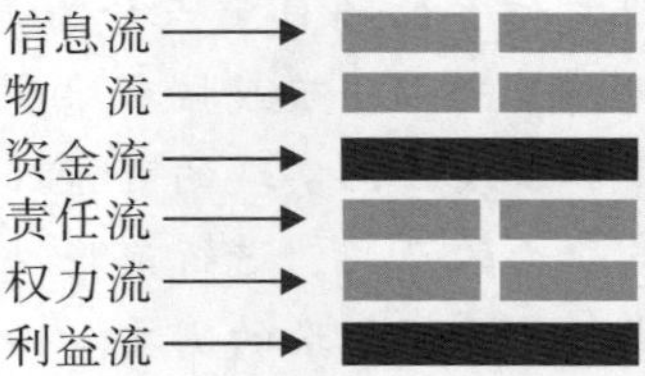

震。亨。震来虩虩，笑言哑哑。震惊百里，不丧匕鬯。

象曰：洊雷，震。君子以恐惧修省。

白话文解释

震卦：临祭之时，雷声传来，有的人吓得浑身发抖，片刻之后，才能谈笑如常。巨雷猝响，震惊百里，有的人却神态自若，手里拿着酒勺子，连一滴酒都没有洒出来。

《象辞》说：本卦上下卦都为震，震为雷。可见巨雷连击，是震卦的卦象。君子观此卦象，从而戒惧恐惧，修省其身。

传统解卦

这个卦是同卦（下震上震）相叠。震为雷，两震相叠，反响巨大，可消除沉闷之气，亨通畅达。平日应居安思危，怀恐惧心理，不敢有所怠慢，遇到突发事变，也能安然自若，谈笑如常。

事业：处于不顺利，甚至面临危险的局面，对此务必提高警惕，有备方可无患。

经商：在激烈的商场竞争中，随时可能出现问题，陷入困境。

决策：处于人生的转折关头。应正确地总结过去，为开拓新的事业奠定基础。

5. 应对策略

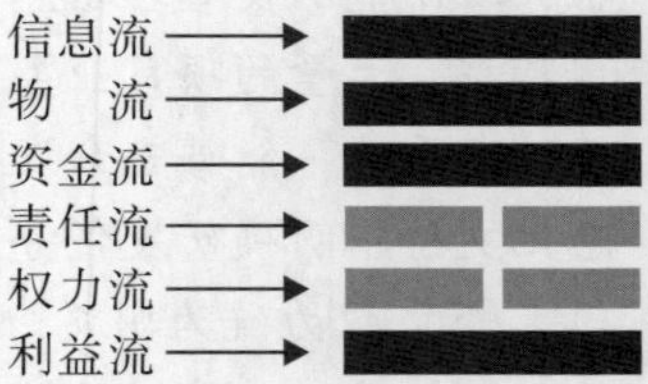

改善信息流、物流是当务之急，从而得出第 25 卦：无妄卦。

无妄。元亨利贞。其匪正有眚，不利有攸往。

象曰：天下雷行，物与无妄。先王以茂对时，育万物。

白话文解释

无妄卦：嘉美通泰，卜问得吉兆。行为不正当，则有灾殃，有所往则不利。

这个卦是异卦（下震上乾）相叠。乾为天为刚为健；震为雷为刚为动。动而健，刚阳盛，人心振奋，必有所得，但唯循纯正，不可妄行。无妄必有获，必可致福。

事业：贵自知之明，从个人实际出发，不抱非分之想，脚踏实地，勤奋努力，检点行为，防意外灾祸。不计较得失，诚心追求，待机而动，事业必成。

经商：切勿勉为其难，遵循市场规律，讲究商业道德，摒弃投机心理，勿贪暴利，经过辛勤努力，日积月累，必将成功。

决策：精力充沛，富有上进心，可有作为。但务必勤勉努力，诚心诚恳，奋发向上，刻苦钻研。不可因小有成就而得意忘形。不必追求所得，而应追求实干。遵循规律办事，等待时机再行动。尤其应清除非分的念头。这样，可实现自己的理想。

6. 构建精益研发平台

流程最核心的部分是技术开发与产品开发，最重要的内容是建立好技术开发的流程，规划好企业的整体战略方向与发展路线，将技术放在产品研发的首要地位，降低在产品研发过程中出现的不确定程度。优秀的产品需要良好的平台支撑，产品开发和技术开发都应当具备各自独立的开发系统，技术上的开发需要能够突破技术难题，建立良好的基础储备，积累核心技术，建立好全面的研发平台。具备优秀战略的企业还应当拥有系统的技术开发环境，在产品开发之前进行预开发工作，如果说技术开发需要明确技术上的研究发展方向，那么产品开发则是将技术进行集成化处理，根据开发体系按照市场的需要来快速建立好新产品的研发流程，迅速生产出符合需求的产品向市场进行推广，这样可以减少研发的实践，降低意外和风险，具备可靠准确的技术指标，才能够保证产品的质量与低成本的要求。

追求"尽善尽美"，增强企业适应市场多元需求的应变能力，获得更高的经济效益。从设计开始考虑降低产品成本，通过提升重用率缩短开发时间和稳定产品质量，显著地增强了企业的竞争能力。六流匹配好了，就能产生精益效果，各个部门合理契合，没有明显的短板。最终达到六十四卦的第1卦：乾卦。

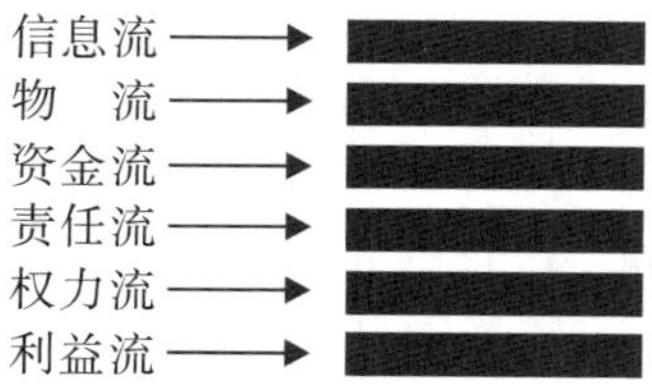

乾。元，亨，利，贞。

象曰：天行健，君子以自强不息。

白话文解释

乾卦：大吉大利，吉利的贞卜。

《象辞》说：天道刚健，运行不已。君子观此卦象，从而以天为法，自强不息。

传统解卦

这个卦是同卦（下乾上乾）相叠。象征天，喻龙（德才的君子），又象征纯粹的阳和健，表明兴盛强健。乾卦是根据万物变通的道理，以“元、亨、利、贞”为卦辞，表示吉祥如意，教导人遵守天道的德行。

事业：大吉大利，万事如意，心想事成，自有天佑，春风得意，事业如日中天。但阳气已达顶点，盛极必衰，务须提高警惕，小心谨慎。力戒骄傲，冷静处世，心境平和，如是则能充分发挥才智，保证事业成功。

经商：十分顺利，有发展向上的大好机会。但切勿操之过急，宜冷静分析形势，把握时机，坚持商业道德，冷静对待中途出现的困难，定会有满意的结果。

决策：可成就大的事业。坚持此卦的刚健、正直、公允的实质，修养德行，积累知识，坚定信念，自强不息，必能克服困难，消除灾难。

（感谢暨南大学2015级工业工程专业研究生周玉义提供此案例）

【小测验】

试为武侠小说中的侠盗诊断卦象。

十三、升卦（地风升）

【卦象】

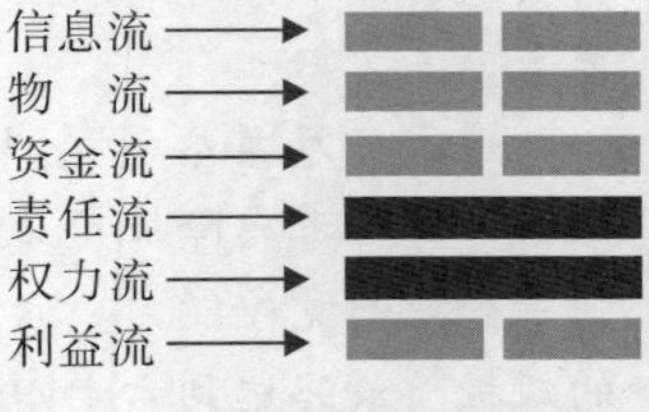

信息流、物流和资金流为阴爻，责任流和权力流为阳爻，利益流为阴爻，这是升卦的卦象，象征上升、发展。

【卦辞】

运势：名利双收，发展开运之象，宜向南方发展。

事业：十分顺利，不断发展，依时而进，逐步上升，前程远大，但应逐步发展，切莫因顺利而冒进。谨慎小心，修养德行，追随有德行的前辈，真诚对待事业。

经商：遵守商业道德，从小处着手，逐渐开拓，通过自己的勤劳，真诚竞争，稳重为好，切莫冒失而成大错。

求名：努力学习，加强修养，以自己的聪明才智，必能得志，若有人引荐，前途更为广阔。但应注意节制。

婚恋：双方以诚相待，逐步培养情感，一定可以成功。

决策：如意随愿。聪明、灵活，具有良好的成功基础，严格要求自己，谦虚和顺，虚心向长辈求教，逐步、稳健地发展自己的事业，将犹如树木的成长，终成栋梁之材。但在成长过程中，务必处处谨慎，坚持真诚和正直，大胆前进。

十四、明夷卦（地火明夷）

【卦象】

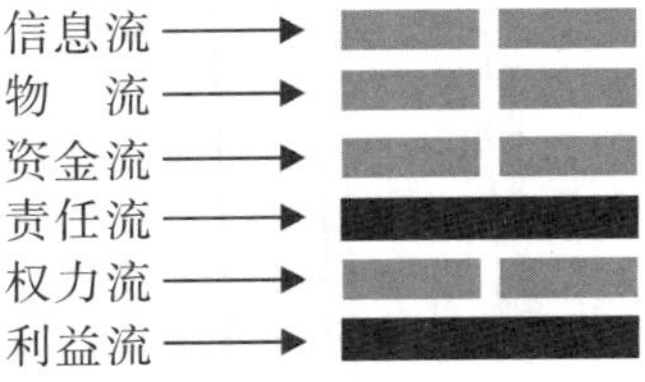

信息流、物流、资金流为阴爻，责任流为阳爻，权力流为阴爻，利益流为阳爻，这是明夷卦的卦象。喻示前途不明，环境困难，宜遵时养晦，坚守正道。

【卦辞】

运势：百事阻滞，小人加害，遇事多迷惑，宜守，静待时机而动。

事业：处于不利的环境，宜心境坦然地处置险恶的条件，增强心理素质，承受各种压力。表面柔顺小心，内心洞察事理，当离去则离去，避免灾祸，脱离危险。防患于未然，坚持逆境中奋斗。

爱情：对方不接受自己，难得成功。

疾病：凶象。为潜伏已久之疾，注意心脏、腹部之疾或神经疾病。

经商：认真观察市场动态，待机行动，但须坚持商业道德，即使处于不利情况下，也要冒险向前，特别是要向南方发展，会大有收获。

求名：内心保持大志，行动刻苦忍耐，奋斗于逆境，自守其志，收敛聪明而不外露，于混乱中更应坚持正义，守愚藏拙。

婚恋：必须全面分析对方情况，不能因小失大。注意大节。

决策：处在不佳的状况下，环境困难，前途不明。但若能坦处厄运，能伸能屈，前景会变光明。尤其应加强修养，隐忍行志，外愚内慧，可以遇难呈祥。如能谨慎行事，处处小心，更能有所作为。

十五、临卦（地泽临）

【卦象】

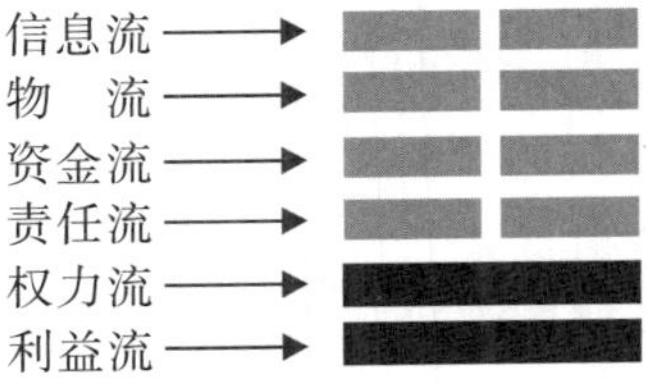

临卦除权力流和利益流为阳爻外，其他流为阴爻，即善用权力谋利益，以供人分享之卦。

【卦辞】

运势：诸事亨通，上下和合，前途有望，但不宜过于急进。

事业：正是成功的极好时机，务必抓紧，不可失去良机。但不可就此满足，时运会很快消失，一定要从长计议，注意总结经验，团结他人，共同开拓新领域。

经商：会十分顺利，并有收获，但须随时注意市场动向，兢兢业业，防止出现意外的事故，尤其应妥善处理人际关系。

求名：自己的努力已到了收获的季节，应更加虚心，严格要求自己，谨慎小心地实现自己的目标。很可能出现意外，应以坚强的意志去从容对付，过于软弱将失去机会。

婚恋：加紧进行，全力以赴，双方以诚信相待，美满、和谐。

决策：头脑灵活，善于同他人交往，并有主见，具有领导才能。务必加强个人的全面修养，诚信待人，树立良好的个人威望，尤其要有远大的眼光、长久的计划，可以保证事业的发达和前程的光明。

第三章　三流为阳爻的六流匹配易经卦象

此类六流匹配易经卦象的特征是任意三流为阳爻，卦象图中六流虚实均分，共20个。

一、否卦（天地否）

【卦象】

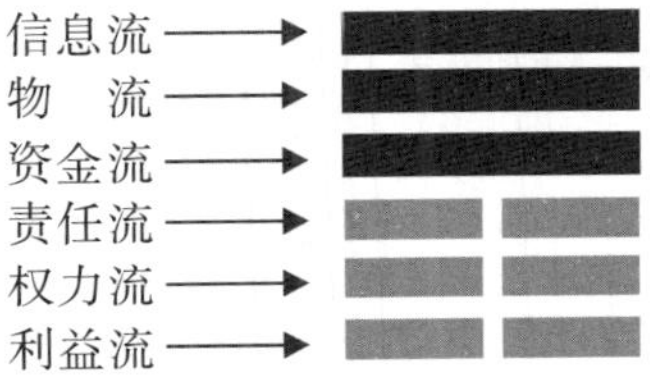

否卦的特征是上实下虚，即信息流、物流、资金流均为阳爻，而责任流、权力流、利益流均为阴爻。其卦形与泰卦相反，喻示万物不通，泰极而否，否极泰来，互为因果。

【卦辞】

运势：上下不和，百事不通，凡事宜忍，须知否极泰来。

事业：陷入逆境，事业处于衰退阶段，多有不顺利。受小人干扰而不得志，多挫折。应坚持正道，勿与小人合流，团结志同道合者，自保以等待时机。保持自信心，戒慎恐惧，形势定会好转，事业终能成功。

经商：遇到强大的竞争对手，处于不利地位，信息过多，抓不住重点，过多判断失误造成重大损失。应格外小心谨慎，坚持守势，等待有利时机到来，再努力发展自己的事业。

求名：条件还不成熟，再努力一阵子，并得到他人的帮助，理想可以实现。

婚恋：容易出现节外生枝的事情，甚至遇到挫折和发生变故，双方若都充满信心，好的结果会出现。

决策：本人聪慧、精明、勤奋努力，但不注意人际关系，加上小人的排斥，或遭厄运。意志坚强，具有奋斗精神，且克服了不足，尽管付出的代价很高，但必能成全事业。

【案例5－8】六流匹配易经卦象自我诊断

陈×，暨南大学2014级非全日制研究生，现在企业工作，应用六流匹配易经卦象工具进行自我诊断。

1. 卦象推演简述

根据六流匹配模型原理，匹配信息流、物流、资金流、责任流、权力流和利益流这六流的爻象，将得到的六流匹配模型与六十四卦卦象图进行匹配，进而得出个人的六流匹配易经卦象，解读和诊断个人的兴衰（强势和弱势），制定规避和应对措施。其中，“阳爻”代表旺，渴求意愿较强，“阴爻”代表衰，渴求意愿较弱。

2. 卦象分析

（1） 匹配过程：

信息流，对信息比较渴望，希望获取一手资料：强，为阳爻；

物流，对物质追求高：强，为阳爻；

资金流，对金钱比较渴望：强，为阳爻；

责任流，责任心较为缺乏：弱，为阴爻；

权力流，对权力渴望度不高：弱，为阴爻；

利益流，不愿意与人分享利益：弱，为阴爻。

与六十四卦卦象图进行匹配对照，得到第12卦：否卦。

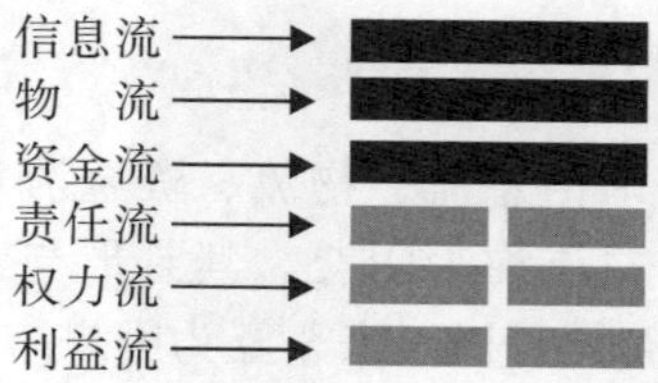

（2）卦象解说：

此卦为异卦（下坤上乾）相叠，其结构同泰卦相反，系阳气上升，阴气下降，天地不交，万物不通。否卦与泰卦彼此为“综卦”，表明泰极而否，否极泰来，互为因果。

特性：自尊心强，个性刚烈，不服输，反应快，学习能力强，高傲不亦亲近。财运佳，有领导才能，与上司不易相处。

运势：凶且衰，君子以险德避难，不可荣以禄也。运势不通达，诸事不顺，有损失且波折多。故宜固守正道，若稍偏差，则灾害至也。

事业：陷入逆境，事业处于衰退阶段，多有不顺利。

经商：遇到强大的竞争对手，处于不利地位。信息过多，抓不住重点，判断失误，造成重大损失。

求名：条件还不成熟，再努力一阵子，并得到他人的帮助，理想可以实现。

外出：会遇到不少麻烦和困难，宜推迟或提前。

婚恋：容易出现节外生枝的事情，甚至遇到挫折和发生变故，双方若都充满信心，好的结果会出现。

决策：本人聪慧、精明、勤奋努力，但不注意人际关系，加上小人的排斥，或遭厄运。

（3）个人实际情况：

参照否卦卦辞，在特性、事业、经商、婚姻和决策方面与其个人实际情况相比较，发现部分契合。在特性方面，性格外向，自尊心强；在事业方面，学习能力强，但又安于现状，没有突破现状的勇气和信心；在经商方面，虽然想法很多，但只是空想而没有脚踏实地去付诸实践；在婚姻方面，已婚且宝宝满两个月，安逸稳定；在决策方面，责任心较弱，很少做决定。

3. 解决措施

应该辩证地看待卦象卦辞，在为人处世等方面，只要卦象解说得合乎情理，就要科学地提升自我的长处和弥补自己的短板。第一，脚踏实地多交朋友，向强者学习；第二，勤勤恳恳，多与朋友沟通交流，广纳良言；第三，多为自己创造机会，主动出击，切忌等待、逃避。

二、渐卦（风山渐）

【卦象】

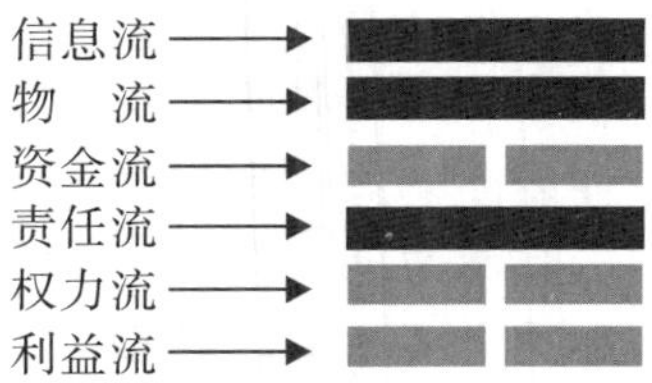

信息流、物流、责任流为阳爻，资金流、权力流、利益流为阴爻，这是渐卦的卦象。渐即进，渐渐前进而不急速。得此卦者，逐步开运，凡事宜循序渐进，则谋事可成，不宜急进，性急则败。

【卦辞】

运势：逐渐走向光明前途，凡事宜打根基，可得吉庆，但须防色情之难及文书错失。

事业：在经过一个相对静止的时期后，开始了事业的新阶段。这时最怕的是急躁冒进，务必循序渐进，脚踏实地。同时注意品德修养，以沉着、谦逊的态度对待事业，可无往而不利。

经商：正处在稳步向前发展的阶段，要把握时机，既不可盲目乐观，也不要停步不前，而应采取逐步前进的策略，量力而行。遵守商业道德，以良好的服务开拓市场。

求名：效法树木植根山上、逐渐生长的精神。在品德和学业两个方面，扎扎实实地提高自己。同时，肩负起改善社会风俗的责任。求名应以渐进为宜，切不可急进。

婚恋：不可操之过急。幸福、美满，夫妻白头偕老。

决策：时来运转的时刻已经到来，切莫错过良机。务必小心谨慎，渐进有益有利。以谦和的态度处世，可以得到强有力的支持，会获得巨大的成功。

【案例 5－9】六流匹配易经卦象自我诊断及未来规划

彭×是暨南大学在读女研究生，她应用六流匹配易经卦象工具对自己的六流结构进行了剖析，也对未来的职业生涯策划进行了卦象推演。

1. 引言

本人根据王惠芬教授的文章《从信息系统上升到符号系统——六流匹配易经卦象诊断工具的提出》中提到的六流匹配易经卦象诊断模型进行个人咨询诊断，对自己的卦象结构进行了剖析，卦象很好地反映了个人当前的状态，包括对事业、婚姻、家庭、人际关系等的判别，也对未来的职业生涯策划进行了卦象推演。

2. 个人卦象剖析

下面彭×利用六流匹配模型对自己的卦象进行分析。

步骤一：对六流匹配中六流的看法。

信息流：随着社会的信息化和信息的大量涌现，喜欢关注一些个人感兴趣而又实用的公众号，每天浏览公众号里推送的实用信息，例如健康养生、深度好文、职场助手等模块。除此之外，还养成了每天阅读腾讯新闻的好习惯。因此个人所获信息丰富且追逐信息的目标十分明确，信息流为阳爻。

物流：喜欢质量较好的物品，认为一分钱一分货，对物质要求较高。此外，每逢节假日从家里带回学校的零食都会与宿舍同学分享。因此认为自身的物质丰富，物流为阳爻。

资金流：现阶段处于学生身份，仍然是消费者，还没有创造财富的能力，花的是父母的血汗钱，因此认为自身资金流不充足，为阴爻。

责任流：认为每一个身份都会有其责任。无论是在家还是在学校，自身都有很强的责任感，读本科的时候身为班干部有责任以身作则，在家身为女儿有责任善待家人，为家人带来幸福和快乐。因此有强烈的责任感，为阳爻。

权力流：在班里并不是位高权重的人，自己的意见并不能左右重大决策，而且自身对权力并不看重，因此权力流为阴爻。

利益流：喜欢与他人分享合作，共创佳绩，喜欢与别人共享劳动成果，分享利益，但不存在重大利益，故为阴爻。

步骤二：对照六十四卦卦象图，得出卦象为六十四卦中的第53卦：渐卦。

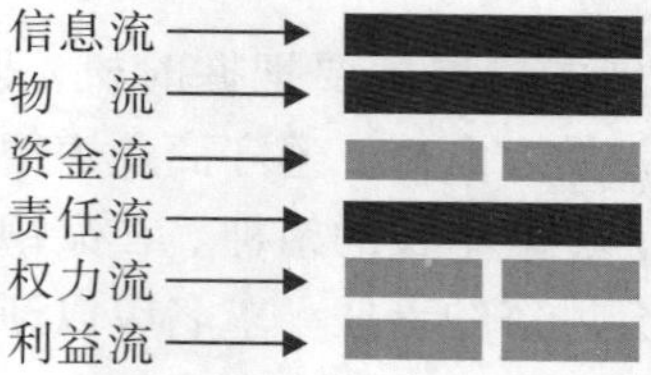

本人根据《周易》中的渐卦卦辞，对自己的卦象进行诊断。渐。女归吉，利贞。

白话文解释

渐卦：女大当嫁，这是好事。这是吉利的贞卜。时运：时来运转，可以得意。财运：逐渐得利，多行善事。家宅：君子居之，贤女可妻。身体：安居调养。

台湾张铭仁解卦

渐：代表循序渐进、不可心急之意，主吉象。好事慢慢在进行中，一起遵循整理常规即可，事业投资均能有收益。感情婚姻，更是结果收成、欢喜结局之时。

对于渐卦的为人处世等可以看下面的规诫：

运势：逐渐顺利，光明开运之象。凡事务必掌握时机，循序渐进，可得吉庆。须防款项交易之差错。

事业：在经过一个相对静止的时期后，开始了事业的新阶段。

求名：效法树木植根山上、逐渐生长的精神。

婚恋：不可操之过急。幸福、美满，夫妻白头偕老。

决策：时来运转的时刻已经到来，切莫错过良机。务必小心谨慎，渐进有益有利。

该模型分析与自己过去和现今的境况基本吻合，本人无论是在工作中还是在生活、学习中，都有脚踏实地、循序渐进的精神。

3. 改变六流中的阴阳流以预测个人的未来走势和规划

六流匹配易经卦象诊断工具还可以进行个人规划，通过改变六流，提出个人的发展规划。

因为2017年将离开校园踏入社会，个人希望能够找到一份理想的工作，创造财富，补贴生活费，善待父母，并希望工作后的自己资金充足，不需要花父母的钱并且可以交生活费给父母。因此希望在渐卦卦象的基础上改变自身的资金流，即使资金流为阳爻。

对照六十四卦卦象图，得出卦象为六十四卦中的第33卦：遁卦。

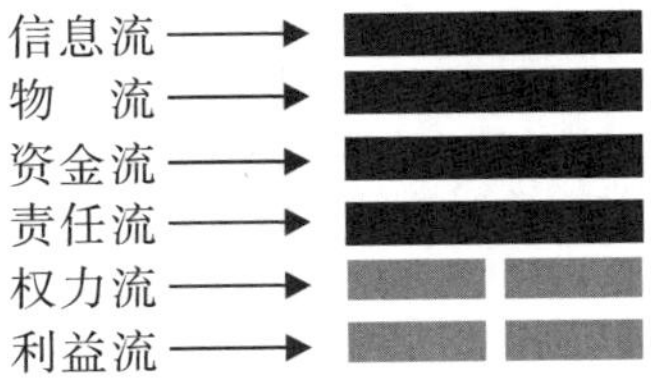

然后根据《周易》中的遁卦卦辞，对未来自己的卦象进行诊断。遁卦：通达。小有利之占问。得此卦者，宜退不宜进。退守可以保身，若轻举妄动则会招灾。宜谨言慎行，待机行事。

对于遁卦的为人处世等可以看下面的规诫：

运势：小人道长，君子须远离小人，诸事宜守。艮者，止也，言行物事要谨慎，才能得安而运泰。若遇小人之害，见陷于是非之地，勿管闲事，识时务者为俊杰。

事业：时运不佳，应考虑退隐，勿与不正派的人同流合污。但不是消极逃避，而是为保存实力，总结经验，把握时机，待机而出。切忌贸然行事，造成不必要的损失。同时勿为眼前小利禄所诱惑。

求名：宜暂明哲保身，甘居退隐。全力总结提高，为复出做准备。

外出：不宜积极行动，而应等待时机，创造条件，争取早日而行。

婚恋：勿急于解决，更不可妄动强求。时机成熟时，须以纯正的态度去正确对待。

决策：处于衰败时期，小人得志。盲目行动必遭不利。虽不必以恶报恶，但更不可同流合污，因小失大，应权宜轻重，韬光养晦，保存实力，断然离去，不可犹豫不决。潜心发展个人实力，隐忍待机。只要能坚守正道，坚持中正，必可在时机成熟时复出，成就大业。经过分析，本人在以后的发展中宜谨言慎行，待机行事，不宜轻举妄动。

4. 结语

本人利用王教授提出的六流匹配易经卦象诊断工具对自身过去、现在及将来的境况进行诊断。六流匹配模型很好地反映了本人当前的状况，包括对学业、事业、婚姻、家庭、人际关系等的判别，也对未来的职业生涯策划进行了卦象推演。经卦象诊断，可知现阶段适宜脚踏实地，循序渐进，未来适宜谨言慎行，待机行事。无论面对的是好运还是厄运，不必高兴或气馁，多行善事才是好运的根本。

【小测验】

某女生为某高校研究生，平时喜欢捕捉各种信息，喜欢看新闻，不懂的信息马上上网查询。

生活中的她比较朴实，用的东西都很大众化，从来不喜欢追求时尚潮流，不太追求物质享受。

对于金钱，该女生总是看得很淡，觉得没有必要太为钱拼搏。

生活中的她勇于承担责任，为他人付出，很明确自己应承担的责任。

她不是一个追求权力的人，不想去命令他人，给他人分配任务。

对于利益，她喜欢与其他人分享，有什么好吃的、好用的总是想要告诉自己身边的人，让他们也一起享受其中的乐趣。

根据以上信息，试诊断该女生的六流匹配易经卦象。

三、涣卦（风水涣）

【卦象】

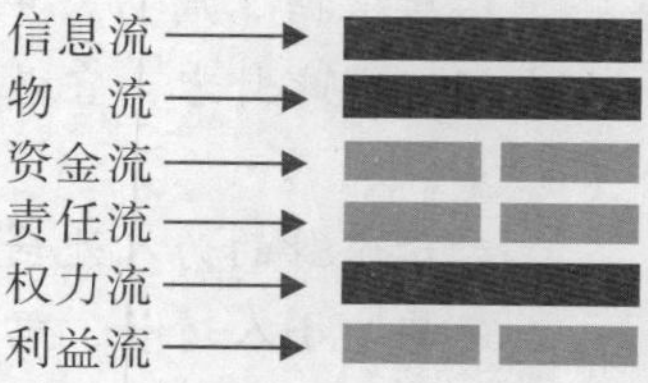

信息流、物流和权力流为阳爻，而资金流、责任流和利益流为阴爻，这是涣卦的卦象。喻示组织和人心涣散，必须用积极的手段和方法克服，战胜弊端，挽救涣散，转危为安。

【卦辞】

运势：虽有忧患，但终可解困，百事亨通，忌任性散漫。

事业：处于比较困难的地步，主要是因为人心不齐。要采取强有力的办法，求得安定团结。其中，最为重要的是坚持正道，秉持大公无私的精神，收人心以聚涣散。

经商：市场状况混乱，方向不明，适当的冒险是完全有必要的。但必须公正无私，克制私欲，争取有实力的合作者和支援也是完全有必要的。

求名：必须静下心来努力学习和提高知识水平，增加才干。涣散的形势必须进行治理，这需要多方面的人才。前途是光明的，关键取决于个人的努力。

婚恋：只要双方都抱着纯正的目的，就一定美满成功。

决策：为了开拓事业，必须使用积极的手段，克服和战胜内部不团结的弊病。首先自己要除私心，牺牲小我，完成大我。切莫介入是非争端之中。这样，可以重新获得安定的局面。在良好的环境里，各项事业前途光明。

四、益卦（风雷益）

【卦象】

信息流、物流和利益流为阳爻，其余流为阴爻，这是益卦的卦象。

此卦与损卦相反。此卦是损上以益下，损卦则是损下以益上。

【卦辞】

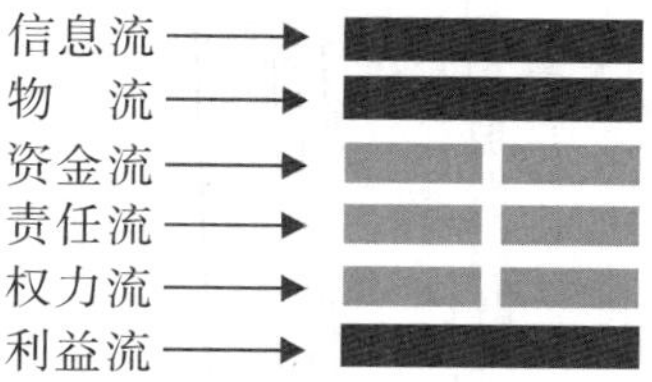

运势：现正当吉运，可得贵人之助而成功，宜施惠于人，施比受更有福。

事业：大胆投入，勇于支持他人事业，必相得益彰。勇敢前进，敢作敢为。只要心地善良、纯洁、谦虚，事业必定蒸蒸日上，前程无可限量。助人宜及时，要在应急。开拓事业，内部团结一致，树立恒心，不怕冒险犯难。

经商：勿追求小利，让利于顾客，反而必获丰厚利润，切忌贪心不足！在遇到危险时应向他人求教，争取真诚的援助。

求名：真心实意地施惠于他人，自己必然可以得到诚心诚意的回报，并且获得支持，事业必成。

婚恋：相亲相爱，良缘天定。

决策：心胸开阔，乐于助人。人际关系好，得到众人的支持。自己贵在树立恒心，克服三心二意。尤其要向比自己优秀的人学习，借助对方的力量，充实和发展自己。树立必要的冒险精神。平日要施善于人。这样，即使遇到危险也会得到他人救助。

五、旅卦（火山旅）

【卦象】

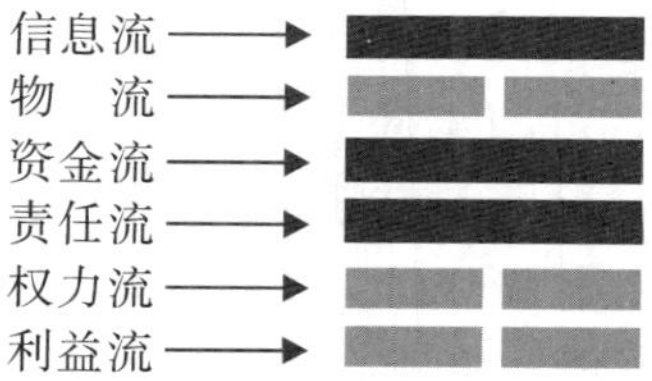

旅：小亨，旅贞吉。

旅卦的特征是信息流、资金流和责任流为阳爻，物流、权力流和利益流为阴爻。

【卦辞】

运势：诸事变动不定，此时只好坚守信心，多参考他人意见，否则必有凶险。

事业：正处于创业、发展的阶段，各种困难很多。只要能坚持中正的方针，依正道办事，注意调查，处处小心谨慎，并根据情况的变化，采取应变措施，事业就可进展顺利。

经商：市场行情犹如旅途一样，意想不到的情况会随时发生。

求名：根据时代的要求，丰富自己的知识和能力，不断提高自己，并且争取得到他人的帮助。

婚恋：双方的不确定因素较多，如确有感情，可顺其发展，再下决定。婚姻美满。

决策：人生处于多变状态，一定要眼光长远，树立远大志向，不断地充实自己，以诚心实意和谦虚的态度去待人处世，勿计较一时得失，广泛交友。人生旅途十分顺利。

六、未济卦（火水未济）

【卦象】

信息流、资金流和权力流为阳爻，而物流、责任流、利益流为阴爻，这是未济卦的卦

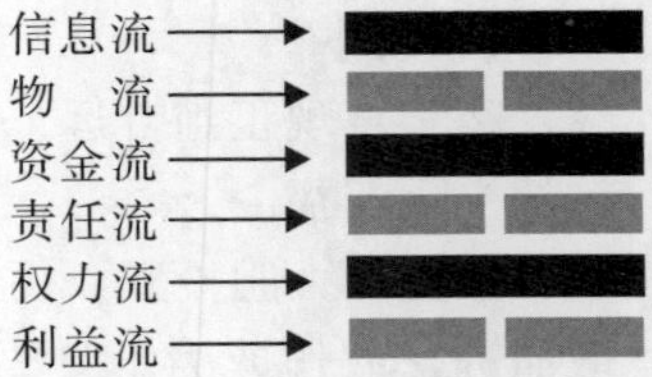

象。未济喻示大功未成，代表阴阳不调和，气血不顺。

【卦辞】

运势：运气欠佳，必须耐心突破难关，终可成功，有初凶后吉之象。

事业：处于最后的关键时刻，成功与否即将揭晓，因此不可掉以轻心。自我节制非常重要，坚持到底，必要时也可慎重地进行适度冒险，以成就事业。

经商：市场处于大变动的前夕，前景如何尚不明显。这是最为艰苦的时期，头脑必须冷静，切勿冒险，不可行动过度，观察动向，三思而后行。

求名：长期的努力和追求会有结果。在成败的关键时刻应泰然自若，听天由命，顺其自然。

婚恋：已经渡过了困难阶段，再慎重地加把劲，会有美满的结果。

决策：此卦的意思是“未完成”，表明前途无量，有充分发展的可能。因此，必须坚持中正的原则，以明智、中庸、诚信、谦逊的态度，成就事业。面对人生，唯有勤勤恳恳，极力尽人事、听天命，不必过分计较成功与否。

【小测验】

试为贪腐官员诊断卦象。

七、噬嗑卦（火雷噬嗑）

【卦象】

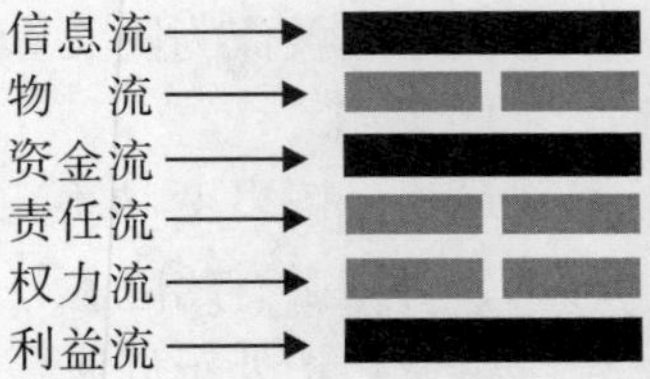

信息流、资金流、利益流为阳爻，物流、责任流和权力流为阴爻，这是噬嗑卦的卦象。喻示恩威并施，宽严结合，刚柔相济。

【卦辞】

运势：诸事阻隔，纷争难免，宜守常规，不为利诱，问题可解决。

事业：困难与阻力十分大，应以坚强的意志、果敢的行为、公正无私的态度去战胜种种厄运，争取事态好转。为了早日化险为夷，必要时可采取强硬手段，甚至诉诸法律。

经商：处于不利的时候，头脑冷静，明察形势，寻求机遇，不为眼前小利所诱，不发非分之财。认真听取忠告，遵守法纪，秉公办事，不得徇私情，更要警惕以免触犯刑律。

求名：自己的努力尚不为人所知，不可急于求成，遇到挫折应看作对自己的考验，持之以恒，必能成功。

婚恋：初不顺利，须有顽强精神方可取得满意的结果，不可以个人的情绪左右家庭事务。

决策：一生不平坦，会遇到挫折和磨难，但应看作对个人的考验，应认真总结经验教训，以更为坚强的意志，不屈不挠，继续前进。经过锻炼，各方面都会有较大的进展，终将进入光明境地，取得重大成就。

【案例5－10】EPC模式下某电力工程项目管理诊断分析

1. 背景说明

EPC模式，亦称“交钥匙”工程承包模式，是一种被当下不同行业所推崇运用的重要承包模式。就国内市场而言，EPC模式主要应用于以大型装置或工艺过程为主要核心技术的工程建设领域，比如大型石化、化工、橡胶、冶金、制药及能源等项目。

就电力工程建设行业而言，以前长期使用的设计、施工、物资供应互相独立、分割的基建管理模式，因其建设周期长、工作效率低、投资效益差等问题，已逐步被市场所淘汰。相应地，我们可以看到越来越多的电力工程项目开始尝试EPC模式，特别是以电力设计院为依托开展的EPC总承包模式，更是以其独特的先天优势和规模，真正做到设计、施工、采购、进度等各方面的合理协调、交叉，既有利于缩短工期，又能有效地对项目全过程进行费用、质量和进度的综合管控。虽然EPC模式在电力建设行业里面还是属于比较新兴的事物，但其却是我国电力建设迈向集约化发展、与国际并行接轨的必由之路，代表着未来电力工程总承包的发展方向。

在整体竞争市场日趋白热化的今天，电力工程项目在实施过程中所出现的种种问题，往往具有复杂性、综合性、交叉性等特点。笔者将以自身所从事的电力工程EPC总承包项目作为背景材料，借助六流匹配卦象分析工具，把日常所遇到的问题做归纳分析，从中得出当前项目的卦象以及改进优化的方向。

2. 某EPC总承包项目概况

某EPC总承包项目（以下简称A项目）是公司目前规模最大的总承包工程项目，建设内容主要包括：各类专业化机房、信息监控中心、配套供配电系统和各类技术用房，同时对接4个业主部门单位，设计图纸涵盖十几种专业化技术内容，最高峰时期需同步开展对50家以上施工分包单位和设备供货单位的实施管控。

围绕A项目的承建任务，公司调集各部门的精兵强将组建总承包项目部，派驻工地现场开展EPC总承包管理工作。总承包项目部以公司副总为牵头，集结了设计、施工、采购、费控、财务等方面的专业化人员，具体架构如图5－2所示。

在日常运作过程中，项目经理及项目副经理分别对接不同的业主，设计团队由设计总工程师统筹管理，施工现场的事务由施工经理主抓，其他岗位围绕设计、施工这个主线展开。经过3年多的艰辛努力，项目建设任务已基本完成，目前正开展消缺整改工作，向最终的竣工验收冲刺。

3. 某EPC总承包项目的六流匹配卦象分析

从EPC总承包项目部角度出发，对六流匹配与实际情况进行了梳理和关联，具体如表5－1所示。

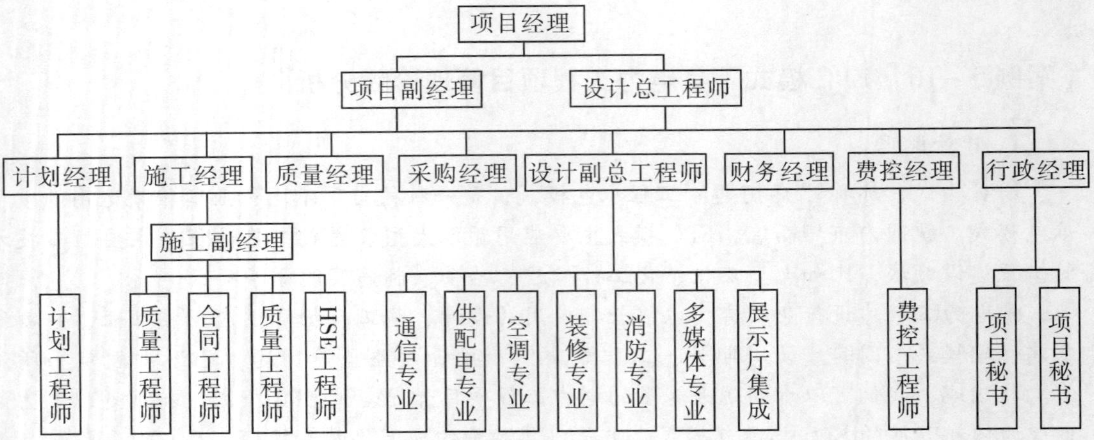

图 5－2　A 项目的总承包项目部人员架构一览

表 5－1　A 项目六流说明

六流	对应说明
信息流（符号资本）	项目部与公司部门架构并存，具有矩阵式特点，信息量大，各项指令多且杂，为阳爻
物流（社会资本）	作为总承包单位，重点是放在管理层面上，施工物料、设备等的流动频繁发生于下属分包单位和供应商内部，为阴爻
资金流（经济资本）	公司本身拥有一定的资金实力，对项目部的支持力度较大，与业主方的合作关系也维持得较好，工程变更的审批情况较为理想，资金充裕，为阳爻
责任流（文化资本）	尽管公司的整体 VI 体系完善，但作用效果一般，为阴爻
权力流（习性）	项目部存在于一定的建设周期之内，习性特征较弱，为阴爻
利益流（场域）	项目部由于自身的 EPC 特性，形成了较为鲜明的场域，既区别于人员精简的业主项目部，又不同于人员复杂的分包单位，在整个工程里面占据了一个独立的角色和位置，为阳爻

据此，匹配得出的卦象为第 21 卦：噬嗑卦。

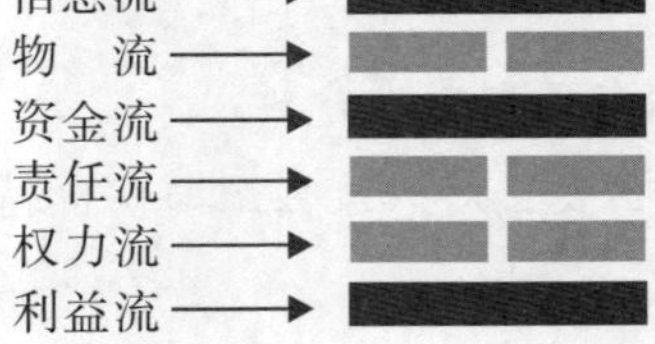

噬嗑为上下颚咬合，咀嚼。这个卦是异卦（下震上离）相叠。离为阴卦；震为阳卦。

此卦是阐释刑罚的原则：法治是政治的根本，为排除障碍，保持善良，建立及保持秩序，往往不得不采取刑罚手段。罪恶必须及早加以阻止，以防止蔓延。应当采取重罚主义，以“小惩大戒”。

象曰：运拙如同身受饥，幸得送饭又送食，适口充腹心欢喜，忧愁从此渐消移。

观察只是表象，只有深刻地分析和辨证才能明晰一切疑惑和确定行动方向，因而受之噬嗑。噬嗑，颐中有物曰噬嗑，意分辨也。有分辨有论证，才能微察秋毫而大物不过，因而十分亨通，可用来断牢狱之事。

吃东西则必然要用嘴细嚼慢咽去粗求精，从而才能分化食物获得颐养。论之于政，只有不断地对事物进行分析和论证才能明晰一切存在的问题和确定行动方向。因此，若能如此而动则必合而章，动而明，无物不亨。辨证法上说：统一之物分为两个部分以及对它的矛盾的部分的认识是辨证法的实质。并指出自然界的一切现象和过程具有矛盾着的相互排斥的对立倾向。因此，要认识世界上一切过程的“自己运动”，就要把这些过程当作对立面的统一来认识。而这里所说的噬嗑就是要我们对认真分析的每一现象，要像吃东西那样深深品味和思考，从而才能发现和分析问题。

此卦启示我们，坏事接踵而至是因对问题长期置之不理造成的，这提醒我们要及时地改正不良陋习、清除阻碍，才能见到光明。在学习中，遇到挫折要及时地做自我反思，看问题出在哪里，找到问题才能使学习得到提高。在事业上，遇到问题要及时处理，沟通化解，而不是猜疑或是置之不理，这样才能大事化小，小事化无。

此卦象的特性为：生命力强，坚守奋斗，百折不挠，对自己要求很高，不断充实自己，突破、超越、提升，克服困难。宜往大企业大单位任职，更能有所表现。公司本身属于国企，对应的业主也是国企，彼此的天然优势确实促进了整个工程的开展。

运势：诸事不遂心，多受阻害。有纷争，无法前进之时，宜守原则，不为利诱，以免被人中伤。然而一般人多有无法逃避利诱者，故必受祸，若能和气处事为安，更须突破困难方可通达。项目部一路走来，并非一帆风顺，而是历经了不少风浪与挑战，包括在施工作业界面的纷争、业主所属公司其他关键部门的阻碍、下属分包单位拖延施工进度等情况，都曾影响和考验着整个项目团队。

经商：多阻挠且多是非，但若积极推进，不要放弃，则有利，可成。尽管业主部门资金情况较为充裕，但工程的设计变更审核流程十分严格，据此所召开的变更专题会议不在少数，每一张单都要理据充足，又不得与国家、行业的现行规范标准有任何冲突。可以说，在争取费用的过程中，确实阻挠较多，项目部本着积极争取的工作态度去开展每一张变更单的谈判，没有轻言放弃。

事业：困难与阻力十分大，应以坚强的意志、果敢的行为、公正无私的态度去战胜种种厄运，争取事态好转。为了早日化险为夷，必要时可采取强硬手段，甚至诉诸法律。在具体的项目管理过程当中，公司遇到过下属一家同为国企的分包单位，其工期进度严重滞后、人员物资投入不足的问题迟迟不能解决。在尝试了多种途径之后，最终向公司法务部寻求帮助，表明了以法律途径解决问题的决心，才使得局面发生好转。

决策：一生不平坦，会遇到挫折和磨难，但应看作对个人的考验，应认真总结经验教训，以更为坚强的意志，不屈不挠，继续前进。经过锻炼，各方面都会有较大的进展，终将进入光明境地，取得重大成就。由于面对着一大群施工单位和供应商，每项决策的推进都不是十分顺利。特别是在工程前期，EPC 总承包项目部处于组建磨合状态，决策容易出现不够果断、不够及时的缺点，给下属单位一种总承包管理松散、不力的错觉。随着项目建设的深入，公司加强了对下属单位的进度考核，奖罚分明，把决策的推动与其切身利益直接挂钩，取得了良好的效果。

4. 项目管理诊断改进分析

（1）信息流（符号资本）保持阳爻不变。

作为拥有雄厚设计实力和丰富底蕴的电力设计企业，公司与电力领域的主要企业机构有着良好的关系，符号特色鲜明，信息收集及时可靠，对项目的决策有着极大的参考价值。但问题在于，现行所采取的矩阵式管理模式，导致每一位岗位人员本身拥有多重的角色，同时在部门和项目部架构里面发挥不同的功能作用，每天需要接收大量的信息要点。信息点的杂乱无章，导致人员面对一大堆指令不知从何下手，工作效率有时会严重受到影响。据此，笔者认为信息流本身的坚实基础和强大作用依然需要坚持，意识到符号资本强大功能的同时，应该考虑信息优化和指令的减少，积极构建一套“轻重缓急”的标准化评估体系，避免人浮于事的现象出现。

（2）物流（社会资本）保持阴爻不变。

根据 EPC 总承包管理模式的特征，我们依然强调管理协调这一重要性，把施工物料、设备制造的相关自主权下放至分包单位或供应商。在具体的项目实施过程当中，我们通过建立一套完整的施工质量管控体系来实现工程质量管理，每个环节的监督参与方包括业主、总承包、监理、第三方质量监督机构等。至于具体的物资进货、存储，由施工单位自行安排，总承包更多时候是一个协调者的角色。另外，对于重大设备的采购管理，统一由总承包自主采购，通过招投标流程选择最优的供应商提供服务，并选取重点设备开展监造工作。

（3）资金流（经济资本）保持阳爻不变。

由于工程建设的总体进展顺利，本项目的资金流较为理想。无论是向业主方的进度款申请，还是对下属分包单位及供应商的工程款审批，都基本能够按照每月或季度的付款计划完成。当然，除了工程款项的进出环节之外，针对招投标过程中所产生的资金流转频繁但处理速度较慢这个问题，今后需要加强管理。

（4）责任流（文化资本）改为阳爻。

项目团队成员在做好自己本职工作之余，并不太可能主动去承担起更多的责任。这一方面与 EPC 总承包管理模式有关系，本职工作的繁多、交叉界面的复杂，导致个人无暇顾及更多；另一方面是因为公司层面的文化资本并未能在具体的项目部产生理想效果。换个角度来讲，这也同时体现了平时加强公司安全生产管理巡查、质量管理内审等工作的意义所在。

（5）权力流（习性）保持阴爻不变。

以往的机房技术改造项目工期短、施工界面较为简单，个别项目现场依靠 2 ~ 3 个管理人员即可运作起来，每个管理人员可以同时承担几个项目。相比之下，A 项目的持续周期长，从 2013 年成立项目部至今仍保留有一批人员在现场常驻。尽管如此，EPC 总承包始终不是严格意义上的长期机构，难以形成显著的习性特征。

（6）利益流（场域）保持阳爻不变。

项目部由于自身的EPC特性，形成了较为鲜明的场域，既区别于人员精简的业主项目部，又不同于人员复杂的分包单位，在整个工程里面占据了一个独立的角色和位置。具体就该项目部来讲，由于年龄、专业知识、地域等因素的结构性组合较为合理，形成了较好的团队氛围。在项目部里面，很多东西可以共享，并不仅仅停留在工作层面，而是涉及生活的方方面面，在增添乐趣的同时也演变出一定的排他性。

5. 六流匹配卦象转变

通过前面分析，项目部目前所对应的噬嗑卦象并非最理想的状态，有必要进行细微的调整，具体如表5－2所示。

表5－2　演变后的六流说明

六流	对应说明
信息流（符号资本）	维持信息流的强大，注重指令的"轻重缓急"
物流（社会资本）	维持物流的特点，发挥好管理协调的作用
资金流（经济资本）	维持资金流的实力，优化招投标过程的细节管理
责任流（文化资本）	通过公司巡查等方式发挥文化资本应有的作用
权力流（习性）	维持原有的习性特征
利益流（场域）	维持原有的场域特征

据此，匹配得出的卦象为第30卦：离卦。

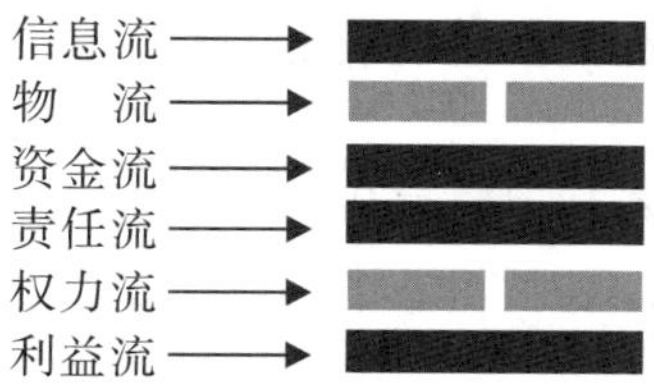

离卦是同卦（下离上离）相叠。离卦，阐释依附的原则：当在险难中，必然就要攀附，找到依托才能安全。应把握中正的原则，不可投机取巧。应觉悟升沉，生死是自然常理，知天乐命，才不会因得不到依附而自寻苦恼。依附不可乘人之危，采取胁迫的手段，以免招祸。依附强者，应柔顺中庸，时刻警觉，才能化险为夷。

小吉：得此卦者，宜谦虚谨慎，稳步进取，则前途光明。急进及意气用事者必有所损失。

运势：虽然目前外观极盛，一切顺利，但亦可能为假象、虚象，而且双火之燃，其内部、内情已有所损，又双火之烈，如烈日中天，故凡事宜守之，勿太急进，待人以谦和、理性，否则必有所损失。宜顺从长辈，勿因急躁而妄动或意气用事，则可欣欣向荣也。

经商：交易必得利，忌用不法手段。

事业：已快进入顶点，盛极而衰，务必总结经验教训，趋善避邪，以顺自养，居危知危，激励志气，切勿妄动。尤应求助中正之人的援助，以期重振事业。

决策：乐天知命，顺应自然，年轻时急于上进，未能实现理想，但坚持中正、谦和，可无灾祸，时常警觉，更可化险为夷。在危难时要寻求依托，但要慎重选择对象。晚年应知天命，尤不可不顾时势而轻举妄动。

（感谢暨南大学2015级工业工程专业研究生余腾夏提供此案例）

八、蛊卦（山风蛊）

【卦象】

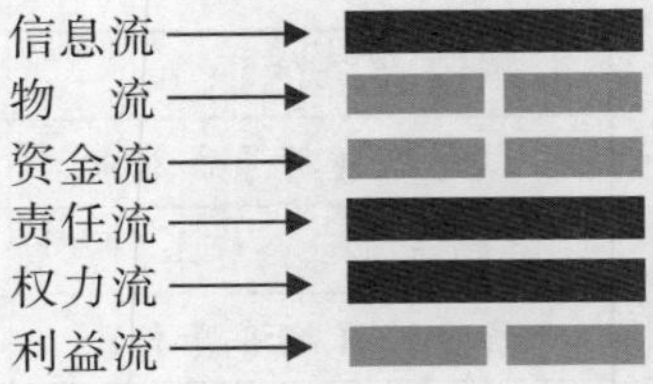

蛊本意为事，引申为多事、混乱。得此卦象的人对于信息流、责任流和权力流的追求，目标明确，此三流为阳爻。而对于物流、资金流以及利益流，一直没有明确的方向性。因此其目前的境遇不是太好，正处于艰难迷惑之时，很多事情不能尽如人意，所以应该大胆革新，奋发图强，艰苦努力，这样才会转危为安。

【卦辞】

运势：诸事不如意，艰难迷惑，宜大胆革新，否则引来内忧外患。

事业：运气处于不佳状态，或因外界条件，或因个人因素所致。唯有谨慎分析原因，找出弊端，坚决而大胆，不惜冒险，战胜阻力。这时一要头脑冷静，二要向高明的人请教，必能创造业绩。

经商：诸多不利困扰着自己，不宜继续走老路。应全面分析市场动向，当机立断，另外找寻出路。

求名：会遇到许多困难和不利，应看作对自己的考验，要以百倍的勇气继续奋斗。同时，虚心寻找自己的不足，加以补救。

婚恋：不顺利。双方如情投意合，则应全力以赴促成此事，夫妇应共同努力维系家庭。

决策：生不逢时，家道或事业有中落现象，个人陷入多事之秋。唯有正视现实，勤奋勉励，不屈不挠，有所作为，甚至不惜冒险，挽救败落状况。必要时还须耐心等待时机。

【小测验】

试诊断你了解的一些国有企业，分析其卦象特征。

九、贲卦（山火贲）

【卦象】

贲。亨。小利有攸往。

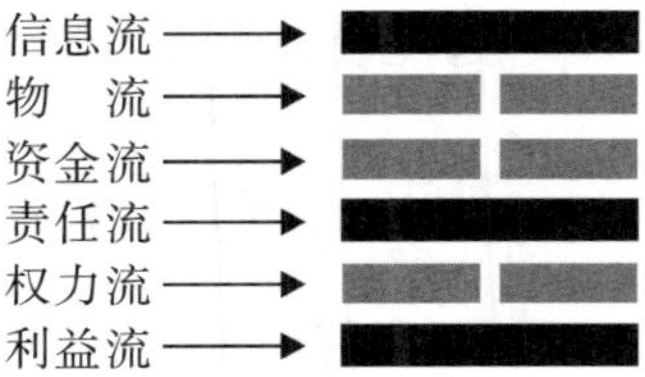

得此卦象的人可能目前的境遇不是太好，虽然其对信息流、责任流和利益流的追求很明确，均为阳爻，但对物流、资金流和权力流的追求却很少。即表面看起来风光，但其实内心较为空虚，多虚少实。因此得此卦象者应该充实自己，稳重行事，量力而为。

本卦喻示文明而有节制。贲卦论述文与质的关系，以质为主，以文调节。贲，文饰、修饰。

【卦辞】

运势：表面风光，内里空虚，必须充实自己，凡事宜踏实、按部就班。

事业：顺利，小有成绩，宜即时总结经验，图谋更大的发展。树立信心，不计较一时的得失。追求实质性的内容，慎重行事，不要随波逐流，寻求有实力的人提携自己。

经商：开始会遇到困难，不应灰心，宜全面分析形势，大胆开拓，勇敢地投入，联合他人，共同合作，根据市场，运转业务。

求名：不可过多地注重外表，而应着重于内在的素质。大胆地推荐自己，但应坚持自己的理想。

婚恋：慎重选择，有合适者，则应迫切追求，不可三心二意，务必专一。注重对方的内在气质，勿为表面现象所欺骗。

决策：注重外表，缺乏追求内在气质的恒心。生性较为浮躁，好务虚名，往往因此而碰壁，或半途而废。在事实的教育下，改变不切实际的做法，明察社会和人生，会有所收敛，变得自持，注重自身修养，成全事业，中年以后会大有作为，老年仍可发挥余热。

十、损卦（山泽损）

【卦象】

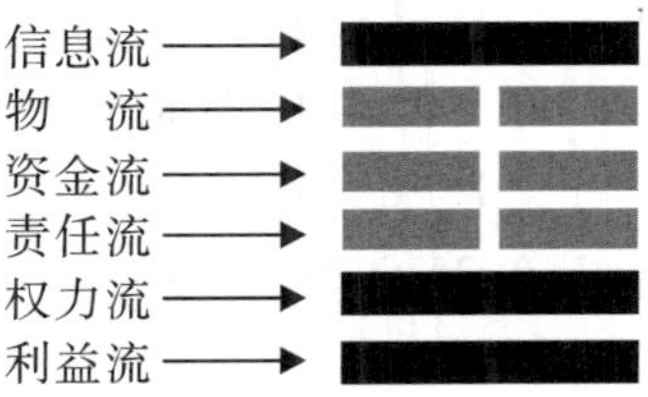

六流匹配模型中信息流、权力流和利益流为阳爻，而物流、资金流、责任流为阴爻，这是损卦的卦象。喻示损益相间，损中有益，益中有损。二者之间，不可不慎重对待。应损则损，但必量力、适度。少损而益最佳。

【卦辞】

运势：现况诸事不顺，有破财之象，虽先损失，但后反而得益，因祸得福。

事业：开拓事业要有所投入，投入多少应事先精心算计，力求损益得当。诸事皆应有节度，切忌欺诈、贪婪。天下事克己最难，务必严格要求自己，刻苦奋斗，手段灵活，争取事业成功。

经商：全面调查市场行情，计算投入和收益的比例。不必过于计较利润的多少，获利即可。真诚与他人合作，彼此信任，手段灵活，切勿自我封闭。

求名：为了成长进步，务必有所投入，且应付诸实践。以损增益，成就理想。

婚恋：全面权衡对方的长处与短处，应从大处着眼。

决策：为人聪颖，善于权衡利弊。顺应自然发展规律，积极主动与他人合作，助人为乐，适度投入，资助他人，而自己要宁俭勿奢。如此，诸事皆可以十分顺利。

十一、咸卦（泽山咸）

【卦象】

信息流、权力流和利益流为阴爻，物流、资金流和责任流为阳爻，这是咸卦的卦象。

【卦辞】

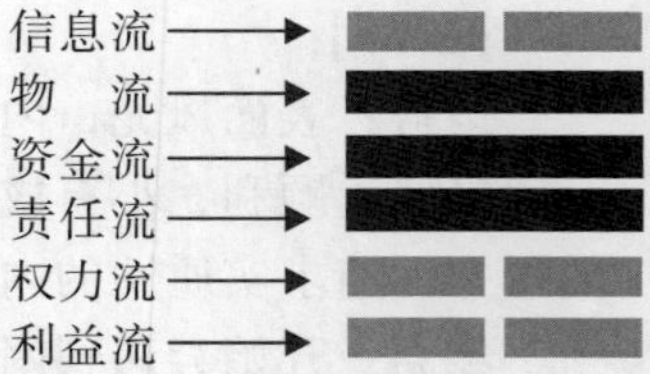

运势：如意吉祥，但勿为不正当感情而意乱情迷。

事业：和为贵，和则万事兴，务以诚感人、以诚待人。广泛交友，谦虚礼让。树立大志向，坚持主见，不可盲目随大流。不利时应安居待机，不可妄动强求。

经商：有利可图。但应以纯正之心，以诚待人，加强合作。市场若不景气，绝不可妄动，不可强求，而应静待发展，虚心听取不同意见。

求名：志向应宏大，脚踏实地，虚心请教他人，使人悦而应，帮助、重用自己。切莫自我封闭，更不得冷漠孤僻，应以广阔的胸怀发展自身。

婚恋：成功的可能性极大。双方很有感情，但动机务必纯正，婚姻方可幸福、永久。

决策：吉祥如意。人际关系好，善于交际。以真诚的态度、无私的心胸处世，不会有不利的地方。与他人合作应坚持原则。办事不可优柔寡断。不顺利时，应停止行动，总结经验，以图发展。待人诚恳，但不可与玩弄口舌的小人交往，防止受骗。

【案例 5－11】IT 生化制品有限公司六流匹配易经卦象诊断

1. 公司简介

IT 生化制品有限公司（以下简称 IT 生化）始建于 1996 年，是中国华南地区最早专业从事化妆品 OEM 的企业之一。

IT 生产基地坐落于风景宜人的广州番禺大夫山下，工厂占地面积21 000m^2，厂房建筑面积 36 500m^2，仓储面积达 15 000m^2，环境优美，空气质量良好。

IT 生化主要从事膏霜、液洗、水剂、香水等产品的生产，月生产能力可达到 1 000 万支以上。品类涉及面部护理、头发护理、身体护理、粉底、膜粉等。

IT 生化于 2002 年通过 ISO9001：2000 质量管理体系认证，2011 年初通过 ISO9001：2008 及 ISO22716：2007/GMPC（US）体系认证。

2. 公司运作流程六流分析

（1）信息流：IT 生化的生产模式分两种：ODM（Original Design Manufacturer）和 OEM（Original Equipment Manufacturer）。本报告重点咨询诊断 OEM 模式，OEM 模式主要将客户订单（订单包含生产数量及给付时间）下达到商务部门，再由商务部门在 ERP 系统操作录入，其他供应链上的部门根据 ERP 中的订单开展作业。计划部门从系统中获取订单的需求，安排生产主计划，跟进客户提供物料的准时性，而信息则是通过商务部与客人进行沟通来获取。且送货的信息由客人提供给商务部，再由商务部转交给物流部门与质量部门，如果来料检验物料有异常，又需要把相关的信息通过商务部传递给客户，导致消息沟通不顺畅，且端口太集中，效率低下。故IT生化在OEM业务的信息流是混乱的，判定为弱。

（2）物流：OEM模式的外部物流基本上是由客人自行送货和提取成品，而公司内部物流的运转主要由计划部门统一调配。计划部门根据订单的需求下发生产任务及物料发放任务，物流部门根据物料发放任务，通过ERP系统的手持设备直接对物料进行转仓，生产部门通过手持设备对物料进行接收。在发放与接收过程中，所接收的物流批号、数量、种类等生产要素必须与计划下发的生产任务相同，才能通过ERP系统的自动审核。做到保证使用正确的物料生产正确的产品，做到有效地控制生产，达成OEM客户的需求，故IT生化在OEM业务中的物流是顺畅的，可以做到有效地控制问题的发生，判定为强。

（3）资金流：公司从2006年成立以来，经过20年的发展，拥有工厂占地面积21 000m^2、厂房建筑面积36 500m^2、仓储面积达15 000m^2的工业区。同时，OEM生产模式中，生产原材料及包装材料基本上由客人提供，而IT生化只要进行加工生产，按工艺进行有效的质量控制，保质保量地提供产品即可，需要占有的资金相对较少。只需要维持日常的开支就能保证OEM业务的有效运行，故资金流判定为强。

（4）责任流：IT生化于2002年通过ISO9001：2000质量管理体系认证，2011年初通过ISO9001：2008及ISO22716：2007/GMPC（US）体系认证，高质量的检测有效指导了公司的运营管理。近几年来公司投入几千万元对旧车间进行改造，达到10万级别的生产规模。给最终使用产品的消费者安全有效的保障，也给产品的经营者带来质量及品牌的保障，故IT生化是一家有责任感、能对社会负责的公司。责任流判定为强。

（5）权力流：IT生化作为华南地区最早的OEM生产企业，在OEM业务模块中质量标准、生产工艺及产品配方基本由品牌商制定，甚至检验方法都是由品牌商规定的。所以在整个生产过程中，所有标准都是由品牌商提供的，而IT生化只要按照顾客的要求执行即可，在产品生产的过程中基本上没有决定权。在创造一流的产品中没有发言权，只有建议权，不能对产品的工艺进行修改。故判定IT生化的权力流为弱。

（6）利益流：在OEM的生产模式中，IT生化作为加工商是整个利益链中的最底层，只是获得微薄的加工费，而加工费用基本上是靠劳动力的输出而获得的。在目前珠三角地区劳动力紧缺，政府基本工资逐年提升的前提下，利润进一步缩减。故判定IT生化在OEM代工模块的利益流为弱。

3. 企业六流匹配易经卦象分析

根据王惠芬教授提出的六流匹配使用易经六十四卦进行诊断：六流匹配卦象诊断工具是把信息流、物流、资金流、责任流、权力流和利益流看作六流，六流中的每个爻都可以表现为阴、阳二爻之一，阴爻表示流不丰富，阳爻表示流充足，从而形成每个流上不同的阴阳爻象。六个不同位置的流从上往下排列组合构成六流，而每个流上都可以是阴阳爻。六个流上的阴阳爻组合在一起形成一个卦象。而参照六十四卦中的卦辞对此卦象进行诊断，则可以得出企业的基本现状和特征，以及决策走势等。

六流匹配卦象诊断工具令六流以符号空间的形式存在，上面三爻是可见的信息流、物流、资金流，下面三爻则为不可见的责任流、权力流和利益流。可见和不可见的爻相互纠缠形成环境可供性，人们在此空间行动、实践，这些实践形成卦象。六流上每个流的阴阳卦象不同则形成六十四种不同的流象，不同的流象对应六十四卦的卦象。根据卦象的卦辞来解释企业或者个人的六流匹配现状、特征还有预测，完成自我诊断。

六流	判断结果	爻象
信息流	弱	阴爻
物流	强	阳爻
资金流	强	阳爻
责任流	强	阳爻
权力流	弱	阴爻
利益流	弱	阴爻

对照六十四卦卦象图，得出卦象为六十四卦中的第 31 卦：咸卦。

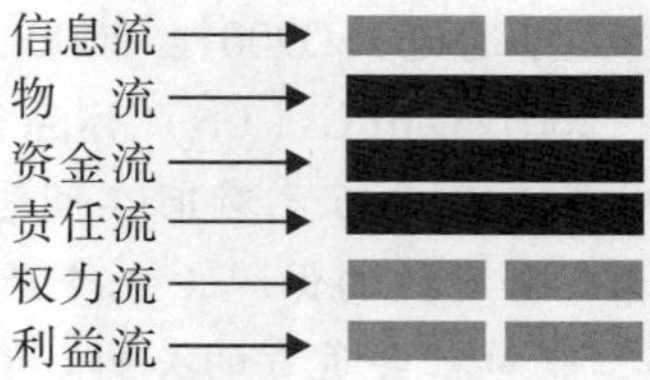

象曰：运去黄金失色，时来棒槌发芽，月令极好无差，且喜心宽意大。

这个卦是异卦（下艮上兑）相叠。艮为山；兑为水。兑柔在上，艮刚在下，水向下渗，柔上而刚下，交相感应。感则成。

事业：和为贵，和则万事兴，务以诚感人、以诚待人。

经商：有利可图。但应以纯正之心，以诚待人，加强合作。市场若不景气，绝不可妄动，不可强求，而应静待发展，虚心听取不同意见。

决策：吉祥如意。人际关系好，善于交际。以真诚的态度、无私的心胸处世，不会有不利的地方。

IT 生化 OEM 模块根据六流匹配模型诊断后，与自身情况进行对比，分析总结得出事业、经商、公司运营决策情况基本上与现状吻合。以诚待人，虚心听取多方意见，谋后而定。应加强与品牌商之间的合作，但不可强求。

4. 改善流程

(1) 信息流改为阳爻。改变目前信息传递混乱的措施：第一，客户把订单下达给商务部后，由商务部录入 ERP 系统。第二，由计划部门直接与客户沟通，跟进物料的交付。第三，由质量部门直接对接客户的质量部门，获取客户的各种质量标准。第四，由技术部门直接对接客户的研发部门，直接获取技术资料。改变信息流的现状，可以使得现有的信息沟通减少中转环节，提高沟通效率，同时由专业人士对接专业部门，可以获得更加完善的信息。

（2）物流维持阳爻。维持现状，不做大的改变。

（3）资金流改为阴爻。改变目前只做简单加工的方式，可以增加为客户提供代采购服务的业务，如此可以减少仓库的积压，使物流运转更加流畅。采用及时生产及时采购的JIT模式。但是如此运作会使公司的资金加大投入采购中。目前中国市场基本上是按30～90天结账的模式，如此则会导致大量的资金垫付，造成资金紧张。

（4）责任流仍为阳爻。IT生化的社会责任及企业价值观不能变动，必须为产品的最终消费者负责。

（5）权力流改为阳爻。改变目前纯代加工的模式，IT生化的专业研发团队与客户的研发团队共同开发新品，利用IT生化的优势项目为客户提供其不能完成的产品研发，提出企业的有效建议，同时改善客户的生产工艺，不断地提高生产效率，降低生产成本，提升产品质量，争取生产世界级的产品，为中国化妆品行业在国际加工品牌中影响力的不断提升做出贡献。

（6）利益流改为阳爻。公司参与产品的开发及代客户采购，则可以改变目前的状况，摆脱利益链中最底层的地位，可以获取更多环节的利润分享，从而获取更大的利益。

经过以上改变后，重新调整六流匹配卦象，分析如下：

六流	判断结果	爻象
信息流	强	阳爻
物流	强	阳爻
资金流	弱	阴爻
责任流	强	阳爻
权力流	强	阳爻
利益流	强	阳爻

对照六十四卦卦象图，得出卦象为六十四卦中的第9卦：小畜卦。

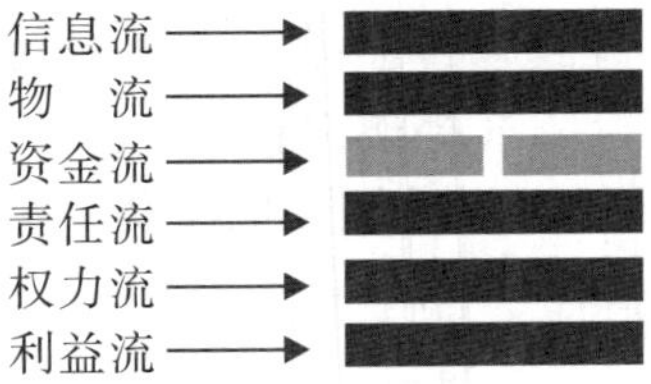

象曰：苗逢旱天尽焦梢，水想云浓雨不浇，农人仰面长吁气，是从款来莫心高。

这个卦是异卦（下乾上巽）相叠。乾为天；巽为风。喻风调雨顺，谷物滋长，故卦名小畜（蓄）。力量有限，须待发展到一定程度，才可大有作为。

事业：时机尚不成熟，应当耐心而积极地积存力量，切不可冒险行动。遇到挫折不可灰心，鼓起勇气战胜困难，坚持原则，加强团结合作，提前做好各项准备，会有所成。

经商：已有一定的基础，但有失去的危险，一定要特别慎重，争取与他人真诚合作，共同获利，绝不贪心，适可而止，但更不能满足现状，不图进取。

决策：不是很顺利，前进途中会遇到一些意想不到的困难。但由于性格坚强，具有战胜不利条件的意志，因此可以实现自己的理想。但极有可能遭到小人的伤害，必须得到志同道合者的真诚相助，才有可能排除障碍。对所得应满足，适可而止，切不可过度追求，以免满招损。

IT 生化 OEM 模块根据六流匹配模型诊断后，与自身情况进行对比，分析总结得出：从卦象看，公司变更资金流中物料的代采购方式，导致资金严重挤压，虽然后续能够获取更大的利益，但须谨慎决策，切不可冒进。

（感谢暨南大学 2015 级工业工程专业研究生黄亿宏提供此案例）

十二、困卦（泽水困）

【卦象】

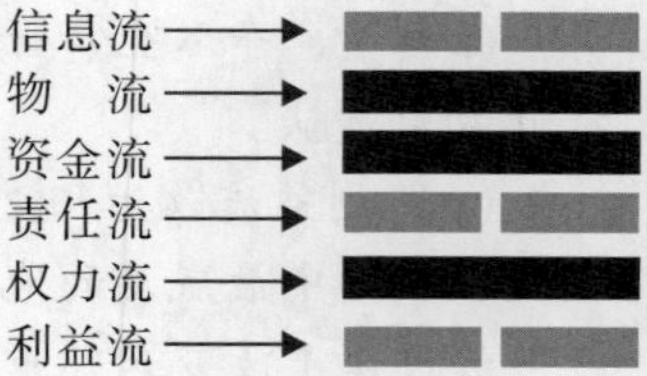

本卦物流丰富，资金充裕，但信息不通；权力重大但无法分出责任并分享利益。即信息流、责任流和利益流为阴爻，物流、资金流和权力流为阳爻。喻示陷入困境，才智难以施展，但坚守正道，必可成事，摆脱困境。

【卦辞】

运势：诸事不如意，所谓龙游浅水遭虾戏。

事业：境况十分不佳，遭遇到很大的困难。人生面临巨大的考验，如采取不正当的手段，会愈陷愈深。相反，如身陷困逆境地而不失节操，自勉自坚，泰然处之，不失其志，终能成事。

经商：面临激烈竞争，很有破产的可能。切勿失望，而应在困境中奋斗。为此，只能靠平日加强修养。认真反省自己的行为，总结教训，重新奋起，但也不宜浮躁，应缓慢而进。同时，更要警惕因致富发财、得意忘形而陷入新的困境。

求名：欲速则不达。应以谦虚的态度，缓慢前进，应有坚定的志向，唯有志才能促成事业的成功。

婚恋：以乐观态度冷静处理，尤应注重人品。

决策：聪明智慧，但怀才不遇。若不因困境而失去信心，坚持努力上进，放弃侥幸心理，锲而不舍，虽不一定能完全实现自己的理想，但终会有所成。

【小测验】

试为困住的军队、垄断企业诊断六流匹配易经卦象。

十三、随卦（泽雷随）

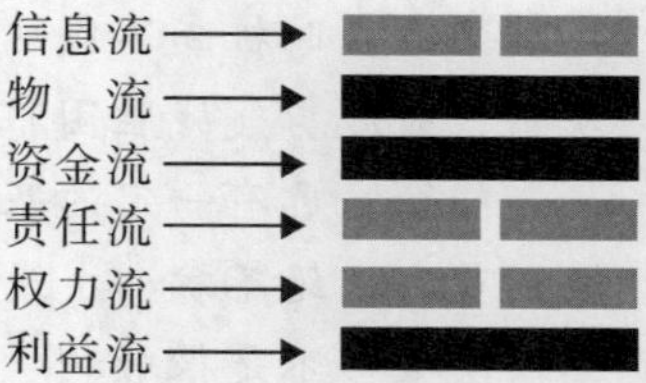

【卦象】

信息流、责任流、权力流为阴爻，物流、资金流和利益流为阳爻，这是随卦的卦象。随指相互顺从，己有随物，物能随己，彼此沟通。随必依时顺势，有原则和条件，以坚贞为前提。

【卦辞】

运势：有去旧迎新之吉象，宜与人合作，可获厚利，忌三心二意，或独断独行。

事业：对社会和人生有正确的认识，重视人际关系，善于同他人合作，事业会很顺利。为了保证取得更进一步的成功，不得贪图小利，应向比自己优秀的人学习，择善而从，心存诚信，努力开拓事业。

经商：顺利。在与他人的真诚合作下，能够达到预期的目的。在竞争中应保持头脑清醒，从大处、长远考虑，遵守商业道德，保持至诚的态度对待顾客和同行，会保持竞争优势。

求名：在自己刻苦钻研的基础上，虚心向有德有才的师长学习，借助外界的力量，促使自己更快地进步，实现个人的理想。

婚恋：双方情投意合可以成功，家庭和睦，但若迷恋于情爱，会影响双方的事业，务必注意。

决策：个人成长道路并不十分顺利，但由于谦虚、随和，人际关系好，尤其能够得到长辈的器重，各种事都能在他人的帮助和关心下成功。但务必注意追随他人应有的立场和原则，不可趋炎附势，招致祸凶。

十四、井卦（水风井）

【卦象】

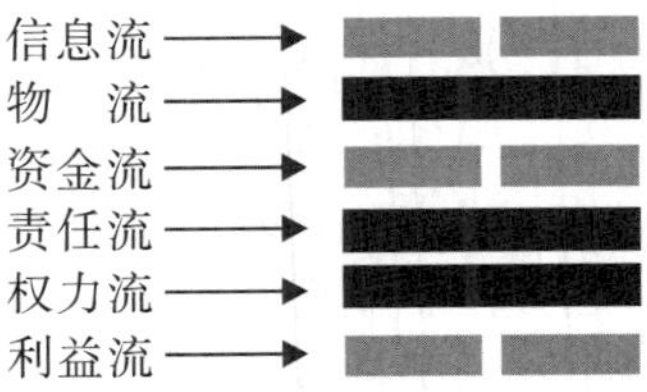

信息流、资金流、利益流为阴爻，物流、责任流和权力流为阳爻，这是井卦的卦象。

【卦辞】

运势：井为静物，不能移动，故凡事不能主动进取，又缺乏冲劲，不如处之泰然更有利。

事业：处于平稳状态。既不宜贸然前进，也不必后退，而应以积极的态度努力进修，提高自己，充实个人实力，待机而起，将大有成就。最怕的是停顿不前，否则将会因不合时宜而被淘汰。

经商：市场情况良好，可继续按照原来的方针发展。同时，继续本着勤劳、奋进的精神，诚心诚意地开拓市场，特别注意与人的合作，相互协助，在实践活动中丰富和积累经验。

求名：本着正当的目的，为社会做贡献，因此而努力学习。应特别注意向贤德的人求教，以便被发现而受到推荐。

婚恋：不必过急，会有般配的伴侣。

决策：聪明、机敏、乐于助人。同时，也有机会充分施展个人的才能。只要能学习“水井”的精神，真诚奉献，不断丰富自己的才能，一定会受到社会的重视。

【小测验】

小李在党委机关单位工作，由于是外地人，因而在单位中信息并不流畅广泛；单位福利挺好，经常会提供一些较好的生活用品；工资都是严格地按照规范发放，在有限的范围内按照程序操作；小李做事还是很用心的，因为渴望获得更高的职位，拥有更大的权力；但他并不追求事事都有回报。试诊断其卦象，并提出建议。

十五、既济卦（水火既济）

【卦象】

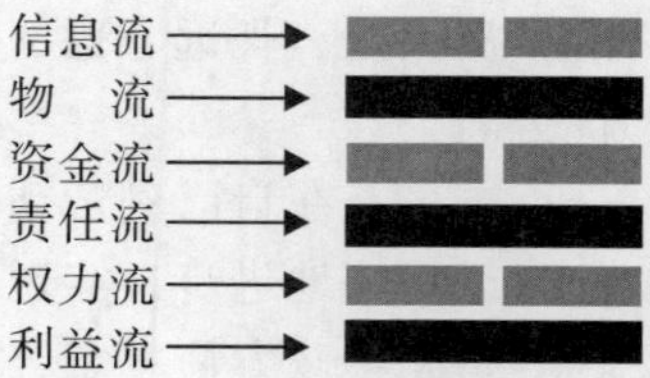

既济卦的特征是信息流、资金流、权力流为阴爻，物流、责任流和利益流为阳爻。爻象虚实相间，是其卦象结构。喻示事情已经成功，但终将发生变故。

【卦辞】

运势：名利双收，成功之象，但须防物极必反，初吉后凶。

事业：处在顺利和兴旺的阶段，甚至大功已经告成，如何才能保住这种势头是问题的关键。必须认识盛极将衰的真理，防微杜渐，有备可无患。同时，一定要密切注意形势，抓住有利时机，继续奋发向上，推动事业发展。

经商：由于市场形势有利，已经赚得许多，但同时也预示着危机会随时出现。因此，务必小心在意，事未到，先预防，终日提防戒惧。同时，认真观察市场的变化，随时转向，开拓新市场。

求名：个人追求名利的基本条件已经具备。必须防止因此而变得僵化和保守，以致功亏一篑，半途而废。

婚恋：起初顺利，中途会出现挫折。

决策：各方面条件都很好，环境又有利于成长。但因此反而会使自己满足，停止前进，甚至变得颓废，趋向没落。一定要不断刻苦努力，保持谦虚美德，常怀不安之心，防止不测事件发生。

【案例 5-12】六流匹配易经卦象自我诊断及改善

暨南大学2014级工业工程专业研究生梁××，应用六流匹配易经卦象工具对自己的现状进行了诊断，并对卦象的改善提出了自己的看法。

1. 卦象分析

	现状		改善后	
六流	自我分析	爻象	自我分析	爻象
信息流	信息收集分析能力弱	⚋	提高收集分析信息的能力	⚊
物流	追求物质	⚊	不宜过分追求物质	⚋
资金流	掌握资金能力不强	⚋	提高资金获取能力	⚊

（续上表）

	现状		改善后	
责任流	责任心强，认真负责	⚊	继续保持强责任心	⚊
权力流	不追求权力	⚋	对待权力继续保持平常心	⚋
利益流	注重利益	⚊	应注重利益，特别是成本	⚊
总结分析	对照六十四卦卦象图，为第63卦：既济卦。 总体分析：中上卦。 小吉：得此卦者，事业有成，成功之象，但谨防盛极必衰，宜退守为吉，再进则凶。 查看既济卦卦辞，联系自己实际情况，毕业至今一直从事汽车物流方面的工作。经过4年多的工作经验积累，目前工作还算顺利，但有时不免出现傲气，需要及时调整心态，稳步前行，更好地发挥自身所长。特别是面对物流计划调整等紧急工作时，更应沉着对应，不能过分激进。		对照六十四卦卦象图，为第30卦：离卦。 总体分析：中上卦。 小吉：得此卦者，宜谦虚谨慎，稳步进取，则前途光明。急进及意气用事者必有所损失。 通过调整信息流、物流、资金流的爻象，组合成新卦象后，发现与自身目前工作时过于激进的缺点不谋而合。 未来改善方向：应稳步前进，不宜过急，处事也应更加灵活，才能更好地规划自身的职业生涯。同时，作为一名职场新人，还应继续保持低调与谦虚，积极向前辈学习，发扬优点。	

2. 自我感想及改善方向

本人通过对自己卦象的分析作业，给自己一次机会，再一次与自己对话，深入剖析了自己目前所处的环境以及心态。从一名应届毕业生到初入职场不到5年的新人，自己的心态有所调整、有所变化。通过对六流的分析，更加明白从事的工作需要沉着应对各种异常情况，不能过于激进。在往后的实操中，本人也会不断提醒自己。正如改善后的卦辞所言，得此卦者，宜谦虚谨慎，稳步进取，则前途光明，所以，往后在工作中也应谨记“谦虚谨慎，稳步进取”这八个字。

改善方向：谦虚谨慎，稳步进取。

十六、节卦（水泽节）

【卦象】

节卦的特征是物流充沛，权力重大且愿意分享利益，但信息发布少，资金欠缺，责任承担少。即物流、权力流和利益流为阳爻，信息流、资金流和责任流为阴爻，这是节卦的卦象。喻示天地有节度才能常新，国家有节度才能安稳，个人有节度才能完美。

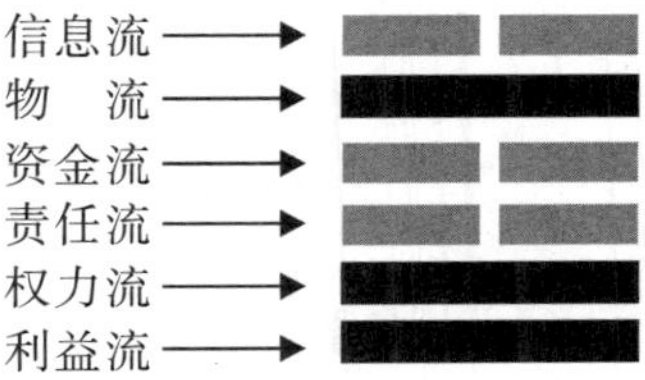

【卦辞】

运势：有志不能伸，诸事必须节制，不宜过分，更要戒酒色。

事业：正处在发展时期，一定要注意切勿冒进。但更不应放弃良好的机遇，只要坚持遵道守义的原则，可大胆行动。这样，事业可以继续兴旺发达。

经商：市场行情好，对自己很有利，应该努力开拓，勿失去机会。不过，头脑一定要冷静，投入应有限度，适可而止，该收则收。

求名：严格要求自己，办事知道节度，不走极端，可以通行无阻，顺利前进。

婚恋：不要陷入情不自禁的地步，顺其自然会有好结果。

决策：抓住机遇，勿失良机。适当节制自己的行动，不可勉强，更不可冒险，恰如其分。一切不可拘泥，该变就变。但是，该节制的时候一定要节制。节制必须有限度，过于节制不会有好的结果，这叫适得其反，务必十分注意。

十七、恒卦（雷风恒）

【卦象】

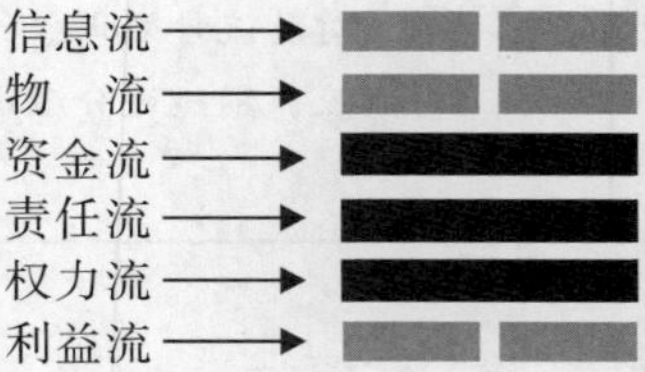

信息流、物流、利益流为阴爻，资金流、责任流、权力流为阳爻，这是恒卦的卦象。象征恒久，有恒必然有成，所以亨通，不会有灾难，但必须以坚持纯贞为前提。

【卦辞】

运势：万事亨通，能恒久努力，安守本分则吉，妄动则招灾。

事业：诸事无不成于恒，持之以恒，必有成效。恒乃成功之本。为此，务必动机纯正，守静而勿躁动，不可急于求成，也不可固守死道，应从个人实际出发。最忌人云亦云，最宜随机应变。如此，诸事顺而成。

经商：大胆行动，有所往必有所利。注意市场行情和周围的情况。随时变更经营策略，但不得改变常理常道，坚持慎重选择的方向，勿追随潮流。忌不自量而冒险强求。

求名：有始有终，善始善终，立于正道，坚持不懈，学习方面尤应提高涵养，必可成。

婚恋：好事多磨，有曲折，唯不可见异思迁。和睦相处，勿固执己见。

决策：循序渐进，不要在一开始时期望过高，但不能因此放弃追求，应脚踏实地，从实际出发，不要好高骛远，更不可不自量力，勿冒险激进，勿反复无常。坚信宇宙常新，不断修正自己的见解，补充新内容。

十八、丰卦（雷火丰）

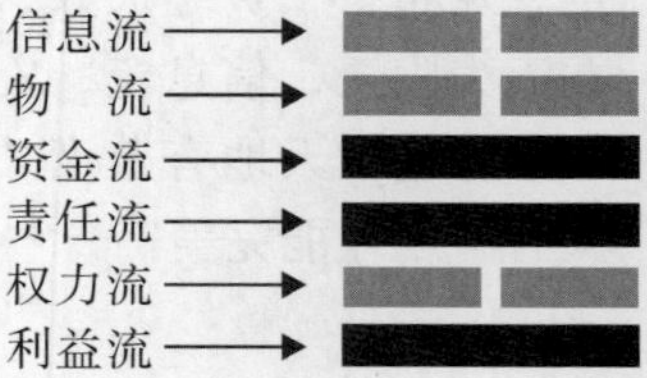

【卦象】

信息流、物流、权力流为阴爻，资金流、责任流、利益流为阳爻，这是丰卦的卦象。喻示丰收。

【卦辞】

运势：运势极强，为收获之时，但不宜贪得无厌，须知足常乐，要防是非、损财甚至火险。

事业：处于十分顺利的鼎盛时期，各方面都很顺利，成就很大。但务必注意开始出现的衰败症状，防微杜渐，严防骄傲自满。同时，不必盲目追求不切实际的事情，全力保持当前状况的延长。

经商：由于准确地把握了市场动态，商情对自己十分有利，可以大胆发展，但一定要密切注意行情，分析信息，稍有不慎，破产可能就在一夜间。一旦破产应立即总结教训，寻求真诚的合作者，早日走出困境。

求名：经过努力和奋斗，已获得成就，应注意保持和稳步发展，切勿追求虚名。

婚恋：可以成功，也会美满幸福，但若一方自持条件变化而动摇，则会导致不利。

决策：由于个人天资聪颖，条件好，因此各方面十分顺利。但务必深刻认识人生无常的真理，一切应保持适度，切记物极必反。更不应自我封闭，陷入困境，切莫灰心。

十九、归妹卦（雷泽归妹）

【卦象】

归妹卦的特征是资金充裕，手握重权且愿意分享利益，但信息发布少，拥有物资少，不愿承担责任。即信息流、物流、责任流为阴爻，资金流、权力流和利益流为阳爻，这是归妹卦的卦象。

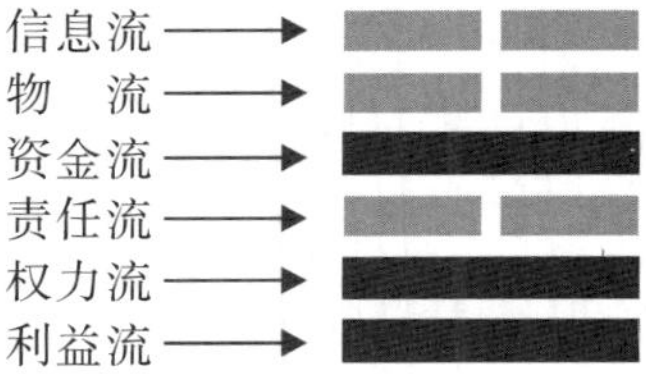

【卦辞】

运势：处事有违常理正道，先得其益，但随后祸事百端。

事业：正在进入新的阶段，很快将会出现另一番景象。这时首先必须具备长远眼光，识破利弊和吉凶，有备始能无患。其次是坚守纯正的品德和正确的原则。

经商：开拓新的市场即将成功，在未来的商业活动中必须注意经营的方向和种类，加强与他人合作。

求名：务必以坚定的决心，努力提高自己，为成名立业奠定基础，最可怕是儿女情长影响了自己的前途和事业。

婚恋：顺其自然，不可违背原则，尤其不可强求，宁可晚婚也要选择理想的对象。夫妻经过生活考验，可和谐到老。

决策：对于人生必须坚持公正纯洁的品德，正确对待婚姻和家庭，以幸福美满的家庭为基础，开拓和发展自己的事业。

二十、泰卦（地天泰）

【卦象】

泰卦最大的特征是信息流、物流、资金流为阴爻，而责任流、权力流、利益流为阳

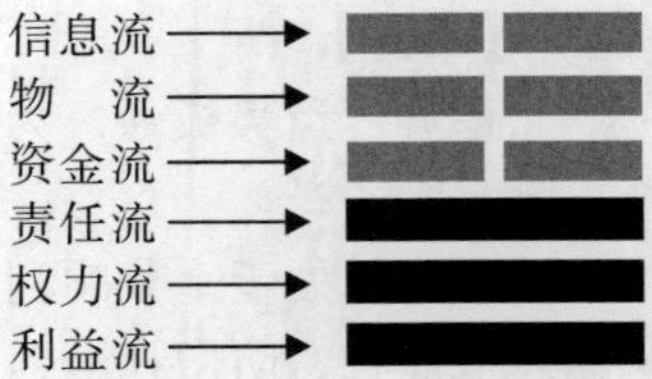

爻。上三阴下三阳，即是泰卦的卦象。

【卦辞】

运势：诸事吉祥顺利，凡事宜内求，不宜外求，防乐极生悲。

事业：坚持由小而大、循序渐进的原则，事业已达到顺利的境地，更应小心行事，居安思危，积极寻求、开拓新的事业，方可继续前进，若因循守旧，不思进取，必遭失败。

经商：顺利。务必注意市场动向，开拓新的领域，展开新的竞争。为此，要密切与他人进行合作，争取各方面的帮助，但需谦虚谨慎，警惕巧言令色的小人。

求名：具有成功的条件，但一定得更加努力，刻苦追求，最忌聪明反被聪明误。

婚恋：姻缘美满。谈恋爱却不可不认真对待。

决策：吉祥如意。适应能力强，各项事业能成功。能谋善断，长于人际关系，能团结他人共创业绩，灵活机动，很能适应形势的变化，不断向新的领域迈进。但在人生途中必须兢兢业业，尤其不可麻痹大意，在择朋选友方面更应慎重，切防小人倒运。

第四章　四流为阳爻的六流匹配易经卦象

一、遁卦（天山遁）

【卦象】

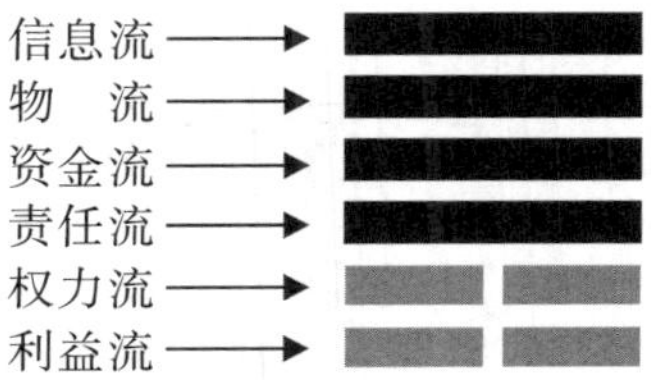

遁卦的特征是权力小，不愿分享利益。即四阳在上二阴在下是其卦象。喻示阴长阳消，小人得势，君子退隐，明哲保身，伺机救天下。

【卦辞】

运势：小人道长，君子道消，凡事宜退不宜进，穷则独善其身，修身养性。

事业：时运不佳，应考虑退隐，勿与不正派的人同流合污。但不是消极逃避，而是为保存实力，总结经验，把握时机，待机而出。切忌贸然行事，造成不必要的损失。同时勿为眼前小利禄所诱惑。

经商：市场进入衰落的状况，行情不佳。绝不可执意追求，盲目投入，而应沉着冷静，坚持商业道德，远离小人、奸商，保存自己的实力，等待市场行情好转，再图发展。

求名：宜暂明哲保身，甘居退隐。全力总结提高，为复出做准备。

婚恋：勿急于解决，更不可妄动强求。时机成熟时，须以纯正的态度去正确对待。

决策：处于衰败时期，小人得志。盲目行动必遭不利。虽不必以恶报恶，但更不可同流合污，因小失大，应权宜轻重，韬光养晦，保存实力，断然离去，不可犹豫不决。潜心发展个人实力，隐忍待机。只要能坚守正道，坚持中正，必可在时机成熟时复出，成就大业。

二、讼卦（天水讼）

【卦象】

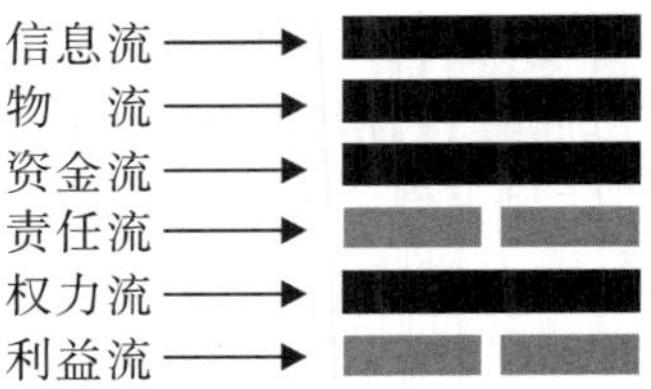

讼卦最大的特征是责任流和利益流为阴爻，信息流、物流、资金流和权力流均为阳爻。说明对金钱、权力看得很重，但缺乏责任感，也不愿与人分享利益。

【卦辞】

运势：事与愿违，凡事不顺，小人加害，宜防陷阱。

事业：起初顺利，有利可图，继而受挫，务必警惕，慎之又慎，不得固执己见，极力避免介入诉讼纠纷的争执之中。与其这样，不如退而让人，求得化解，安于正理，可免除意外之灾。陷入争讼，即使获胜，最后还得失去，得不偿失。

经商：和气生财，吃亏是福，切勿追求不义之财。商业谈判应坚持公正、公平、互利的原则，尽量避免发生冲突。这样便会有好结果。

求名：不利。自己尚缺乏竞争实力，应坚守纯正，隐忍自励，自强自勉，切莫逞强。依靠有地位的人的帮助，及早渡过难关。

婚恋：虽不尽如人意，倒也般配，彼此理解，未尝不可。双方应以温和的方式处理生活。

决策：争强好胜，不安于现状，为改变命运和超越他人而奋斗。头脑聪颖，反应敏捷，有贵人相助。但缺乏持之以恒的毅力，容易露出锋芒，得罪他人，带来诉讼之灾。宜承认现实，顺其自然，知足，适可而止。接受教训，引以为戒，可功成名就。

三、无妄卦（天雷无妄）

【卦象】

无妄卦的特征是责任流和权力流为阴爻，其他流为阳爻。喻示无妄必有获，必可致福。但唯循纯正，不可妄行。

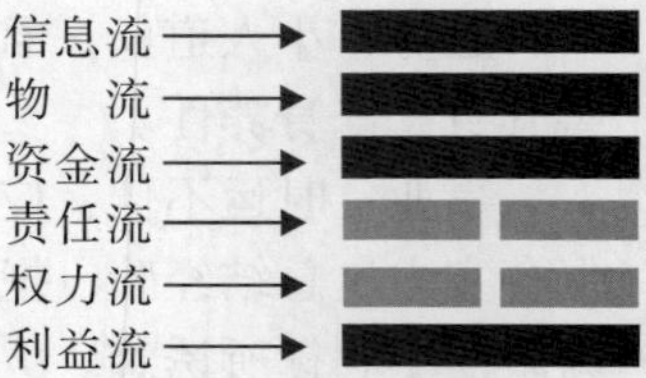

【卦辞】

运势：凡事宜守正，行为不检者必招灾祸。

事业：贵自知之明，从个人实际出发，不抱非分之想，脚踏实地，勤奋努力，检点行为，防意外灾祸。不计较得失，诚心追求，待机而动，事业必成。

经商：切勿勉为其难，遵循市场规律，讲究商业道德，摒弃投机心理，勿贪暴利，经过辛勤努力，日积月累，必将成功。

求名：以良好的动机，刻苦努力，丢弃幻想，但问耕耘，不问收获，终将有所获。

婚恋：双方务必以诚相待，绝不可抱以轻率的态度，亦不宜急于求成，应顺其发展，水到渠成。

决策：精力充沛，富有上进心，可有作为。但务必勤勉努力，诚心诚恳，奋发向上，刻苦钻研。不可因小有成就而得意忘形。不必追求所得，而应追求实干。遵循规律办事，等待时机再行动。尤其应清除非分的念头。这样，可实现自己的理想。

【小测验】

小王，某公司的老板，在前几年和志同道合的朋友一同创业，公司起步之时遇到种种挫折，与几位兄弟同甘共苦，如今已经渐渐形成稳定的规模。现在，公司能够准确获取市场变动的信息并做出相应的调整，公司资金、物质充裕。回想当初的艰难，小王很珍惜眼前得来的一切，掌握着公司的大权并尽心尽责地打理公司。为了犒劳那些为公司付出辛勤汗水的员工，小王愿意将公司的股权转让给员工，与员工一起经营属于员工自己的公司。试诊断其卦象。

四、巽卦（巽为风）

【卦象】

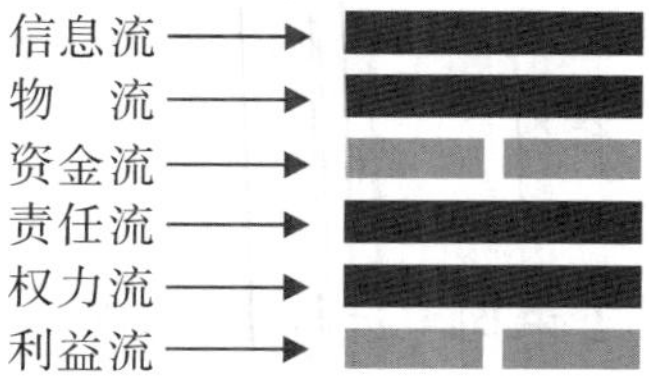

一叶孤舟落沙滩，有篙无水进退难，时逢大雨江湖溢，不用费力任往返。

此卦象的特征为资金少和利益少，均为阴爻。多阳少阴是巽卦的卦象。

巽亦为顺，喻示秉持谦逊的态度和行为可无往不利。

【卦辞】

运势：波折重重，运势起落浮沉不定，要随机应变，心平气和，择善固执。

事业：正在发展中，应本着勇往直前的精神，战胜一切困难和险阻，奋发向上。万事开头难，开始会受挫折，但在有才德和有力量的人物的帮助下，会有理想的结果。

经商：市场竞争激烈，风险大。商业活动务必小心谨慎，遵守商业道德，以谦逊的态度对待同行、顾客乃至竞争对手，必定可以取得利益。

求名：以谦逊的态度对待一切，但又不可自卑、软弱、做作，更不可虚伪，这样就可以进步很快。

婚恋：不可抱轻率的态度，而应慎重，相互尊重。

决策：头脑聪明、灵活，性格开朗，以谦虚的态度处世，会受到各个方面的欢迎，也会得到上级的重视。谦虚不可过度，应以刚健中正为前提，绝不可表现为懦弱和虚伪，否则不利于自身的成长。

五、家人卦（风火家人）

【卦象】

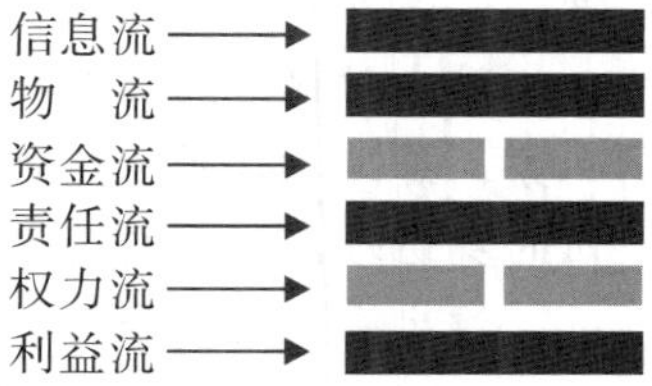

家人卦的特征是对于资金和权力追求的目标不明确，此二流为阴爻，对信息流、物流、责任流和利益流有着明确的追求。喻示一切事物皆以内在为本，然后延伸到外部，发生于内，形成于外，应先治家而后治天下，家道正，天下安乐。

得此卦者已经具备内在的条件，可以尝试着追求资金流等外在的事物。

【卦辞】

运势：平安大吉，与人合作则易成，更有喜庆之象，如添丁婚嫁等。

事业：成功与否取决于家庭的情况。严格治家，防止“后院”起火出现意外事故，这是事业成功的先决条件。夫妇和睦，共同合作，必可脱贫致富。事业应由内而外，循序渐进，持之以恒，而后必有所成。

经商：将治家方式用于商业活动。对待公司员工应严宽结合，以严为主。宜集中领导，主事一人，共同合作，日积月累。

求名：以勤劳努力和安贫乐道为主，更应有家庭的支持。家道兴盛的同时，个人的事业也就容易成功。

婚恋：和睦的家庭是一切的基础，而妻子又是家道的根本。择妻应慎重，和乐兴家。

决策：因好的家庭和妻子的支持而顺利成功，务必保持这种优势，否则，由盛转衰在顷刻之间。尤其应预防家庭变故。持家重在谦和待人，勤俭积蓄以致富。亲人相互和睦、友好。

【案例5-13】六流匹配易经卦象诊断及改善

暨南大学2015级工业工程专业研究生黎××利用六流匹配易经卦象对××同学的现状进行诊断分析。

步骤一：询问××同学对六流匹配中的六流看法。

××同学是女生，是工业工程专业的一名学生。

该生平时喜欢浏览网易新闻、财经新闻，微信关注涉及文学、国际新闻、时代潮流等信息的公众号，比起浪费时间于言情小说或者电视剧中，更愿意遨游书海，关心国家时事，观看《财经郎眼》《朝闻天下》等栏目。同时该生平时喜欢与他人交流与分享，而且一直与小学、初中、高中、本科的老师保持联系与交流，保持着向老师们取经的心态，以此弥补自己知识和见识上的不足，所以信息流为阳爻。

该生虽然不贪图物质享受，但是来自农村的她对现有物质生活已经相当满足，特别是父母凭辛勤汗水尽力为她提供的生活条件已经为其外出求学提供了很好的保障，所以尽管不是那么富有，但是她已经感到满足，因此物流为阳爻。

该生认为自己资金是匮乏的，因为现在为止大部分资金都是父母提供的，离自己自食其力和为父母创造更好的生活的梦想还有一段距离，所以资金流为阴爻。

该生自小学开始连续担任班长甚至兼任其他职务十余年，自小养成超强的责任心。而且该生为人处世追求完美，事必躬亲，工作和学习方面都保持着严谨认真的“强迫”精神，因此责任流为阳爻。

该生对权力的追求欲望并不强烈，自小就不喜欢公务员等工作岗位，即使在学校担任职务，暑期担任暑假班的班主任，也不喜欢以高人一等的姿态对待他人，而是以朋友和姐姐的身份跟同学与自己的学生交流，保持一贯的亲和姿态，所以权力流为阴爻。

该生喜欢与人合作，享受团队精神，坚持集体利益高于个人利益，乐意与他人分享利益，互利共赢，因此利益流为阳爻。

步骤二：对照六十四卦卦象图，得出卦象为六十四卦中的第37卦：家人卦。

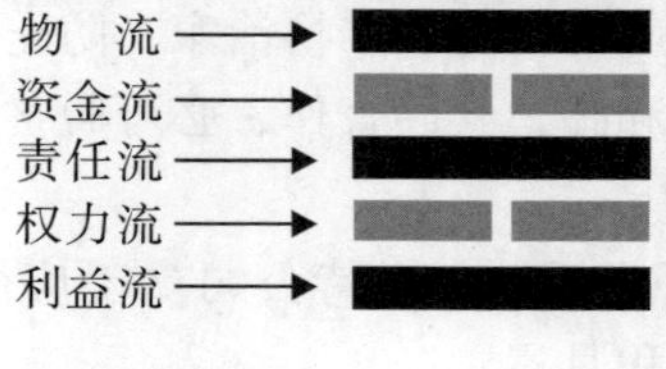

然后根据《象辞》中家人卦卦辞，对该女生的卦象进行诊断。

传统的解卦说

本卦外卦为巽，巽为风；内卦为离，离为火，内火外风，风助火势，火助风威，相辅相成，是家人的卦象。君子观此卦象，从而省悟到言辞须有内容才不致空洞，德行须持之以恒才能充沛。

邵雍河洛理数解卦

人心内向，家道兴隆；严正有恒，不能移心。

小吉：得此卦者，与人合作共事者会有利，且多有喜事之象，家庭和睦者，能同心协力，发展事业。

傅佩荣解卦

时运：旺运当头，言行小心。

财运：囤积货品，后有高价。

家宅：小心火灾；亲上加亲。

身体：痰多气喘，难以根治。

台湾张铭仁解卦

家人：代表同为一家人，主小吉之象，事事以家人为重之意。如事业投资均以一家人合作共事为佳。感情，为成家之吉象。

解释：家人离散，吉中带凶。

特性：为人热忱，待人谦恭有礼貌，善交际，外表积极内心保守。喜家庭生活，爱小孩、小动物。

运势：平安无事，且有喜事之象，与家人共事者大利。

家运：万事畅达如意，和乐之象。

疾病：注意心脏或胆病，必须小心调理。

胎孕：不碍。

子女：儿女孝顺。

周转：难调，但可成，宜找自家亲人为佳。谨守诚信可无阻。

买卖：有超值的利益可得，交易可成。

等人：自来，且有吉事相告。

寻人：因赌气出走，不久便见。

失物：出现。隐藏在家中，可能是被家人收起来了。

外出：在家千日好，出门一时难，准备充分后再行动。

考试：上榜有名。

诉讼：虽产生大疑虑，若行事合理则无碍。

求事：有良好机会，勿失。

改行：勿急。

开业：开业者可照计划而行，吉利也。

对于家人卦的为人处世等可以看下面的规诫：

这个卦是异卦（下离上巽）相叠。离为火；巽为风。火使热气上升，成为风。一切事物皆应以内在为本，然后伸延到外。发生于内，形成于外。喻先治家而后治天下，家道正，天下安乐。

事业：成功与否取决于家庭的情况。严格治家，防止“后院”起火出现意外事故，这是事业成功的先决条件。夫妇和睦，共同合作，必可脱贫致富。事业应由内而外，循序渐进，持之以恒，而后必有所成。

经商：以治家方式用于商业活动。对待公司职工应严宽结合，以严为主。宜集中领导，主事一人，共同合作，日积月累。

求名：以勤劳努力和安贫乐道为主，更应有家庭的支持。家道兴盛的同时，个人的事业也就容易成功。

外出：在家千日好，出门一时难，准备充分后再行动。

婚恋：和睦的家庭是一切的基础，而妻子又是家道的根本。择妻应慎重，和乐兴家。

决策：因好的家庭和妻子的支持而顺利成功，务必保持这种优势，否则，由盛转衰在顷刻之间。尤其应预防家庭变故。持家重在谦和待人，勤俭积蓄以致富。亲人相互和睦、友好。

分析后，该女生表示：该模型分析与其个人过去和现今境况十分吻合，性格方面也比较吻合。该生乐观热情，与同学、朋友、家人亲戚相处和睦，而且拥有四位知己；同时无论是在工作中还是在生活、学习中，该女生因认真的态度一直拥有好人缘，团队合作一直顺利融洽，自己从中也受益匪浅。

步骤三：调整卦象。

该生根据自己的人生目标和梦想追求，规划了一个未来的卦象。变动的为资金流，主要是希望通过自己的努力达到真正意义上的资金富裕和物质丰富，以孝敬父母、回报恩师，还有为自己未来的家庭提供资金保障，创造更好的生活条件。所以变为六十四卦中第13 卦同人卦。

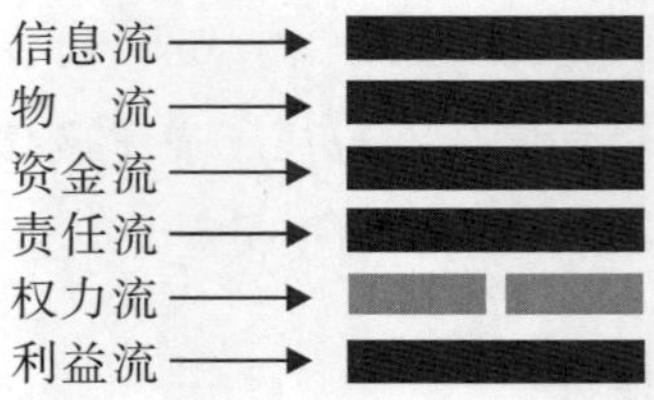

《象辞》说：同人之卦，上卦为乾，为天为君王，下卦为离，为火为臣民，上乾下离象征君王上情下达、臣民下情上传、君臣意志和同，这是同人的卦象。君子观此卦象，取法于火，明烛天地，照亮幽隐，从而分析物类，辨明情状。

邵雍河洛理数解卦

人类相亲，与人和同；所求皆得，无不称心。

吉：得此卦者，吉祥如意，与人合作共事更佳，上下同心，谋事有成。

傅佩荣解卦

时运：朋友支持，升迁顺利。

财运：合资有利，可以进取。

家宅：合家欢喜。

身体：燥热之症，另求良医。

台湾张铭仁解卦

同人：代表有志一同，相和而成。主吉象。理念相同共处愉快。事业投资、感情皆是和睦融洽。最适合找人合伙事业或寻求认同自己理念的吉卦。

解释：结合志同道合的人，集思广益。

特性：喜团体生活、户外活动，有领导才能，善交际，人际关系佳。有幽默感。

运势：得此卦为诸事开通、平安、吉祥、如意之象，有同情心，互爱、亨通之象，故宜好好掌握时机，维持盛泰。若有稍涉偏私或为私情之爱则有破兆，应以事业为重。

家运：上下和乐，运势亨通，可得意外之财，宜把握良机，努力求取。

疾病：病轻，不久可愈，注意心脏、头肺等疾。

胎孕：无碍。与六亲和睦，得缘之吉卦。

子女：上下皆能和睦之象。

周转：顺利，并可进取大业，利也。

买卖：利益大，与人共事吉。

等人：一定会来，且会带来好消息。

寻人：此人非故意出走，自己会回来。

失物：遗失似文件、眼镜等物，可能被压在底层，尽快找寻，则可取回。

外出：很平安、顺利，并可以结交新朋友，获得帮助。

考试：成绩优良。

诉讼：凡事以和为贵。

求事：吉利。

改行：吉利亨通。

开业：吉利亨通。

对于同人卦的为人处世等可以看下面的规诫：

这个卦是异卦（下离上乾）相叠。乾为天，为君；离为火，为臣民百姓。上天下火，火性上升，同于天，上下和同，同舟共济，人际关系和谐，天下大同。

事业：顺利、平安，尤其是在与他人的合作方面会十分成功，宜广泛开展人际活动，建立广泛的联系，克服狭隘的门户之见，照顾各方面的利益，求大同，存小异，坚持正确的原则，必能成就大事业。

经商：以真诚合作、精诚团结的态度与同行共事，公平竞争，必可获得自己应得的利益。

求名：自己必须刻苦努力，尤其要取得师长和志同道合的朋友的指教、帮助，自己虚心进取，完全能够达到目的。

外出：很平安、顺利，并可以结交新朋友，获得帮助。

婚恋：多情、善交际，认识的异性朋友多，故须慎重选择，注意维护双方关系和家庭和睦。

决策：性格开朗、乐观，为人热情，人际关系好，社交能力强，要善于同他人合作，尤其要协调多方面的关系，要有原则性，与不良风气作斗争，有魄力，敢作敢为，富有自我奉献精神，并具有统御能力，适于担负一定的责任。

该生对于此卦的解释表示满意，也会保持初心，怀着感恩之心和重情重义、信守承诺的原则，充满激情地将自己的人生之路走出风采、增添价值。

六、中孚卦（风泽中孚）

【卦象】

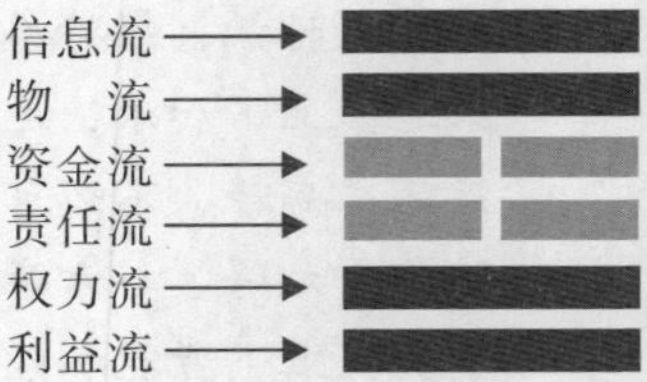

中孚卦的特征是资金欠缺、不愿承担责任，即资金流和责任流为阴爻，其他流为阳爻，是中孚卦的卦象。孚本义孵，孵卵出壳的日期非常准确，有信的意义。卦形外实内虚，喻心中诚信，是立身处世的根本。

【卦辞】

运势：凡事以“诚”待人，以“信”处事则诸事皆吉，心存邪念则凶。

事业：以诚实忠信的态度对待事业，获得重大的成就，发展顺利。必须继续遵循正道，不可掉以轻心，也不可过分地相信人，尤其不可以孤傲的性格自我封闭。否则事业将走向失败。

经商：处理得很好，符合市场的要求。小心谨慎地经营，讲究信义，优质服务，可有满意的结果，甚至冒险犯难也不会出问题。

求名：必须在提高道德修养的基础上，刻苦学习知识和本领，不断提高自己。同时，不要惧怕困难，努力向前。

婚恋：双方以诚信的态度相互对待，幸福美满。

决策：以诚信为立身处世的基石，真诚待人，信守制度，坚持原则，和悦谦虚，可以战胜任何困难，即使出现了问题也可以亡羊补牢。但务必增强对人的观察能力，提高分辨是非的水平。

七、鼎卦（火风鼎）

【卦象】

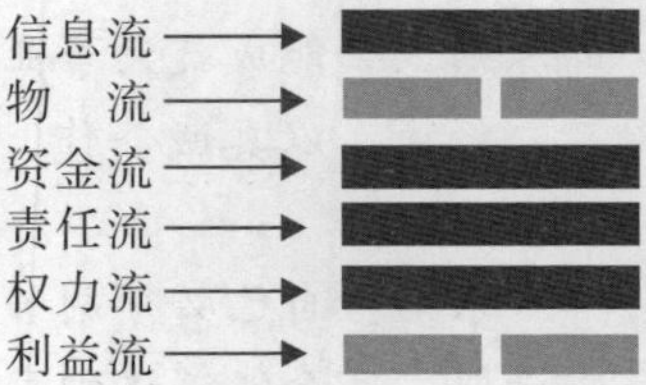

此卦象除物流和利益流为阴爻外，其他四流均为阳爻。多流为实、少流为虚为卦象特征。喻示个人修养较为深厚，信息来源通畅，能够成就一番事业，但为人处世应始终保持谦虚谨慎的态度，遇到挫折切勿放弃。

【卦辞】

运势：时运仍佳，事业可成，但诸事不宜迟滞，以防有诉讼之累。

事业：具备开拓事业的各种条件。耳聪目明，头脑冷静，应以端正的态度为人处世，严于律己，慎终如始，刚柔兼备，与有才德的人合作，勿妄进失度，则会无往不利。

经商：经过一番奋斗，已经可以比较顺利地发展自己的商业活动，遇到困难也能够克服。如果坚守商业道德，参与正常竞争活动，无轻举妄动和邪思，刚中自守，商业可大发展，但若不量入为出，坐吃山空，必败业。

求名：首先应积功累德，严于律己，不陷入与他人的仇怨之中，柔而上行，循序渐进。得到知人者的善用，更是前途广大。

婚恋：个人条件比较理想，顺利，但勿不切合实际。

决策：天资聪颖，反应敏捷，头脑灵活，具备随机应变、随时应变和随势应变的能力。因此，前程远大，即使暂时不受重视，无出路也无妨，最终可实现抱负。

八、离卦（离为火）

【卦象】

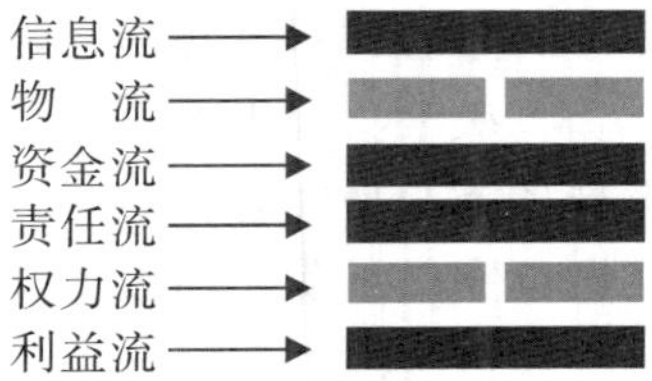

此卦象对应的六流中，信息流、资金流、责任流和利益流四流都是充足的，为阳爻；而物流和权力流却很缺乏，为阴爻。

得此卦者，应该谦虚谨慎，稳步进取，这样前途便会一片光明。但是如果急进以及意气用事，那么前途必定有所损害。

【卦辞】

运势：外观极盛，烈日当空之象，凡事不宜急进及意气用事。

事业：已快进入顶点，盛极而衰，务必总结经验教训，趋善避邪，以顺自养，居危知危，激励志气，切勿妄动。尤应求助中正之人的援助，以期重振事业。

经商：不要急于求成，宜兢兢业业，忧深虑远，考察市场行情，公平竞争，不可投机取巧，争取与他人密切合作。

求名：方向未确定之前，不可到处乱撞，应持之以恒，执意追求，虚心向有才德的长者请教。

婚恋：自己寻找对象恐怕有困难，最好请可靠的朋友、长辈帮忙，不得急躁。双方应相互尊重，最忌生邪念。

决策：乐天知命，顺应自然，年轻时急于上进，未能实现理想，但坚持中正、谦和，可无灾祸，时常警觉，更可化险为夷。在危难时要寻求依托，但要慎重选择对象。晚年应知天命，尤不可不顾时势而轻举妄动。

九、睽卦（火泽睽）

【卦象】

睽卦的卦象是物流和责任流为阴爻，其他流为阳爻。睽即矛盾，喻示万物必有所异，相互矛盾。

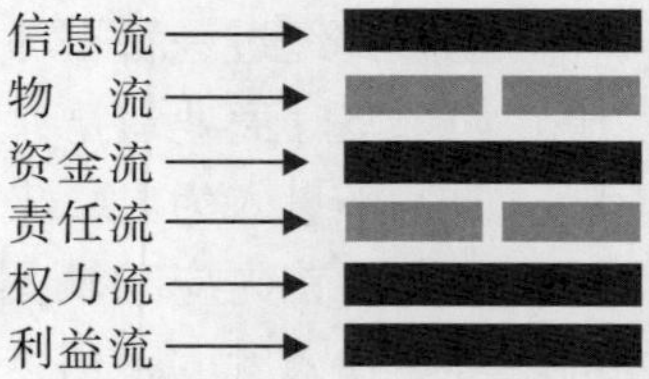

【卦辞】

运势：气运欠佳，诸事难成，有水火不容之象，宜处变不惊。

事业：事业开创困难，处境艰辛。如能志同道合，相互信任，目的可以达到。但起初成功的多是小事，小事积累可成大事。事成于协力合作，败于众志相异。应加强团结，委曲以求相通，最忌内部相互猜疑。

经商：应以心平气和的态度投入市场竞争，求大同而存小异。对竞争对手不应敌视，可和而不流，群而不党。尤其不能惹纠纷，极力避免灾祸。

求名：以真诚的心努力上进。对于恶人必要时亦可交往，但应采取宽大包容的态度，适度往来。对志同道合者也不必完全一致，可异中求同。

婚恋：双方必须真诚相待。否则，第三者极易介入，夫妻相疑则家破。

决策：处于矛盾、对应状态。必须注意以宽宏大度、平和、柔顺的态度对待人生。这样才能心平气和，柔而上进。认清合必有离、离必有合，同中有异、异中有同的道理。否则，刚极暴躁，明极生疑。暴疑皆可致命。

【小测验】

某高校毕业生，平时喜欢刷微博，浏览各种网站，了解发生的新事物，同时也很喜欢打听其他人在干什么，可见该毕业生对信息的追求很强烈。但他平时用的东西却不怎么讲究，很大众化，很普通，也不怎么挑，觉得能用就行。对于资金和责任，由于刚毕业，所以很需要钱，而且发现自己应该对家庭承担更多责任了。至于权力，因为刚毕业，想要拥有权力是不太可能的，所以选择踏踏实实地工作。刚出来工作，很多利益并不愿与他人分享，希望自己获得更大的利益。试判断其卦象。

十、大畜卦（山天大畜）

【卦象】

此卦象对应的六流匹配模型中，信息流、责任流、权力流和利益流均为阳爻，只有物流和资金流为阴爻。

大畜意为大积蓄，畜者，积聚，为此不畏严重的艰难险阻，努力修身养性以丰富德业。得此卦者，应该坚守正道，做事脚踏实地，务实行事。切勿骄傲自满，目空一切。

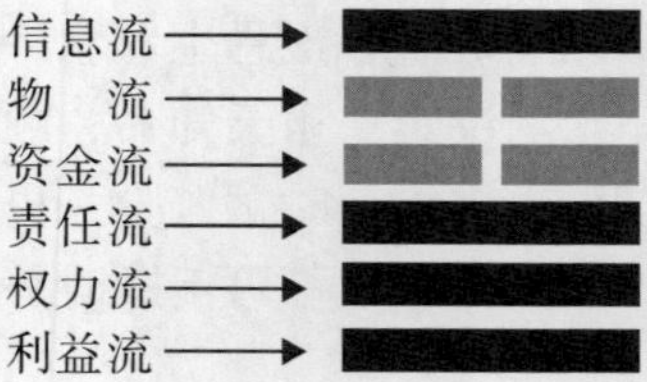

【卦辞】

运势：处事不可好高骛远，宜脚踏实地，可成大业，忌目空一切。

事业：务必端正行为，修养德行。行为应大胆、果断，但需适可而止，注意休整，绝不可冒险闯进。宜注意吸取前人的经验教训，有所畏而不行，否则必有危害。在取得成就之后，应适可而止，不可贪图眼前小利而走向反面。

经商：本着循序渐进的原则，遵守正当的商业道德，会有重大收获。此时，切忌贪心不足，而应见机而退，保守事业，深思熟虑，再图发展，一味自信冒进绝不可取。

求名：注意积累学问，提高德行，勿三天打鱼两天晒网，持之以恒，且以学问、知识报效国家，抱负终将实现。

婚恋：顺利。建立在共同勤俭持家的基础上，坦诚相待，美满幸福。

决策：蓄财的人，但绝不可抱投机取巧心理，得靠个人诚实工作，真诚与他人合作，共创事业，困难时仍应坚持正道，尤其不可粗心大意，牢记成就大阻力也大的道理。

【案例 5－14】AE 公司诊断分析报告

1. L 集团介绍

L 集团创立于 1975 年，以“光电节能、智能科技最佳伙伴”为愿景，聚焦核心光电元件及电子关键零组件之发展，致力于以资源集成与管理最佳化建立量产优势。L 集团提供的产品广泛应用于计算机、通信、消费性电子、汽车电子、LED 照明、云端运算及生技医疗等领域，其中旗下产品包括光电产品、信息科技、储存装置、手持式机构件等皆居全球领先地位。

L 集团四十多年来专注于建立量产竞争优势，将多元化产品组合进行效益最佳化的资源集成与管理，实现优质的营收成长与获利。

2014 年 L 集团顺利完成九大子公司整并，主要营运策略聚焦于提升资产使用率、运用自动化生产优化产能与效率、推动精实生产，改造整体生产流程与提高效能；长期则着重于实现获利、稳健营运体质，提升股东权益报酬，以期为百年企业的永续经营扎根。

L 集团近年来积极由通信产业朝向云端、LED 照明、车电、生医与工业自动化五大 IOT 应用领域拓展，积极打造 L 集团新一波营运成长动能。时值全球科技产业正迎来新一轮变革，L 集团期许在此极具变动与挑战的时代中，发挥世界级卓越企业的既有优势，成为全球客户在发展光电节能与智能科技之创新及应用时，首选的最佳事业伙伴。

2. AE 公司介绍

AE 公司成立于 1979 年，于 1992 年转为 L 集团的关系企业，并于 2006 正式成为 L 集团子公司。AE 公司隶属于 L 集团机构核心能力事业群的汽车电子事业部。AE 公司是台湾第一家取得 TS16949 认证的汽车电子公司，专注于研发、生产及销售安全防盗系统、LED 车灯模块、汽车摄像安全系统、车身控制和引擎控制系统，是全球唯一可提供 LED 车灯模块整合设计服务的公司。

为扩大中国大陆车电市场，AE 公司于 2002 年在中国大陆成立 AE 无锡公司，接着 2003 年与客户成功开发 LED 汽车尾灯电子产品。为适应中国大陆汽车市场的崛起，就近服务客户，于 2006 年增设广州厂。同时为扩展国际业务，陆续于欧洲和美国成立业务子公司以就近服务客户，于2014年在南美洲增设墨西哥工厂，专注于BMW和大众客户，2016年开始量产。

3. 六流匹配易经卦象诊断

AE公司在广州厂主要有两大业务板块，分别是负责LED车灯模块的VLS模块（Vehicle Lighting System）和负责汽车倒车显像系统的VSA模块（Visual Safety Application）。

VLS模块的项目组主要由广州和高雄两个地区的各功能部门的成员组成，成员包括项目管理工程师、电子工程师、结构工程师、包装工程师、采购工程师、质量工程师等，这些成员组成CFT小组（Cross Function Team）。

使用六流匹配易经卦象对AE公司的信息流、物流、资金流、责任流、权力流和利益流进行分析，分析结果如下。

（1）信息流/符号资本：

AE公司建立公用服务器用于存放各类文档，以便各地区、各部门的员工存储、查询、交流。工作软件使用整套的Windows系统办公软件office、outlook、lync等。同时公司有完善的电话会议、视频会议系统，支持与不同地区的员工、客户进行沟通。

为了加强沟通，AE公司有各类型的常规会议。每个部门有每周一次的部门会议，每月一次的总结报告。项目小组每周两次例会，项目过程重要节点之前会有各种准备会议：试产准备，工监准备会议，量产准备会议；节点之后有各类总结会议：试做检讨，试产阶段判定会议，量产阶段判定会议。

综上所述，AE公司在信息流上判定为阳爻。

（2）物流/社会资本：

从公司角度看，办公室用品都是外表朴实、经久耐用的，并不丰富，只满足够用的条件。负责文件用品采购的部门都有固定的预算管控，按季度申请采购。生产物料按照需求计划采购，定期清除库存呆料。

从项目角度看，OEM项目，客户已经设计好，需在客户规定的物料范围内选择物料生产，可选择物料十分有限。通常在项目初期，物料需要通过各种途径想方设法采购才能满足项目需求。

综上所述，AE公司在物流上判定为阴爻。

（3）资金流/经济资本：

OEM代工企业是劳动密集型企业，代工成品总体利润不高。首先在客户报价时，公司有具体详细的报价内容，对产品生产材料、生产工业流程、生产工具、工时费用等相关费用都有明确详细的规定，在保证收益的同时，确保与同行竞争存在价格优势，因此在成本管控上十分严格。

综上所述，AE公司在资金流上判定为阴爻。

（4）责任流/文化资本：

公司除生产一线员工外，都是采取责任制，员工须自觉完成职责范围内的工作。公司注重员工培训，新员工入职后，人力资源部门会组织进行培训，从公司文化到工作流程、方法等方方面面，定期开展培训课程，并且完成培训课程后新员工才能通过试用期。同时，对于老员工，公司也会经常开展各类培训课程和读书会活动。

综上所述，AE 公司在责任流上判定为阳爻。

（5）权力流/习性：

公司采用矩阵式组织架构。职能部门内部会根据不同客户群体划分小组，除部门经理外，各小组都由小组主管负责。例如有主要客户 A、客户 T、客户 H 和客户 V，项目管理部就分成 A、T、H、V 小组。由不同的职能部门的成员组成项目小组，有项目管理人员跟进小组成员的工作，确保员工都落实了他们相应的工作职责。

综上所述，AE 公司在权力流上判定为阳爻。

（6）利益流/场域：

利益流上，一般公司基本的福利都有了，如五险一金、年终奖、节假日礼金、法定假日等。员工薪酬绩效方面暂时未深入了解。从场域上看，虽然是代工企业，但是公司专注于汽车电子行业的代工，汽车电子行业品质要求严格，进入门槛较高，公司在该领域经验丰富，有良好的信誉和品质保证，在行业中的地位比较稳定，不会轻易被取代。

综上所述，AE 公司在利益流上判定为阳爻。

经过上述六流分析，AE 公司的卦象为第 26 卦：大畜卦，详细卦象分析如下：

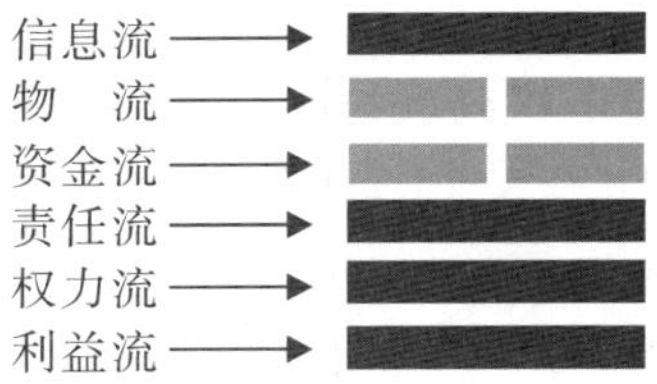

【大畜卦】

大畜。利贞，不家食，吉。利涉大川。

象曰：天在山中，大畜。君子以多识前言往行，以畜其德。

白话文解释

大畜卦：吉利的征兆。不食于家，食于朝廷，吉利。筮遇此卦，有利于涉水渡河。

《象辞》说：内卦为乾为天，外卦为艮为山，太阳照耀于山中，万物摄取阳光雨露，各遂其生，这是大畜的卦象。君子观此卦象，从而广泛地了解古人的嘉言善行，来培养自己的德行。

【中上卦】山天大畜（大畜卦）止而不止。

象曰：哀愁常锁两眉头，千头万绪挂心间，从今以后防开阵，任意行而不相干。

这个卦是异卦（下乾上艮）相叠。乾为天，刚健；艮为山，笃实。畜者积聚，大畜意为大积蓄。为此不畏艰难险阻，努力修身养性以丰富德业。

事业：务必端正行为，滋养德行。行为应大胆、果断，但需适可而止，注意休整，绝不可冒险闯进。

经商：本着循序渐进的原则，把握正当的商业道德，会有重大收获。

求名：注意积累学问，提高德行，勿三天打鱼两天晒网，持之以恒，且以学问、知识报效国家，抱负终将实现。

外出：不宜守于家中，出行必得，且畅通无阻。不过应处处小心谨慎。

决策：蓄财的人，但绝不可抱投机取巧的心理，得靠个人诚实工作，多动心机，真诚与他人合作，共创事业，困难时仍应持正道，尤其不可粗心大意，牢记成就大阻力也大的道理。

从以上卦象看，公司要保持目前踏实的工作作风，一步一个脚印，坚守诚信的商业行为，公司的经营绩效应该会越来越好。事实上，随着汽车行业销售规模的增长，AE 公司的利润也在逐年增长中。从卦象上看，公司的利润越来越高，即是公司的资金不断增加，资金流从阴爻变成阳爻。因此，卦象转变成第 14 卦：大有卦，详细卦象分析如下：

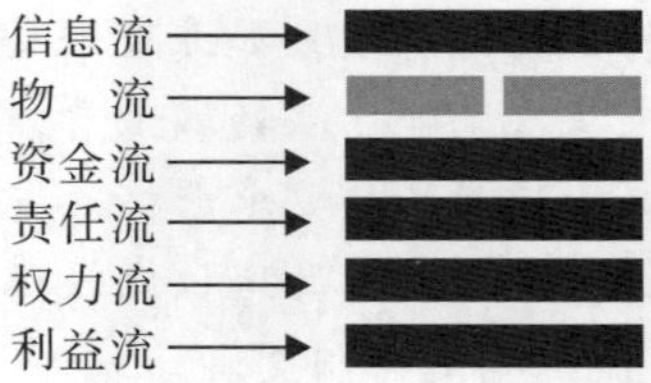

【大有卦】

大有。元亨。

象曰：火在天上，大有。君子以遏恶扬善，顺天休命。

白话文解释

大有卦：昌隆通泰。

《象辞》说：本卦下卦为乾为天，上卦为离为火，火在天上，明烛四方，这是大有的卦象。君子观此卦象，取法于火，洞察善恶，抑恶扬善，从而顺应天命，祈获好运。

【上上卦】火天大有（大有卦）顺天依时。

象曰：砍树摸雀作事牢，是非口舌自然消，婚姻合伙来费力，若问走失未逃脱。

这个卦是异卦（下乾上离）相叠。上卦为离，为火；下卦为乾，为天。火在天上，普照万物，万民归顺，顺天依时，大有所成。

事业：事业已经取得一定的成就，最忌得意忘形，胡作非为。务必止恶扬善，坚守中正，交往正直的朋友，戒惧谨慎，兢兢业业，真正做到大而不盈、满而不溢，事业可望迈上新的台阶。

经商：兴隆昌盛，已摆脱困难状态，进入兴旺发达的阶段，如能克制贪财的心理，确守诚信原则，公平待人，克勤克俭，尤其应时刻注意市场动向，适时转轨，可望长久。

求名：已经小有名气，切勿就此满足，停顿不前，尤其不可陷入世俗圈内，应继续努力，在真正朋友的帮助下，更上一层楼。

外出：平安，可动身。

决策：性格坚强，勇于战胜困难，奋勇向上，前进途中困难和厄运很多，唯有认真对待才能不断取得成功，如放松警惕，骄傲自满，将带来惨重失败。朋友很多，交际广泛，对事业很有帮助，但其中也有拆台的小人。

（感谢暨南大学 2015 级工业工程专业研究生何梦雨提供此案例）

十一、大过卦（泽风大过）

【卦象】

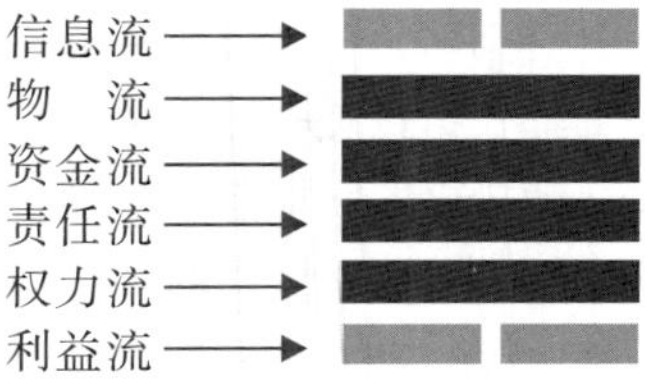

大过卦最大的特征是信息流和利益流为阴爻。两阴一上一下，中间注入四阳是其卦象。

【卦辞】

运势：有力不从心、负担过重之象，多烦恼，防官非及水险。

事业：事业出现隐患，甚至危机四伏，务必十分小心谨慎，唯有坚守中道，以谦虚和悦的手段，胆大心细，求得他人相助。必要时可采取非常手段，不拘常规，予以冒险。

经商：操之过急，发展过快，宜收缩调整。竞争处于不利地步，切勿过度自信，更不得刚愎自用，宜随时观测风向，待机行动。在有确切把握之下，不妨冒险，争取时机。

求名：最忌不切实际，追求虚名，以致盛名不符。唯以谦逊态度，谨慎行动，潜心努力，不怕世人眼舌，一往直前，追求最初的目标。

婚恋：自知之明最为重要，不可急于求成，应慎重考虑，并以正当手段，促成事情的成功。但也不排除必要的精明手段。

决策：处在非常时期，若不能妥善处置，则极为不利，针对实际情况，既不可轻举妄动，也不可优柔寡断，而应刚柔相济，虚心征求他人意见，慎重行动，大胆追求，却又不怕流言，争取时局好转。

【小测验】

小希是一个县城小公务员，对外面所发生的事情极少关注，不愿意和太多人分享自己的感受，对别人的事情也不感兴趣。

生活中她追求穿的、用的都要是名牌，非名牌不要。

父母是商人，家境殷实，经常会给小希一笔不菲的生活费，其资金很充沛。

她也是一个事事追求做到最好、该做的事都要求做到极致的人。

当然，她也渴望自己能够被提拔到更高的职位，拥有更多的权力去为人们做事，但不过多追求利益。

试诊断其卦象，并对其今后工作生活需要注意的事宜提出建议和规诫。

十二、革卦（泽火革）

【卦象】

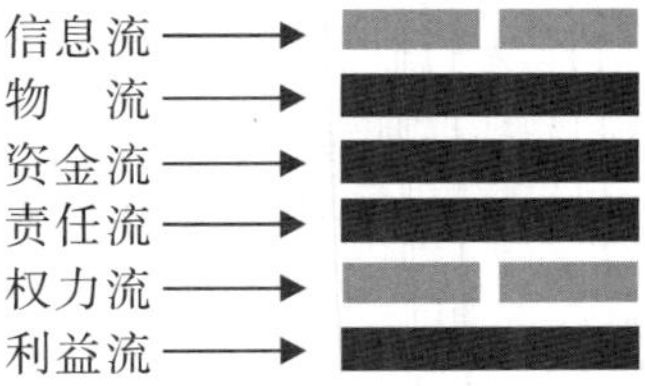

革卦最大的特征是除信息流和权力流为阴爻外，其他流皆为阳爻。

【卦辞】

运势：凡事均在变动之中，宜去旧立新，以应革新之象。

事业：正处在转折的关键时刻，必须密切注意各种信息，认真思考。首先巩固自己的地位，完善个人的行为。时机成熟后，立即行动，积极进行变革。但应注意动机纯正，手段正当，不保守也不妄进，事业必定发达。

经商：市场竞争十分激烈。为了立于不败之地，一定要敢于大胆求新，适时改变自己的经营方向，受到挫败，马上总结经验，重新奋起，拓展商业活动，但要注意竞争方式。

求名：首先要努力提高自己，完善个人的学识和品德。同时，服从上级指挥搞好工作，二者的关系一定要得到妥善处理。

婚恋：可能会出现一些节外生枝的麻烦事，应冷静处理，感情专注。

决策：十分吉利、顺利。以自己的聪明才智，顺应形势，根据时代特点，依理而动，变革渐合时宜的事物，壮大自己的事业。但应谨慎，时机不成熟不可妄动，尤忌急功近利。行动之前应三思而行。

【案例5－15】GM中职学校六流匹配易经卦象诊断分析

GM中职学校是一所中等职业学校，根据学校的实际情况，采用六流匹配，结合易经八卦，推出上兑下离的革卦卦象，具体解释如下：

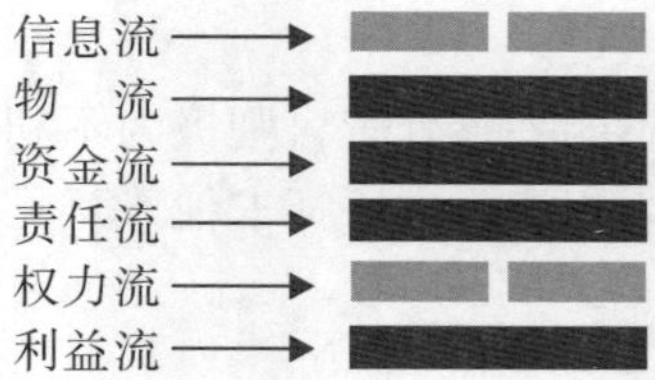

第49卦：革卦（泽火革）。革，己日乃孚；元亨利贞；悔亡。

象曰：泽中有火，革。君子以治历明时。

革卦：亨通，吉利的卜问。没有悔恨。《象辞》说：本卦外卦为兑，兑为泽；内卦为离，离为火。内蒸外熇，水涸草枯，如同水泽之中，大火燃烧，这是革卦的卦象。君子观此卦象，了解到泽水涨落、草木枯荣的周期变化，从而修治历法，明确时令。

邵雍河洛理数解卦

事多变动，坚守正道；顺天应人，实施变革。小吉：得此卦者，凡事均在变动之中，宜去旧立新，以应革新之象，则会吉祥。

卦象显示，单一让火大，水就会干涸；而一味地增加水，也会扑灭火；应该在顺应道法的前提下，进行变革。目前整个教育行业都在变革的过程中。GM中职学校在引进新的工作理念、工作方法后，正在进行学校的改革。学校通过上述革卦分析并结合其实际情况，进行六流分析。

1. 信息流

信息流方面相对较充足，一方面在学校内外资源上信息充足。学校隶属于省教育厅，曾隶属于省发改委，具有较长的教育历史和管理历史。具有丰富的行业资源和企业合作背景，同时因烘焙专业在行业内具有一定的影响力，基本汇集了多方面的教育及行业信息资源，信息内容丰富。另一方面，在教育教学上充分推进和发挥信息化作用，对教育信息化认识到位，信息技术与通信技术融入教育的目标、结构、内容、手段和评价方式中。此外，信息化应用到学生的学习方式中。

2. 物流

由于学校本身基本不具有物流，所以这里考虑用社会资本，物流作为考察要素。GM中职学校历史较长，经营较好，学校每年在国家财政资金拨款的同时，本身经营良好。多年来，学校不断提升物资设备储备，如单位设备、基础建设、人文关怀、职工福利等。

另外，GM中职学校同国内外多家机构，如美国小麦协会、广东省饭店协会、广东省餐饮协会等多家机构具有长期的合作。同省内多家知名企事业单位具有长期的合作关系，建立了多家实训实习基地和多个校企合作项目。多年来，GM中职学校一直得到相关协会企业的大力支持，包含设备、资金、教学、培训、项目等方面，物质资源丰富。

3. 资金流

资金方面主要分为两部分，一部分为财政拨款，另一部分为学校自筹。资金使用每年都需要上报当年资金预算，财政会根据预算来进行当年的财政拨款。拨款按照项目的不同具有不同的金额，然后根据不同的项目进行使用。例如，实验室建设的拨款只能按照实验室建设使用，教师培训的资金只能使用在教师的培训上。同时，资金使用过程中根据金额的不同，需要通过政府采购、公开招标、校内招标、内部控制等方式进行使用和管控，保证资金使用的合理合法。

由于涉及流程复杂，每年的资金在使用过程中，都会经历一个漫长的审批和报销过程。因为资金使用是专项资金，并且是财政拨款，所以与企业不同。企业在销售、项目建设过程中，可以根据项目的不同，对项目经理、销售人员设定一定比例的激励措施，在整个项目中划拨出一部分资金用于奖励工作人员，这样可以使工作人员更积极地为项目建设投入工作热情。而财政拨款在这一方面是不可能实现的。所以，每个项目的建设同个人利益本身是没有关系的。在项目较少或者项目本身意义不大的前提下，项目经理难以有极高的工作热情去完成项目。因此，一旦项目拖延到后期，就会存在资金隐患。

前面提到，财政资金是国家拨款，拨款的前提是报预算。这时候存在一种情况是：每年的预算是根据上一年的使用情况制定的，可以适当地增减。但是，一旦本年度未完成上一年度的预算，未完成的资金就会由国家财政收回国库。同时，在报批下一年预算的时候，国家就会减少甚至不批准这个额度的预算。这个风险的存在，会使学校可使用的资金因为自身使用不当而流失。这个日期一般是每年的12月31日。然而在2016年就出现了特殊情况：上级部门临时更改了规则，将第一阶段审核日期提到了10月31日。这样一下打乱了一贯的资金使用计划，让本来就不合理的使用雪上加霜。

为了避免上述情况的发生，就会出现这样的一种情况：每到截止日期前，各单位、部门为了完成预算，不让资金流失，就会把积压的项目进行集中开展，也就是将未完成的资金集中使用。这时候就会出现一系列问题：一是项目管理不当。因为时间仓促，项目的细节问题经常审核不清晰，出现项目中的时间、约束条件等无法规定清楚的状况，后期执行项目时，就会导致条件不清晰，执行出现差误。例如，项目合同签订时是按照项目资金的

30%进行预付款的，剩余款项根据项目进程、完成情况、验收成果等指标考核后付清。但是由于急于完成项目，预付资金就会提升到较高的比例进行发放，这样在后期就会出现资金控制不当，项目约束力下降，整个项目的进程、质量都会存在风险。二是资金使用不当。在这个过程中，资金会集中使用，为了花钱而花钱。很多资金就会在这个时候出现管控不当。同时，后期的资产设备管理，资金手续、票据的资料管理等都会出现资料不全、手续不完备等情况，存在风险隐患。三是资金流失。在上述情况均产生后，就会出现之前所提到的，本年度未使用完的资金被收回，而且下一年度这项预算会不再批准或降低资金额度。这样对整个单位的发展就会产生极大的影响。因为在资金组成中，国家财政拨款占据了整个单位资金量的70%以上，一旦出现资金流失，无论是项目本身还是学校建设，以及学校在财政部门的信用体系中的定位都会受到影响。

4. 责任流

作为教育行业，为知识的普及、技能的提升、社会的发展、文化的传承所承担的责任是毋庸置疑的。

（1）社会责任。教育与老百姓的生存发展息息相关。无论是国家民族，还是人民大众，对教育的重视都达到了一个空前的高度。在这种情形之下，教育尤其应当肩负起应有的社会责任，对国家和民族负责，对人民大众负责。

很多中职学校的同学在中学时可能比较不善于学习，他们无法考上好的高中而进入大学，也无法进入社会，在这么小的年纪去面对社会的洗礼（尤其是很多未满16岁，属于童工）。这个时候，他们需要一个既可以免除提前进入社会，又可以继续进行学习，并且不需要那么高的文化知识的要求，同时还可以和自己的爱好相结合。这时候，职业技能教育就成了最好的选择。

在不需要对文化课要求很高的同时，学生可以选择自己喜欢的专业，例如烘焙面包、蛋糕裱花、动漫设计、花式调酒等。学生可以将自己以前在中学不允许做的那些事情，那些需要给应试教育让道的爱好，变为自己的谋生手段。让这些学生具有更高的素质，同时有一技之能，让学生多一个生存手段，又可以为社会创造更高的价值，这是中职教育独特的社会价值。

（2）育人责任。教育的对象是人，本质是育人。因此，教育首先必须对人负责，对受教育者负责。教育是人学，教育要对受教育者负责，就是首先要把学生作为人来对待，应当充满着人性关怀，始终闪耀着人性光辉。教育对人负责，就是应当关注人的能力培养，开启学生的智力，培养学生的能力，发展学生的潜力，做到“传道、授业、解惑”。

（3）技能责任。人的生命是鲜活的。真正的教育，不应是压抑生命、禁锢生命，而应是珍惜生命、滋养生命、激扬生命、舒展生命，让生命更加灿烂、更加生龙活虎、更加朝气蓬勃。所以，作为职业学校，“让学生掌握一至两种伴随终生的专业技能”，是GM中职学校培养人才的主要培养方向。GM中职学校提供了大量的实训室、实训设备，同多家企业进行校企合作，建立实训基地，培养了大量的实训人才。同时引入能工巧匠、专业大师等师资力量，提升学生的专业技能。学生参加省市级、国家级、国际大型比赛，与国内外专业人才进行交流学习，提升了整体技能水平。

（4）社会服务责任。教育是社会意志的体现者，肩负着按照社会要求塑造人的使命。

教育对社会负责，就必须体现社会意志，必须为社会发展服务。这既是教育的根本宗旨，也是教育的根本任务。毋庸讳言，在当前经济社会快速发展的进程中，教育存在着许多值得反思的现象，出现了过分功利化的倾向，忽视了必要的社会价值追求。比如，对学校发展的商业化运作，学校之间的不正当竞争，办学效果评价的简单化，师生关系的物质化，这些功利化的做法不仅影响了人才培养的质量，更为危险的是给社会埋下了一个又一个毒瘤。始终坚守社会主义核心价值观，成为社会伦理的向导、人类良知的灯塔，充分发挥引领和示范作用，这不仅是教育的责任，也是教育的良知。

（5）传承知识的责任。传承与发扬知识，为社会发展与变革服务，为社会进步与繁荣做贡献是教育义不容辞的责任。通过知识的传承，提高国民素质，维护社会和谐稳定，减少愚昧与迷信，消除贫困与落后，减少犯罪，消除不平等不公正，都是教育不可替代的重要功能。教育公平是社会公平的重要基础，教育对社会负责，就是要以教育的公平公正促进社会的公平公正，教育不公必然祸及社会。教育的效果既具有现实性更具有未来性，教育对社会负责，就是要通过对人的培养从而实现为社会现实与长远利益服务，不能一味追求眼前效果，急功近利，而忽视未来效果。当前，切实解决教育的热点难点问题，如促进城乡教育均衡发展，提高教育质量，促进大学毕业生就业等，都是GM中职学校对社会尽责的重要内容。

5. 权力流

GM中职学校隶属于省教育厅，单位性质是事业单位。单位的特殊性质和国家机关、企事业单位的构成制度，决定了目前在权力流方面基本是固定而无法进行改变的。单位内部采用校长责任制，主要权力由校领导审批。学校方面，主管单位为广东省教育厅，决策的相关内容需要报批厅里审批才可以进行下一步工作。同时限于国家制度的规定，所有的工作程序、操作流程都需要参照制度进行，没有独立的操作权力，都需要照章办事。所以这项明显属于阴爻，是固定的，几乎没有可以改变的可能性。

6. 利益流

利益共享主要体现在合作。GM中职学校为企业提供比高学历人才更加稳定的劳务输出，同时又具有很强的社会经验、丰富的工作经历、一线操作技能的工作人员。而企业可以获得更优异，更适合企业管理，并且可以直接到一线工作而只需要付出较少的前期培训的劳动力，这是在企业和学校合作的过程中的利益共赢。

同时，为学生提供最少1选4、最多1选16的就业企业选择，让学生可以有更多、更好的选择，毕业后去自己喜欢、符合自己诉求的企业。让学生的工作最大限度地符合学生要求，做到企业、学校、学生利益三赢，这也是中职教育独特的利益共享。

经过以上诊断分析后，卦象中的阳爻对于中职教育具有较好的促进作用，不需要进行改变。因单位性质为事业单位，单位的权力是固定的，虽然可能会有所增减，但是在本质上基本无法更改。以上的阴爻可以并且需要改进的就是在资金方面，更改后的卦象为上乾下离的同人卦卦象，具体解释如下：

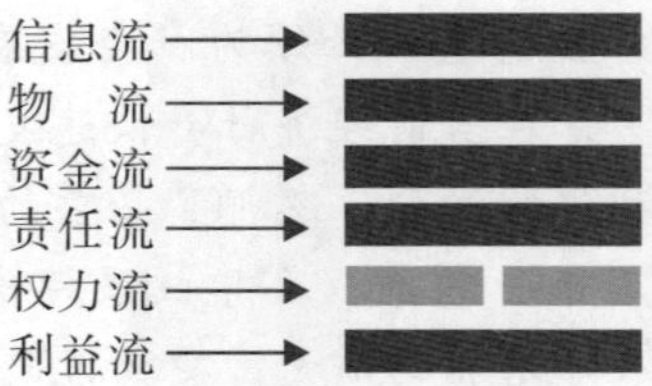

第 13 卦：同人卦（天火同人）。同人，同人于野；亨，利涉大川，利君子贞。

象曰：天与火，同人；君子以类族辨物。

白话文解释

聚众于郊外，将行大事，吉利。有利于涉水渡河，有利于君子的卜问。

《象辞》说：同人之卦，上卦为乾，为天为君王，下卦为离，为火为臣民，上乾下离象征君王上情下达、臣民下情上传、君臣意志和同，这是同人的卦象。君子观此卦象，取法于火，明烛天地，照亮幽隐，从而去分析物类，辨明情状。

邵雍河洛理数解卦

人类相亲，与人和同；所求皆得，无不称心。吉：得此卦者，吉祥如意，与人合作共事更佳，上下同心，谋事有成。

同人卦要求上下一心，共同合作，向着共同的目标；同时要求合作而谋求整个单位的发展。

在资金使用方面，需要上面进行统一的协调统筹，通达民意，合理安排资金的使用，提供一定的利益回报。比如，可以将资金的使用情况同绩效挂钩，可以根据完成情况，对合理使用资金的部门或者个人给予一定的奖励；而部门工作人员应该理解上级领导的意志，提前做好资金的规划和管理，按时合理地使用，将资金的效益发挥到最大，提升资金利用率，认识到学校与个人是利益共同体，只有水涨才能船高。

此卦象也告知了整个教育行业只有大浪袭来，才能让所有的船只实现水涨船高。无论是一所学校，还是整个教育行业，都必须进行整体的改善，才可能让整个行业水平提升，让每个在行业内的人利益最大化，就是所谓的共享的背后才是真正的利益最大化。改革需要上下一心，通力合作，合作需要关系的建立和整个场域内的水平提升，需要资源的共享、利益的合理分配。

（感谢暨南大学 2014 级工业工程专业研究生刘洋提供此案例）

【小测验】

小陈身为公司的技术人员，一心提高自己的技术，却不关心公司的一些政策变化，以及同事的相关信息；他有很强的物质追求和资金追求，尽管现在的生活已经很不错，却仍然不满足；每一个技术问题他都会深究到底，除了解决它，还会认真思考如何避免；目前工作情况处于变动期，按照目前形势，需要寻求可提拔自己的领导。小陈做事情不计较一时的得失，想要树立信心并图谋更大的发展。试诊断其卦象。

十三、兑卦（兑为泽）

【卦象】

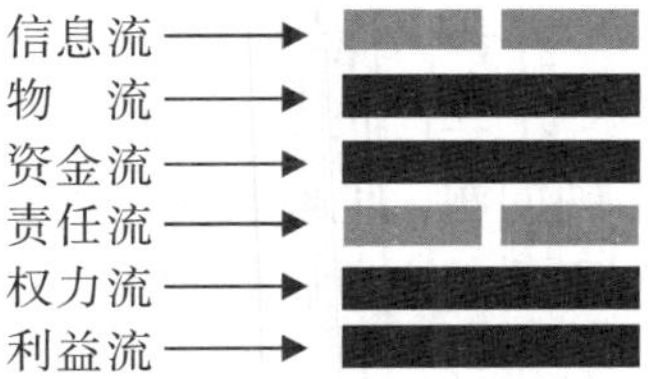

兑卦的特征是物流充沛，资金充足，权力重大且愿意分享利益，但信息发布少，不愿承担责任。即信息流和责任流阴爻，其他流为阳爻，这是其卦象。兑为泽，故兑卦又称泽卦。喻示上下相和，团结一致，朋友相助，欢欣喜悦。

【卦辞】

运势：悲喜交集，有誉有讥，守正道，诸事尚可称意。

事业：由于擅长维系人际关系，能团结他人，获得援助。因此，各项事业都十分顺利。只要本人坚持中正之道，动机纯正，是非分明，以诚心与人和悦，前途光明。

经商：很有利，可以取得多种渠道的支持。但在顺利时切莫忘记谨慎小心的原则，尤其警惕上小人的当。

求名：只要自己目的纯正，并有真才实学，一定可以受到多方面的热情帮助和资助，达到目的。

婚恋：彼此满意，成功的可能性很大。但千万不要过于坚持己见。

决策：为人聪颖，性格开朗，头脑灵活，心地善良，热心为公众服务，富有组织才能。因此，可以比较顺利地走上领导岗位。但一定要坚持中正原则，秉公办事，不得谄媚讨好上级，更不可欺压民众。永远保持谦虚品德，尤其不可过分自信，否则很容易为坏人包围。

十四、需卦（水天需）

【卦象】

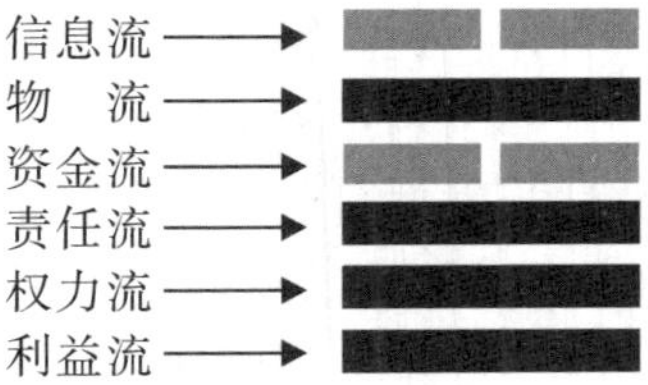

信息流和资金流为阴爻，其他四流为阳爻，这是需卦的卦象。象征需待，给我们最重要的启示是无论在哪里都要耐心等待，顺应天道，伺机而动，这是人生的一种智慧。

【卦辞】

运势：智者必须待时而行，急进反见凶险。

事业：关键在于审时度势，耐心等待，事成于安详，切勿冒险，欲速不达。自己要充满自信，临危不惧，坚守中正，必可化险为夷。情况有利时，仍得居安思危。

经商：行动之初，情况困难，必须以极大的耐心，创造条件和机会，行事光明磊落，观时待变，实现愿望。事情接近成功时，更应小心谨慎，切莫功亏一篑。

求名：时机尚不成熟，应耐心等待。这时应坚定信念，不为闲言流语所动摇，努力丰富自己，再求助可靠的人便可成功。

婚恋：慎重，切不可草率行事，逐渐培养感情，以诚实、热情相待，虽会发生变故，仍可以有良好的结局。双方都应懂得以柔克刚的道理。

决策：前途光明，有雄心大志，且可实现。为此需要积蓄实力，等待时机，大器晚成。本人具有坚强的意志、冷静的头脑。前进途中会遇到困难和险阻，必须十分谨慎，坦然对待小人的中伤，在灾祸面前能镇静自若。不轻举妄动，冷静选择方向。为人谦和、坦率，多有他人相助，促使事业成功。当时机成熟后，必然一帆风顺。

【小测验】

李厂长在一个大模具公司从事了5年的管理工作，但他发现越来越少的员工会向他反映问题，他经常无法得知员工离职的原因；他的生活品质非常高，因为身为厂长的他年薪不低；之所以能做5年厂长，是因为他做事认真负责，无论多小的事，当他看到后，都会去做好；其实他的内心渴望得到职位晋升，从一个厂的厂长变为整个公司的产品经理，这样他就能获得更多的利益。

试诊断其卦象，并为他的晋升提出建议。

十五、大壮卦（震天大壮）

【卦象】

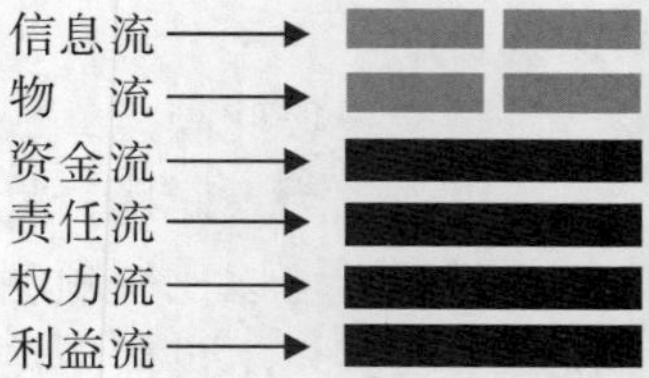

大壮卦的特征是信息流和物流为阴爻，其他四流为阳爻。上二阴下四阳是大壮卦的卦象。喻示声势隆盛壮大，但须坚守纯正，才会有利。

【卦辞】

运势：运势虽强，但已届极盛之时，宜心平气和，否则反招失败，须知物极必反。

事业：处世凭智不凭力，有勇更有谋，切忌蛮干，该守不守，自取其凶。不可逞强，否则自取凶险。对小人应有防范，尤其不得忽视小人的奸诈。对事业应勇往直前，但切忌冒进。

经商：处在高涨阶段，形势很好。但绝不可逞强，更不可妄动，应主动增强与他人的合作。提高警惕，认识物极必反的道理，做事业衰退的准备。

求名：务必注意妥善地运用自己的力量，不可自恃刚健强壮而冒进，尤其不可自负。适当发挥自己的才干，加上外力的援助，必有所作为。

婚恋：绝不可因自己条件好而高傲。切勿错过好姻缘。

决策：强健适中，不可过分消耗自己的力量。在事业顺利的时刻，尤其不可妄动。更应注意，很可能已经处于进退维谷的状态，务必自保待机，及早有所准备。

第五章　五流为阳爻的六流匹配易经卦象

这类六流匹配易经卦象特征与第一类正好相反，有且仅有一流为阴爻，其余流为阳爻。卦象图表现为实多虚少，共6个。

一、姤卦（天风姤）

【卦象】

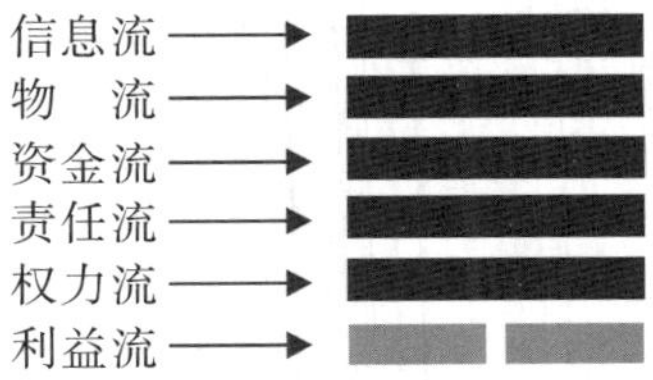

姤卦最大的特征是第六流利益流为阴爻，即五阳在上，一阴在下，这是此卦的卦象。姤即媾，喻阴阳相遇，不能长久相处。

【卦辞】

运势：阴长阳消，注意桃色纠纷，诸事阻滞，宜慎重行事。

事业：合时宜，循时序。但潜藏着危机，阴阳不协调。务必依附于强者，多方联系，增强势力，防止小人渔利，争取形势好转。诸事宜及早准备，等待时机，一旦成熟立刻行动。

经商：市场正从红火的状态走向衰危，及早脱身为妙，强行发展有危险。无正直的人相助，却有小人在暗中盘算。对此，务必保持清醒的头脑，寻求可靠的合作伙伴，隐忍待时，以图商业活动的再发展。

求名：性格不是很合群，内心自视过高，不免处于困境而不得志。应投靠真诚正直的人，在其支持下成功。

婚恋：严格考察对方的道德品质，避免陷入“三角”纠纷。夫妻以诚相待，可转危为安。

决策：吉利。可在有利的环境中顺利发展，但绝不可冒险行事，以免适得其反。还应随时提防身边小人的陷害。为此，在邪恶未成势之前即应制止，宁可孤立也不可与小人结伴。

【案例5－16】TY公共资源交易中心改革诊断分析

1. 交易机构介绍

TY公共资源交易中心（TY中心）是受政府相关职能部门委托提供招标投标交易的场所，也是为交易双方提供服务并接受政府及公众监督的平台，也是常说的有形市场。

2. TY 中心简介

根据国家及省关于建立统一规范的公共资源交易市场的部署和省编委指导意见，2013年7月经政府批准，TY 中心成立，为市政府直属事业单位、副局级、公益三类。TY 中心以建设工程交易中心为平台，按照专业化分工的原则，将现有各类 TY 公共资源交易进行整合，组建成现有机构，负责公共资源交易操作，包括公共资源交易平台、数据系统建设、维护、管理等工作。通过将建设工程交易中心、政府采购中心、信息工程招投标中心的职责，以及房地产交易登记中心的土地使用权公开出让和矿业权出让交易项目，整合划入 TY 中心，TY 中心从而整合了工程建设项目招投标、土地使用权和矿业权出让、国有产权交易、政府采购等平台，建立了统一规范的公共资源交易平台。

3. 中心的职责

主要负责制定公共资源进场交易业务操作规程，承担公共资源交易平台、服务平台、诚信平台以及专家库、公共资源数据系统的建设、维护和管理，为公共资源交易活动提供场所、设施和服务；整合汇集各类市场主体、中介机构资格及进场交易项目信息，为公共资源交易主体提供信息咨询服务，见证公共资源进场交易全过程，确认交易结果等。

4. 近年中心交易情况

TY 中心于2015 年完成公共资源交易项目 127 464 宗，交易金额 4 742. 92 亿元，比2014 年增加402. 8 亿元，增幅为 9. 28 百分点，实现资金节约 146. 96 亿元，溢价或增值96. 86 亿元，交易规模在全国公共资源交易中心位居前列。其中，工程建设项目交易金额2 819. 62 亿元，占全年交易总额的 59. 45%，比 2014 年增长 270. 67 亿元，同比增长10. 62%；土地使用权和矿业权出让交易金额 736. 94 亿元，占全年交易总额的 15. 54%，比2014 年增长51. 11 亿元，同比增长 7. 45%；政府采购交易金额 80. 22 亿元，占全年交易总额的 1. 69%，比2014 年增长5. 67 亿元，同比增长 7. 60%；国有产权交易金额 13. 38亿元，占全年交易总额的 0. 28%，比2014 年下降 27. 16 亿元，同比下降 67%；其他权益类项目交易金额1 092. 77 亿元，占全年交易总额的23. 04%，比2014 年增长102. 51 亿元，同比增长 10. 35%。

5. 六流匹配易经卦象诊断

(1) 六流匹配：

1) 信息流：中心信息化起步早，发展有基础。2005 年，一期数字交易平台启用；2011 年，二期数字交易平台启用；2009 年，一期评标系统启用；2011 年，二期评标系统启用；2015 年，政府采购、土地矿产、建设工程等实现全程电子化交易。

因中心多年的发展，其在同行业中有较高的声望，长期处于同行前列，每年接待任务数百场，涉及多个中央、省、市、地区的同行业单位，信息流通广。信息流为阳爻。

2) 物流：①场地资源。中心拥有功能较为完善的交易平台和公共服务平台，业务场地超 6 万平方米，距离中心城区较远的六区分别设有外派交易部。②数据资源。建成了区域性的综合评标专家库，包含省交通、省水利、省电网、省粤电、铁道行业、市房建市政、市政府采购以及业主专家库 8 大类子库，评标专家 15 000 余名，企业库拥有工程类企业 10 382 家，采购供应商 10 075 家，庞大的企业库数量可为建设工程招投标及政府采购提供充分的竞争环境。③平台整合早，发展基础牢。2000 年，建设工程市区两级平台整合；2003 年，建设工程省市两级平台整合；2013 年，公共资源交易平台整合（整合工程建设项目招投标、土地使用权和矿业权出让、国有产权交易、政府采购等业务）。十多年来完成了省市区县四级平台整合。④交易辐射面大、规模大。目前中心业务涉及工程建设项目招投标、土地使用权和矿业权出让、国有产权交易、政府采购等项目，工程建设项目横跨省、市、区三级，分布行业涉及住建、交通、水利、电力、铁路、民航等。⑤队伍庞大，结构欠优。中心员工达 300 多人；缺乏复合型人才，专业人才少。

综上，虽然中心队伍结构欠优，但其他资源丰厚。因此，物流为阳爻。

3）资金流：中心目标“立足本市，面向全省，辐射泛珠三角，服务全国”，业务范围不仅承担着本市的公共资源配置，而且还担负着国家在省投资的重大项目招投标、广铁集团辖区范围内建设工程招投标和物资采购、民航中南管理局和军队系统建设工程招投标，以及省交通、水利、电力、矿业权、碳排放权交易等。2015 年完成交易项目 127 464 宗，交易额 4 742. 92 亿元，节约资金 80. 83 亿元，增值和溢价 30. 79 亿元，比 2014 年增加 402. 8 亿元，增幅为 9. 28 个百分点，交易规模在全国同行中位居前列，资源配置成效显著。TY 为资金聚集地，资金流为阳爻。

4）责任流：国家积极推进公共资源交易改革，整合工程建设项目招投标、土地使用权和矿业权出让、国有产权交易、政府采购等交易市场，建立统一的公共资源交易平台，目的是防止公共资源交易碎片化，加快形成统一开放、竞争有序的现代市场体系；推动政府职能转变，提高行政监管和公共服务水平；促进公共资源交易阳光操作，强化对行政权力的监督制约，推进预防和惩治腐败体系建设。同时中心还积极促使 TY 所在市成为全国电子招投标综合试点城市，TY 中心成为全国电子招投标交易试点平台，并且已是国内首家获批博士后创新实践基地的公共资源交易平台。TY 承担着巨大的社会责任，责任流为阳爻。

5）权力流：中心成立后为市政府直属事业单位，公益三类、自收自支，资金使用灵活。资金集中的地方通常是权力集中的地方，受目前国家政策的支持，工程建设、政府采购、土地矿产拍卖、产权交易必须集中进场交易。相对权力较为集中，权力流为阳爻。

6）利益流：因受政策红利的影响，在行业中基本处于垄断地位，涉及国有资金或财政性投资的项目必须集中进场交易，因此，利益发生在固定的场域中。同时，业务横向发展利用不足，没有充分利用外部资源实现利益共享，缺乏与外部机构合作衍生的新型业务。利益封闭，为阴爻。

（2）易经卦象分析：

通过与六十四卦卦象图进行匹配对照，为第 44 卦：姤卦。

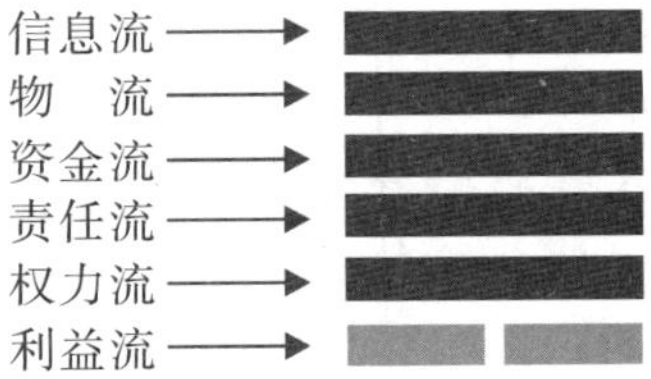

姤：代表邂逅、不期而遇，非预想中的事情发生。是个状况卦，吉凶未定。逅，会带来意外之喜，也会带来意外之灾，需视动爻变卦吉凶来论断。

【上卦】天风姤（姤卦）天下有风。

象曰：他乡遇友喜气欢，须知运气福重添，自今交了顺当运，向后管保不相干。

这个卦是异卦（下巽上乾）相叠。乾为天，巽为风。天下有风，吹遍大地，阴阳交合，万物茂盛。姤卦与夬卦相反，互为“综卦”。姤即媾，阴阳相遇。但五阳一阴，不能长久相处。

事业：合时宜，循时序。但潜藏着危机，阴阳不协调。务必依附于强者，多方联系，增强势力，防止小人渔利，争取形势好转。

经商：市场正从红火的状态走向衰危，及早脱身为妙，强行发展有危险。

决策：吉利。可在有利的环境中顺利发展，但绝不可冒险行事，以免适得其反。

根据卦象解读，姤卦为上卦，发展顺势，但是存在潜在危机，所谓盛极必衰，也应验如此，在当前的顺势环境中谨慎发展，切忌冒险激进。就卦象结合中心目前的状况，交易额逐年增长，交易类别门类逐步覆盖，在行业中位居前列，发展势头迅猛，但是暗藏危机，改革文件即将正式发布，引入市场竞争，打破垄断的壁垒形式即将形成，中心需谋求新的发展思路，才能走得更远。

6. 改革办法正式发布后中心的六流匹配易经卦象诊断

经国务院批准，2015年8月10日，国务院办公厅印发了《整合建立统一的公共资源交易平台工作方案》（国办发〔2015〕63号，以下简称《方案》），《方案》明确了整合建立统一的公共资源交易平台的方向，鼓励通过电子化的手段处理招投标过程中的问题，同时规定电子化平台可以参与竞争，完善管理规则，优化市场环境，促进公平竞争。首先鼓励通过政府购买服务等方式，引导社会力量参与平台服务供给，提高服务质量和效率。其次坚持转变职能、创新监管。按照管办分离、依法监管的要求，进一步减少政府对交易活动的行政干预，强化事中事后监管和信用管理，创新电子化监管手段，健全行政监督和社会监督相结合的监督机制。

2016年6月，由国家发改委、工信部、财政部等在内的14个部委联合发布《公共资源交易平台管理暂行办法》，明确了整合的思路和方法。

（1）中心改革后的六流匹配：

1）信息流：保持不变，阳爻。

2）物流：保持不变，阳爻。

3）资金流：《方案》明确指出：在坚持依法监督前提下探索推进交易主体跨行政区域自主选择公共资源交易平台。在新格局下，公共资源交易备受社会关注，TY中心将面临如下挑战：①平台竞争导致业务流失。政府设立平台之间的竞争，未来与社会化平台的市场化竞争加剧。②供给侧改革影响收费。供给侧改革“三去一降一补”要求帮助企业降低成本，可能影响中心收费。③行业标杆地位受挑战。新整合的平台交易量增长快，代表：重庆、安徽合肥；新整合的平台信息技术先进，代表：贵州、江苏。TY的标杆地位有可能被超越取代。

因此，市场竞争变得更加激烈、不进则退，TY中心需提升平台的实力，营造更加公平、公正、公开、廉洁的体系，帮助招标人做出决策。而资金向社会化平台均衡，TY 中心资金流减弱。资金流将演变为阴爻。

4）责任流：保持不变。阳爻。

5）权力流：放管服，管办分离，中心将重新以服务机构的角色进行定位，通过提升现有场地服务、见证服务、咨询服务、信息服务等服务水平，以提升自身竞争力，随着公共资源交易平台体制逐步理顺，"一委一办一中心"的模式逐步形成，结合全国放管服改革的大方向，中心也将逐步将相应权力下放，简政放权，服务大众。简政放权，权力流演变为阴爻。

6）利益流："十三五"时期带来如下的机遇：①广州是国家重要的中心城市，是中央确定的四个全球城市之一；②国家"十三五规划纲要"提出广州是"国际性综合交通枢纽"；③广州"十三五规划纲要"提出建"三中心一体系"，即建设国际航运中心、物流中心、贸易中心和现代金融服务体系，将带来新一轮基础设施建设。

随着市场竞争逐步深化，引入社会化平台的方式日趋成熟，中心也将本着合作共赢、互惠互利的原则继续发展。利益共享，利益流演变为阳爻。

（2）易经卦象分析：

通过与六十四卦卦象图进行匹配对照，改革办法正式发布后中心的六流匹配易经卦象为第 37 卦：家人卦。

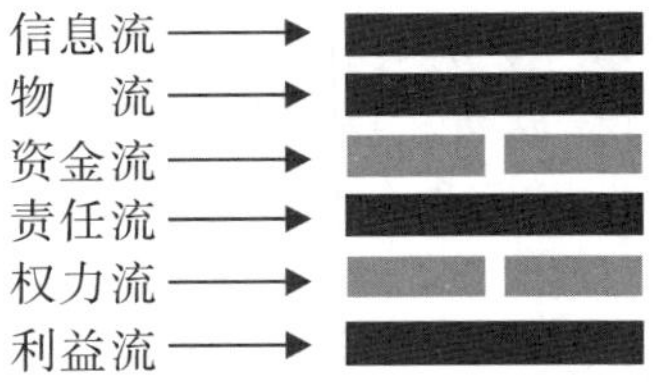

【下下卦】风火家人（家人卦）诚威治业。

象曰：一朵鲜花镜中开，看着极好取不来，劝君休把镜花恋，卦若逢之主可怪。

这个卦是异卦（下离上巽）相叠。离为火；巽为风。火使热气上升，成为风。一切事物皆应以内在为本，然后伸延到外。发生于内，形成于外。喻先治家而后治天下，家道正，天下安乐。

事业：成功与否取决于家庭的情况。严格治家，防止"后院"起火出现意外事故，这是事业成功的先决条件。

经商：以治家方式用于商业活动。对待公司职工应严宽结合，以严为主。宜集中领导，主事一人，共同合作，日积月累。

决策：因好的家庭和妻子的支持而顺利成功，务必保持这种优势，否则，由盛转衰在顷刻之间。

根据卦象解读，转卦之后变为风火家人卦，从卦象理解，建议中心在新的改革形势下转变观念，重新进行职能定位，在充分面对市场竞争的挑战的同时，寻求合作共赢、互惠互利的发展思路，同时主修内在，简政放权，逐步向服务型机构转变，加强服务意识，强化自身主营的咨询、见证、场地、数据服务。

7. 进一步发展思路

（1）完善服务体系，夯实发展基础：

1）场地设施服务：完善自助服务设施，升级公用设备设施性能，提供普惠化服务。

2）信息服务：①开通微信服务，提供查询信息、订餐订房、缴费服务，打造掌上交易平台。②尝试建立服务对象 QQ 群，了解服务需求。

3）咨询服务：开通网络咨询服务，科学构建知识智库，用网络机器人客服为市场主体提供 7×24 小时便利化服务。

4）见证服务：培养“一专多能”复合型见证人员，整合资源，鼓励做“工匠”和“跨界精英”。

5）系统支撑：按国家对“三平台”职能定位、技术规范、用云化管理、“互联网+”等新技术规划信息平台，做好业务的技术支撑。

（2）立足主业，多元化合作发展：

1）做好本业：抓住平台整合及“十三五时期”带来的发展机遇，跟踪好交易目录内的“三中心一体系”等重大项目的进场情况，更要服务好民营投资项目、PPP 项目，争取更多交易目录外的项目进场交易。

2）多元化合作发展：①平台之间合作。可以通过交易业务、场地资源共享、基础数据共享、合作课题和制定标准等。②平台之外合作。与银行进行资金、信用方面的合作；与代理机构进行交易项目、信息系统相关方面的合作；与其他政府部门进行信息、数据共享；与高校共同举办培训、进行课题研究等；与软硬件服务商进行技术相关方面的合作研究等。③未来企业化发展。开发电商平台、造价咨询服务、招标代理服务、软件开发等服务。

（3）发挥公共服务引擎作用：

配合政府做好公共服务，把平台建起来、系统连起来、数据用起来。

1）信息公开。交易项目信息、平台服务事项、监督渠道、收费标准等做到信息网上全公开。

2）信用建设。建立市场主体信用代码，推动信用指数落地应用，推向政府采购以外的更多行业应用。

3）专家服务。专家抽取通知服务、专家资源共享、评标行为评价。监管服务：建立监督通道，将系统连起来，与监督平台数据对接互联，实现在线监督监察。

4）数据服务。将数据用起来，发布交易指数，对交易数据进行分析，综合利用风险监测预警，为社会公众和监管部门提供数据服务。

（感谢暨南大学 2014 级工业工程专业研究生付乐提供此案例）

【小测验】

你身边是否有那种家庭殷实、大公无私且 leader 型的人呢？有的话，抓紧测测他的卦象，判断他有哪些竞争对手及潜在风险，可以有什么解决方法。

二、同人卦（天火同人）

【卦象】

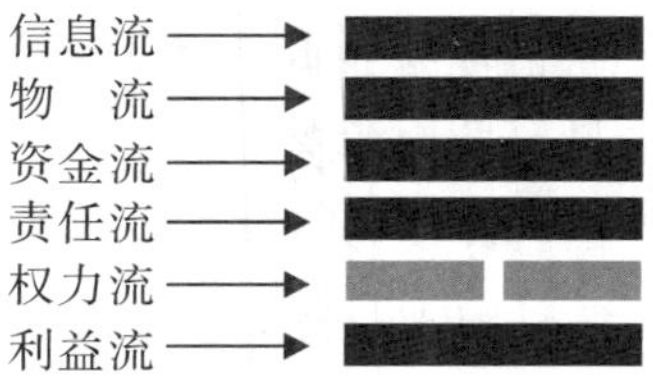

此卦卦象特征是不看重个人权力，且多流为实，只是权力为虚，愿意分享权力。此外，善于处理人际关系，能够拉拢身边的仁人志士，同舟共济，有望做出一番大事业。人际关系和谐，天下大同，这是同人卦的卦象。

【卦辞】

运势：如意吉祥，与人共事，上下皆和，又得长辈提拔。

事业：顺利、平安，尤其是在与他人的合作方面会十分成功，宜广泛开展人际活动，建立广泛的联系，克服狭隘的门户之见，照顾各方面的利益，求大同，存小异，坚持正确的原则，必能成就大事业。

经商：以真诚合作、精诚团结的态度与同行共事，公平竞争，必可获得自己应得的利益。

求名：自己必须刻苦努力，尤其要取得师长和志同道合的朋友的指教、帮助，自己虚心进取，完全能够达到目的。

婚恋：多情、善交际，认识的异性朋友多，故需慎重选择，注意维护双方关系和家庭和睦。

决策：性格开朗、乐观，为人热情，人际关系好，社交能力强，要善于同他人合作，尤其要协调多方面的关系，要有原则性，与不良风气作斗争，有魄力，敢作敢为，富有自我奉献精神，并具有统御能力，适于担负一定的责任。

【案例 5－17】六流匹配易经卦象自我诊断及改善

陈×是暨南大学工业工程专业在读研究生，他应用六流匹配模型对自己的现状进行诊断。

1. 个人情况分析

对信息流很看重，认为时事热点、政策变化等格局与大环境的变化，对于自身的生活和工作都会带来一定影响，所以会比较关心这一方面的最新消息。对其他人分享生活经历及感悟、总结的文章也经常浏览，觉得能对自身寻找理想的生活有所启发。信息流为阳爻。

较注重物质的享受，追求有品质的生活，对于能改善日常学习和工作心情的、使生活更有品位和质量的或是非常喜欢但实用性不强的物件，都舍得购买。物流为阳爻。

对于现金流较看重，因为这是物流的基础，目前生活费的基本来源是家庭，暂时充裕富足。资金流为阳爻。

责任心在读研后较之从前已有提升，比如对于小组的合作和个人的作业、期末的考试、导师的事务，都认真负责地对待，力求完美。尽管偶有拖延，但对所承诺的事情必定会做到，不愿失信于人。责任流为阳爻。

对于权力无甚渴望，在班级里非班干部，从小学至今从未担任班长，也未担任学生会干部，不喜领导、号召与权力。权力流为阴爻。

对于自身从外界争取与夺来的利益不感兴趣，从家里带来的特产喜欢和同学朋友分享，每次外出旅游也会给朋友带礼物特产，寄明信片，工作中喜欢和他人合作，互相鼓励，共同进步，取得成功。利益流为阳爻。

2. 绘制卦象

对照六十四卦卦象图，得出卦象为六十四卦中的第13卦：同人卦。

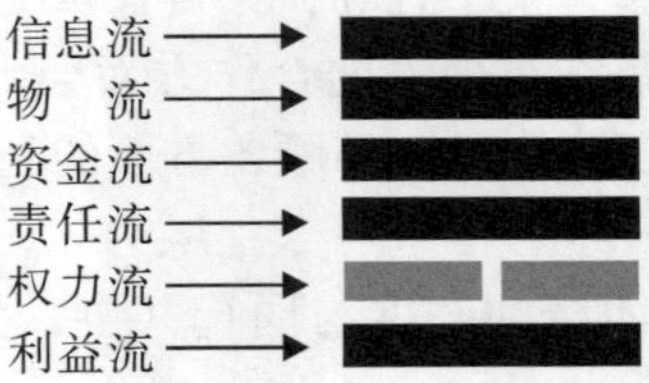

3. 卦象诊断

根据《周易》中的同人卦卦辞，对本人的卦象进行诊断。传统的解卦是："同人卦乾上离下，为离宫归魂卦。同人卦象征交结情深，两人契义，同心断金。主所求皆得，事事称心。"说明本人喜团体生活、户外活动，有领导才能，善交际，人际关系佳，有幽默感。彼此之间共享利益，共同安居乐业。同人整体是指"天与火，同人；君子以类族辨物"。北宋易学家邵雍解对同人卦解为："人类相亲，与人和同；所求皆得，无不称心。得此卦者，吉祥如意，与人合作共事更佳，上下同心，谋事有成。"

对于同人卦的为人处世等可以看下面的规诫：

运势：如意吉祥，与人共事，上下皆和，又得长辈提拔。

事业：顺利、平安，尤其是在与他人的合作方面会十分成功，宜广泛开展人际活动，建立广泛的联系，克服狭隘的门户之见，照顾各方面的利益，求大同，存小异，坚持正确的原则，必能成就大事业。

求名：自己必须刻苦努力，尤其有必要取得师长和志同道合的朋友的指教、帮助，自己虚心进取，完全能够达到目的。

婚恋：多情、善交际，认识的异性朋友多，故须慎重选择，注意维护双方关系和家庭和睦。

决策：性格开朗、乐观，为人热情，人际关系好，社交能力强，要善于同他人合作，尤其要协调多方面的关系，要有原则性，与不良风气作斗争，有魄力，敢作敢为，富有自我奉献精神，并具有统御能力，适于承担一定的责任。

分析后，本人认为该模型分析与本人的现今境况十分吻合，无论是在工作中还是在生活、学习中，都与一群志同道合的人密切交流，并且十分喜欢团体和户外活动，喜欢结交新朋友。

4. 未来卦象

未来5年里，即将拥有自己独立的工作，租赁自己的住所，也将步入经济独立的年纪，而作为初入社会、工作时长较短的员工，薪酬福利较低，生活资金可能不充裕，因此资金流为阴流。也正因为经济的独立，有了资金自由支配的能力，可以追求更高品质的生活，物质方面的需求不会因此降低，因此物流仍为阳爻。其余四流无大变化。

因此卦象变更如下：

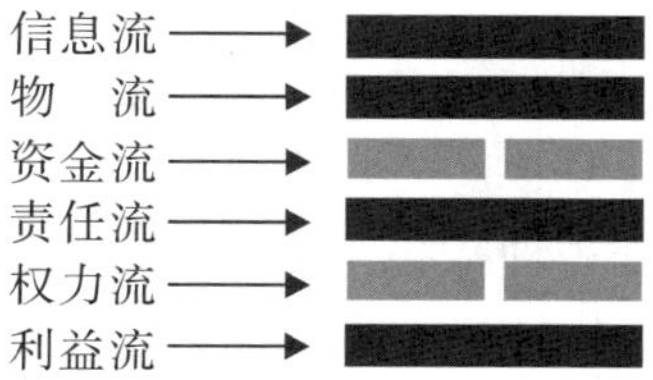

此卦象为六十四卦中的第37卦：家人卦。

根据《周易》中的家人卦卦辞，对本人的未来5年卦象进行诊断。传统的解卦是："内火外风，风助火势，火助风威，相辅相成，是家人的卦象。一切事物皆应以内在为本，然后伸延到外。发生于内，形成于外。君子观此卦象，从而省悟到言辞须有内容才不至于空洞，德行须持之以恒才能充沛。"说明为人热忱，待人谦恭有礼貌，善交际，外表积极内心保守。喜家庭生活，爱小孩、小动物。得此卦者，谋事有成，未婚者会结婚，老者不利于寿。做官的闲职者会晋升有实权，当职者则权力旁落。台湾张铭仁解卦为："家人：表示同为一家人，主小吉之象。事事以家人为重之意，如事业投资均以一家人合作共事为佳。感情，为成家之吉象。"

对于家人卦的为人处世等可以看下面的规诫：

运势：平安大吉，与人合作则易成，更有喜庆之象，如添丁婚嫁等。

事业：成功与否取决于家庭的情况。严格治家，防止"后院"起火出现意外事故，这是事业成功的先决条件。

经商：将治家方式用于商业活动。对待公司员工应严宽结合，以严为主。宜集中领导，主事一人，共同合作，日积月累。

求名：以勤苦努力和安贫乐道为主，更应有家庭的支持。家道兴盛的同时，个人的事业也就容易成功。

婚恋：和睦的家庭是一切的基础，而妻子又是家道的根本。择妻应慎重，和乐兴家。

决策：因好的家庭和妻子的支持而顺利成功，务必保持这种优势，否则，由盛转衰在顷刻之间。

本人将此卦牢记于心，三五年后进行回顾或调整，以规诫为指导，希望本人的职业或事业发展能小有成就。

三、履卦（天泽履）

【卦象】

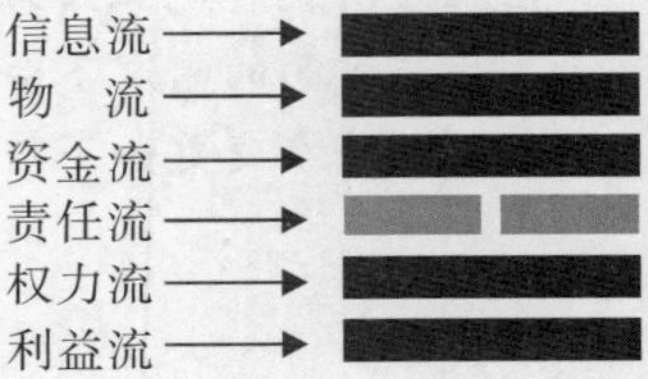

履卦卦象最大的特点是责任流为阴爻，不愿承担太多责任，其他五流为阳爻。履意为实践，卦义是脚踏实地地向前进取。

【卦辞】

运势：先劳而后逸，始惊而后安，百事不宜急进，须以和待人，有惊无险。

事业：起初很不顺利，受到种种威胁，若能提高警惕，谨小慎微，脚踏实地，逐个克服困难，不改变自己的决心，一定可以达到目的。办事有自知之明，务必量力而行，不可不顾实际，尤其不得逞强，急于求成。

经商：宜待观动静，勿为小利而动摇自己的计划，尤其不得贪得无厌。应遵循商业道德，了解全面信息。

求名：务必有恒心，孜孜以求，不为财富利诱，不为世俗干扰，坚持自己的志向和理想，可以取得成功。

婚恋：双方安贫乐道，可和睦相处，若一方为富贵所动，会发生婚变。

决策：诸事必须小心慎重，不利的情况经常会出现，但若能处理得好，总会是有惊无险，化险为夷。为此，办事必须认认真真，遵循正道，虚心听取别人的建议，量力而行，切莫自负逞强，一定会有好的结果。

【案例5－18】DB物流六流匹配易经卦象诊断

1. 公司简介

DB物流有限公司（简称DB）始创于1996年9月，主要从事货物的航空托运。1999年5月，公司开始承包航空公司部分航班的舱位，使得企业在价格上占据绝对优势，货源明显增加；同年12月，公司开发出“飞行2000航空货源系统”，将公司的各项业务流程由手工操作转变为计算机操作，提高了工业效率。2000年8月8日，广州DB物流有限公司正式成立；同年10月，公司全面启动DB物流VI体系，开始致力于品牌的打造；2001年，DB公司启动广州到达派送业务，与各航空公司之间紧密合作，开始发展汽车运输业务，开通了第一条专线：广州—北京线；2002年，公司又开发出“TIS物流管理信息系统2.0”，这个软件全面提升了公司物流系统的性能，实现了网上货物追踪查询功能。2004年，DB成为一家集公路、铁路、包装、汽车托运、航空加急、仓储为一体的第三方物流服务性企业。

DB致力于成为以客户为中心，覆盖快递、快运、整车、仓储与供应链等多元业务的综合性服务供应商。公司凭借坚实的网络基础、强大的人才储备、深刻的市场洞悉，为跨行业的客户创造多元、灵活、高效的社会资本选择，让社会资本赋予企业更大的商业价值，赋予消费者更卓越的体验。

2. 诊断过程

步骤一：六爻诊断，利用四大资本、习性、场域判断六爻。

DB 于2004 年在业内首创“卡车航班”业务，领先同行五年以上，且凭借着“空运速度、汽运价格”的领先优势，奠定了 DB 在国内公路零担领域的强者地位。2008 年被协会评为“2006 年度中国社会诚信企业”。2010 年凭借全年 26.2 亿元的营业收入，一跃成为中国公路零担领域的龙头企业。2013 年与 IBM 咨询公司合作“领导力和专业能力体系”项目，输出业内领先的领导力模型，并优化了储备选拔机制以及专业人才认证体系。2014 年，与麦肯锡、IBM 公司合作，开发了定制化的 SNOW 和 NOAH 模型系统，在线路优化、场地规划和选址方面优化网络结构，凭借超过本行业平均水平的效益增长、创新的商业模式和践行全球企业公民责任的优秀表现，DB 成功入选达沃斯论坛“全球成长型公司”，并荣获由智联招聘联合北京大学研究中心共同颁发的“2014 年中国年度最佳雇主”。2015 年启动的“事业合伙人”战略，半年内签约即突破 1 000 家。截至 2016 年 6 月，DB 已开设标准化门店 6 800 多家。同时 DB 是国家“AAAAA”级物流企业，“从 2000 年 TIS 社会资本信息管理系统到 2008 年第三代信息系统——ERP 系统，到 2011 年品牌视觉识别系统，再到 2013 年具有自主知识产权的第四代营运系统——FOSS 系统”的信息化建设历程，进一步提升了其品牌价值。符号资本为阳爻。

2011 年 DB 拉萨营业部的成立，标志着 DB 全面完成在中国大陆地区的网络布局。2015 年通过与埃森哲公司合作，正式进军仓储与供应链业务，标志 DB 向综合性服务商再次迈出关键一步。DB 拥有四通八达的运输线路，确保客户货物能通达至每一处有需要的地方，在全国 30 多个经济中心城市设有大型的货物中转基地，为客户货物及时中转提供了可靠保障。公司业务网点覆盖国内 32 个省级行政区，全国各地都能看到“DB”统一字样的店面遍布在繁华街道、工业园、批发市场和专业市场中。社会资本为阳爻。

2013 年通过与麦肯锡咨询公司携手合作，DB 快递正式上线，仅用一年时间，快递收入即突破 5 亿元大关。2014 年 DB 业务（快运、快递）收入首次突破百亿，达 104.9 亿元。拥有运输车辆 10 000 余台，全国转运中心总面积超过 124 万平方米，现日吞吐货量超过 8 万吨。经济资本为阳爻。

DB 扎根物流业务，公司员工以一线货运、快递人员为主，自身文化素质有所欠缺；且没有完善的培训入职机制，导致员工执行力低、操作能力低。各个部门只顾自己的业务，在平时缺少交流，IT 部门与营运部门问题尤其凸显。文化资本为阴爻。

DB 自 1996 年涉足货运领域以来，一直致力于快运、快递等零担业务，习性为阳爻。

DB 覆盖快递、快运、整车、仓储与供应链等多元主营业务，多元业务相应场域多样化。DB 还提供代收货款、保价运输、安全包装等增值服务，“支付宝钱包：安全快速，便捷支付”，“以信用拿贷款，用货量增额度”，2016 年 4 月“市区县将全面进驻，发货收货选 DB”及 6 月入校园的“毕业寄：回忆安全打包，未来放肆打拼”等市场活动，使其跨电商、文化、金融、社会等场域。场域为阳爻。

步骤二：依据以上六流匹配，对照六十四卦卦象图为第 10 卦：履卦。

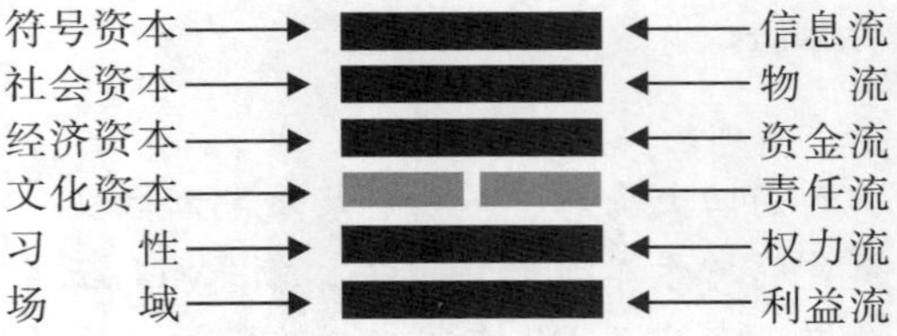

根据《周易》中的履卦卦辞，对DB的卦象进行诊断。

【原文】(履)。履虎尾，不咥人，亨。

【译文】(履卦)：踩着虎尾巴，老虎不咬人，吉利。

《象辞》说：本卦上卦为干，为天，下卦为兑，为泽，上天下泽，尊卑显别，这是履卦的卦象。君子观此卦象，从而遵循上下尊卑，使人民循规蹈矩，安分守己。

事业：起初很不顺利，受到种种威胁，若能提高警惕，谨小慎微，脚踏实地，逐个克服困难，不改变自己的决心，一定可以达到目的。

经商：宜待观动静，勿为小利而动摇自己的计划，尤其不得贪得无厌。

决策：诸事必须小心慎重，不利的情况经常会出现，但若能处理得好，总会是有惊无险，化险为夷。

总的来说，此卦对DB的展望就是：谨小慎微，步步为营；处理好各方矛盾，掌握好各业信息，注重建立自身的文化资本，加强员工及企业的责任意识，就能走向通达。

四、小畜卦（风天小畜）

【卦象】

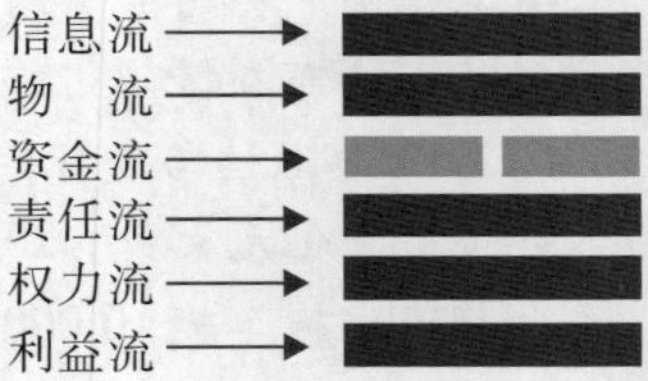

小畜。亨。

资金欠缺，不充裕，即资金流为阴爻，其他流皆为阳爻，这是小畜卦的卦象。

喻风调雨顺，谷物滋长，力量有限，须待发展到一定程度，才可大有作为。故卦名小畜（蓄）。

【卦辞】

运势：运势反复，有口舌之争，但难以短期内解决，须忍耐，静待时机。

事业：时机尚不成熟，应当耐心而积极地积存力量，切不可冒险行动。遇到挫折不可灰心，鼓起勇气战胜困难，坚持原则，加强团结合作，提前做好各项准备，会有所成。

经商：已有一定的基础，但有失去的危险，一定要特别慎重，争取与他人真诚合作，共同获利，绝不贪心，适可而止，但更不能满足现状，不图进取。

求名：树立远大目标，尽最大努力去争取，虚心求教他人，取得真诚帮助，实现自己的理想，警惕小人的破坏。

婚恋：双方必须十分忠诚，第三者插足的现象极有可能发生。

决策：不是很顺利，前进途中会遇到一些意想不到的困难。但本人性格坚强，具有战胜不利条件的意志，因此可以实现自己的理想。极有可能遭到小人的伤害，必须得到志同道合者的真诚相助，才能排除障碍。对所得应满足，适可而止，切不可过度追求，以免满招损。

五、大有卦（火天大有）

【卦象】

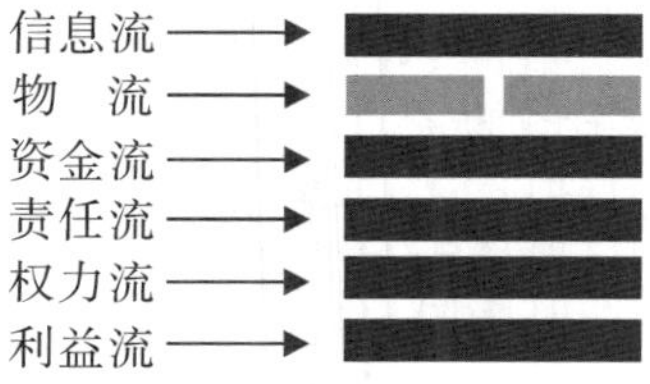

大有卦最大的特征是物流为阴爻，其他流为阳爻。可见得此卦者，顺天依时，正当好运，事事吉祥，大有收获，但是需要谨记的是物极必反，盛极转衰。

【卦辞】

运势：得时得运，昌荣大吉，但防物极必反，盛极而衰。

事业：事业已经取得一定的成就，最忌得意忘形，胡作非为。务必止恶扬善，坚守中正，交往正直的朋友，戒惧谨慎，兢兢业业，真正做到大而不盈，满而不溢，事业可望迈上新的台阶。

经商：兴隆昌盛，已摆脱困难状态，进入兴旺发达的阶段，应克制贪财的心理，确守诚信原则，公平待人，克勤克俭，尤其应时刻注意市场动向，适时转轨，可望长久。

求名：已经小有名气，切勿就此满足，停顿不前，尤其不可陷入世俗圈内，应继续努力，在真正朋友的帮助下，更上一层楼。

婚恋：条件优越，可供选择者多，以慎重为好。对于家庭双方应尽力维护。

决策：性格坚强，勇于战胜困难，奋勇向上，前进途中困难和厄运很多，唯有认真对待才能不断取得成功，如放松警惕，骄傲自满，将带来惨重失败。朋友很多，交际广泛，对事业很有帮助，但其中也有拆台的小人。

六、夬卦（泽天夬）

【卦象】

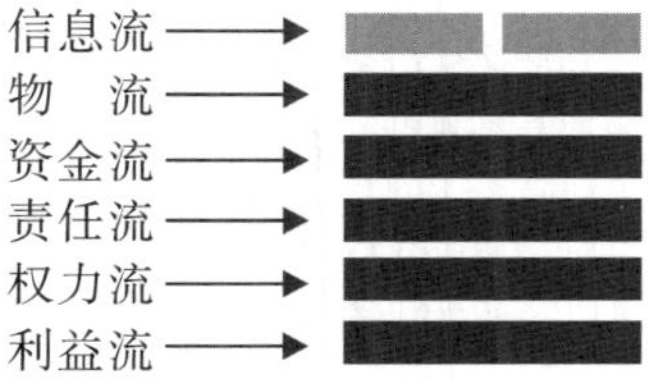

夬（guài）卦最大的特征是只有信息流为阴爻。一阴在上五阳在下是其卦象。夬即决，决为去之意。

【卦辞】

运势：目前虽吉，但困难及变动正在酝酿中，宜提高警觉，忌骄傲，防口舌是非。

事业：处在兴盛阶段，但已孕育着普遍的危险。务必施恩泽给他人，勿居功自傲，主动团结他人，不干冒险的事。时时提高警惕，防止小人的破坏。但不可莽撞，应持和缓的手段去决断小人，避免过犹不及。

经商：市场正在走向衰落的状态，不宜大量活动，随时注意转向。开拓新领域时，加强同他人的合作。但务必充分注意别有用心的奸诈小人趁机捣乱和破坏。

求名：虚心求教，充实自身实力。应量力而行，不可盲目自大，更不可同小人合流，图虚名而败坏事业。

婚恋：防止上介绍人的当，也应注意对方的目的。

决策：性格矛盾，往往表面刚强而内心虚弱，在关键的时刻败坏事业。虚心听取他人劝告，切勿鲁莽，多谋深思，用柔和的态度待人处世。

【案例5－19】六流匹配易经卦象诊断

暨南大学2015级工业工程专业研究生田××，利用六流匹配易经卦象对自我现状进行诊断分析。

1. 六流解析

(1) 信息方面：

因工作关系，个人对信息的收集较延后，平常只关注工作范围内的信息及知识，对社会公众信息缺乏相关的关注及收集。只关注国家的大动作，例如习近平系列讲话等内容。信息来源也只限于新闻，对社会、生活、娱乐类信息较少关注，辨别真假能力较差，方式单一，仅限于权威人士或权威机构。此方面有待提高。信息流为阴爻。

(2) 物质方面：

当今现代化社会，各类物品日新月异，温饱问题已基本得到解决，物质生活基本能满足个人的需求，人对服务、奉献等精神层面的要求越来越高，也越来越占重要位置。生活品质的提高、个人素质的提高、生活服务的提高也逐渐为人所追求。物流为阳爻。

(3) 资金方面：

当今社会是市场经济社会，经济发展程度依然决定着市场经济的进程，对于个人而言，金钱当然多多益善，因为拥有资金可以让自己去做更多的事，可以省去更多的不便，使自我的目标能更早地实现。人的欲望是无止境的，当前工作生活还是能基本满足，但因资金的关系也不能有大的动作或发展。资金流为阳爻。

(4) 责任方面：

现在从事的是财务类工作，自身岗位的要求和平时的锻炼，养成了较强的责任心，能按时完成各项工作要求并能在能力范围内帮助别人而获得更大责任。责任流为阳爻。

(5) 权力方面：

个人觉得权力和责任是相互的，拥有更大权力的同时肯定也担负着更大的责任，同时也可能获得更多的信息或权益。权力流为阳爻。

(6) 利益方面：

个人认为利益和责任、权力都是相互的，应该学会分享或者说分摊，这样有利于信息的共享及整合，提高效率，使利益最大化，从而获得更大的利益。利益流为阳爻。

对照六十四卦卦象图，得出卦象为第43卦：夬卦。

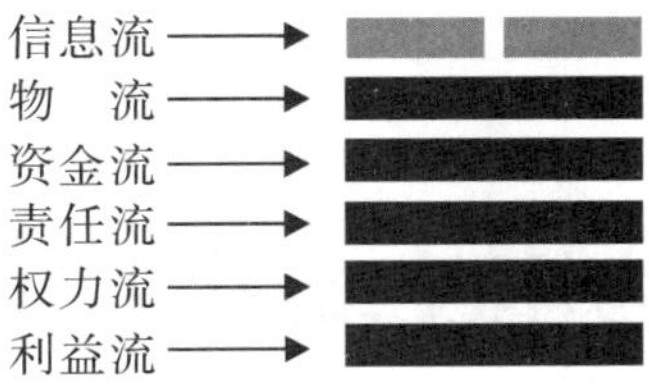

2. 卦象解读

六十四卦第43卦，泽天夬（夬卦）决而能和。

象曰：蜘蛛脱网赛天军，黏住游蜂翅翎毛，幸有大风吹破网，脱离灾难又逍遥。

这个卦是异卦（下乾上兑）相叠。乾为天为健；兑为泽为悦。泽气上升，决注成雨，雨施大地，滋润万物。五阳去一阴，去之不难，决（去之意）即可，夬即决。

事业：处在兴盛阶段，但已孕育着普遍的危险。务必施恩泽给他人，勿居功自傲，主动团结他人，不干冒险的事。

3. 卦象变化

个人致力于对信息这方面的提高，逐步增加信息的深度及广度，提高对信息的敏感性。如果修改成功，卦象就会变为乾为天（乾卦），这个卦是同卦（下乾上乾）相叠。象征天，喻龙（德才的君子），又象征纯粹的阳和健，表明兴盛强健。乾卦是根据万物变通的道理，以“元、亨、利、贞”为卦辞，示吉祥如意，教导人遵守天道的德行。这样自身就能获得更多的信息，得到更多的机会，与其他五流相辅相成，相互促进，共同提高，真正达到乾为天，刚健中正之上上卦。

【小测验】

张×是在某大型国有企业工作了20年的高管，分管公司某部门，经常与公司其他高层讨论公司的重大决策，掌握公司的机密信息。公司提供给他相当高的年薪，待遇丰厚。平时工作勤奋认真，经常在公司加班，渴望自己能够继续晋升到更高的岗位，得到公司给予的更多利益。试诊断其卦象。

第六章　六流全为阳爻或阴爻的六流匹配易经卦象

一、乾卦（乾为天）

【卦象】

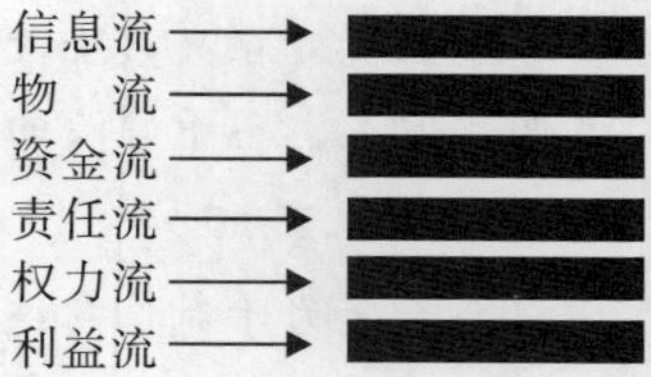

每一流都为阳爻，是乾卦的卦象。

乾象征天，喻龙（德才的君子），又象征纯粹的阳和健，表明兴盛强健。乾卦是根据万物变通的道理，以“元、亨、利、贞”为卦辞，表示吉祥如意，教导人遵守天道的德行。

【卦辞】

运势：飞龙在天，名利双收之象，宜把握机会，争取成果。

事业：大吉大利，万事如意，心想事成，自有天佑，春风得意，事业如日中天。但阳气已达顶点，盛极必衰，务须提高警惕，小心谨慎。力戒骄傲，冷静处世，心境平和，如是则能充分发挥才智，保证事业成功。

经商：十分顺利，有发展向上的大好机会。但切勿操之过急，宜冷静分析形势，把握时机，坚守商业道德，冷静对待中途出现的困难，定会有满意的结果。

求名：潜在能力尚未充分发挥，只要进一步努力，克服骄傲自满情绪，进业修德，以渊博学识和高尚品质，成君子之名。

婚恋：阳盛阴衰，但刚柔可相济，形成美满结果。女性温柔者更佳。

决策：可成就大的事业。坚持此卦的刚健、正直、公允的实质，修养德行，积累知识，坚定信念，自强不息，必能克服困难，消除灾难。

【小测验】

试为本单位的一把手诊断卦象。

二、坤卦（坤为地）

【卦象】

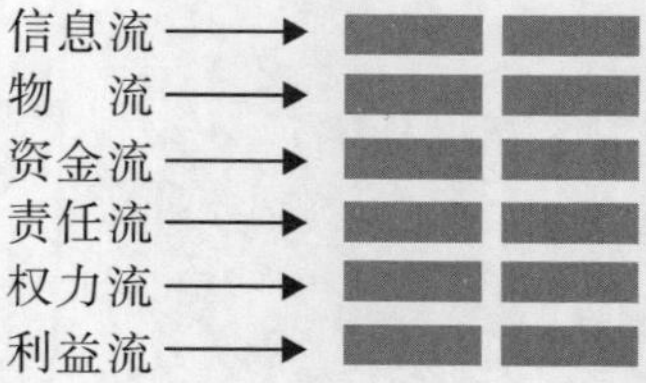

此卦六流均为阴爻，表明形势平铺舒展，顺承天道。

【卦辞】

运势：诸事不宜急进，以静制动为宜。

事业：诸项事业可以成功，得到预想的结果，但开始时出师不利，为困境所扰。切莫冒险急进，须小心谨言慎行，尤其不可单枪匹马，独断专行。取得朋友的关心和支持最为重要，在他人的合作下，共同完成事业。因此，应注重内心修养，积蓄养德，效法大地，容忍负重，宽厚大度，以直率、方正、含蓄为原则，不得贪功自傲，而要持之以恒，谋求事业的成功。

经商：机遇不太好，切莫冒险，以稳健为妥，遇到挫折，务必及时总结经验。注意储存货物，待价而沽，处处小心为是。

求名：比较顺利，具备基本条件，踏踏实实，埋头苦干，不追求身外之物，即可吉祥。

婚恋：阴盛。以柔克刚，女方柔顺，美好姻缘，白头到老。

决策：忠厚、温和，待人真诚，热心助人，因此也能得到他人的帮助，可往往因不提防小人而受到伤害，但无大碍。性格灵活，工作方法多样，可以左右逢源，得到赞许。

【案例 5－20】HY 新型材料有限公司六流匹配易经卦象分析

1. 行业背景简介

HY 新型材料有限公司（简称 HY 公司）主要生产生物质环保颗粒，生物质燃料是由秸秆、稻草、稻壳、花生壳、玉米芯、油茶壳、棉籽壳等以及“三剩物”经过加工产生的块状环保新能源。

生物能源技术的研究与开发已成为世界重大热门课题之一，受到世界各国政府与科学家的关注。许多国家都制订了相应的开发研究计划，如日本的阳光计划、印度的绿色能源工程、美国的能源农场等，其中生物能源的开发利用占有相当大的份额。国外很多生物能源技术和装置已经达到商业化应用程度，同其他生物质能源技术相比较，生物质颗粒燃料技术更容易实现大规模生产和使用。使用生物能源颗粒的方便程度可与燃气、燃油等能源媲美。以美国、瑞典和奥地利等国为例，生物能源的应用规模分别占该国一次性能源消耗量的 4%、16% 和 10%；在美国，生物能源发电的总装机容量已超过 10 000MW，单机容量达 10～25MW；在欧美，针对一般居民家用的生物质颗粒燃料及配套的高效清洁燃烧取暖炉灶已非常普及。

我国也十分重视生物能源的开发和利用。20 世纪 80 年代以来，我国政府一直将生物能源利用技术的研究与应用列为重点科技攻关项目，开展了生物能源利用新技术的研究和开发，使生物能源技术有了进一步提高。但中国生物能源的利用研究主要集中在大中型畜禽场沼气工程技术、秸秆气化集中供气技术和垃圾填埋发电技术等项目，对于生物质能颗粒燃料产品的生产加工与直接燃烧利用的研究还刚刚起步。

HY 公司在国内部分高校和科研机构开展了生物质颗粒成型技术的研究，取得了一定成绩。但是，生物质能源颗粒产品在国内推广应用还很少，为了使国内生物质能源颗粒尽快产业化和商业化，我们对其推广应用中存在的问题进行了分析，并探讨了解决的对策与方法。

2. 企业基本概况

HY 公司是一家专业生产、销售生物质木粒燃料的工厂。生物质颗粒作为一种新型的颗粒燃料以其特有的优势赢得了广泛的认可；与传统的燃料相比，不仅具有经济优势也具有环保效益，完全符合可持续发展的要求。

首先，由于形状为颗粒，压缩了体积，节省了储存空间，也便于运输，减少了运输成本。

其次，燃烧效益高，易于燃尽，残留的碳量少。与煤相比，挥发成分含量高，燃点低，易点燃；密度提高，能量密度大，燃烧持续时间大幅增加，可以直接在燃煤锅炉上应用。

最后，生物质颗粒燃烧时有害气体成分含量极低，排放的有害气体少，具有环保效益。而且燃烧后的灰还可以作为钾肥直接使用，节省了开支。

HY 公司现有员工 30 人，公司的产品主要为生物质木粒燃料，简称木颗粒，年生产、销售丰恒木粒 2 万吨以上，是某市较大规模的生物质颗粒燃料生产厂家之一。

HY 公司木颗粒的主要客户是大型电镀厂、喷涂厂、铝厂、制衣厂、制药厂等需要热风、热水、热气的工厂企业，以及大型酒店、学校、医院等机构部门，并已经与部分客户建立了长期稳定的合作关系，客户的应用均取得了良好的经济效益、社会效益和环境效益。

HY 公司以"质量保证，供应充足，自产自销，价格优惠"作为永远的经营服务理念，努力为客户提供满意的服务。

企业经营情况如下：

（1）经营业务：

HY 公司主要生产两种规格的生物燃料，第一种是锅炉料，第二种是燃烧机燃料。主要客户是需要热风、热水、热气的工厂企业，以及大型酒店、学校、医院等机构部门。

（2）公司企业愿景：

1）生产质量优质、价格实惠的生物燃料。

2）改善工厂的生产管理情况，减少不必要的浪费，提高公司的生产效益。

3）提高公司的配送能力以及客户的满意度。

（3）经营状况：消费者的需求得不到满足，竞争对手不断强大，将导致本行业的竞争日趋激烈，每月客户需求是 2 000 吨，但是实际企业每月生产 1 000 吨，企业的生产满足不了客户的需求。

（4）推广难度：

1）传统技术制粒成本高，中国采用的制粒方法均为传统生产方法，它与现有的饲料制粒方式相同，即原料从环模内部加入，经由压辊碾压挤出环模而成粒状。其工艺流程包括原料烘干、压制、冷却、包装等。该工艺流程需要消耗大量能量，首先在颗粒压制成型过程中，压强达到 50～100MPa，原料在高压下发生变形、升温，温度可达 100℃～120℃，电动机的驱动需要消耗大量的电能；其次，原料的湿度要求在 12% 左右，湿度太高和太低都不能很好成粒，为了达到这个湿度，很多原料要烘干以后才能用于制粒；再次，压制出来的热颗粒（颗粒温度可达 95℃～110℃）要冷却才能进行包装。后两项工艺消耗的能量在制粒全过程中占 25%～35%，加之成型过程中对机器的磨损比较大，所以传统颗粒成型机的产品制造成本较高。

2）对生物质能颗粒认识不够。大多数人对生物质能颗粒具有高能、环保、使用方便的特性认识不够，甚至许多用能单位根本就不知道有生物质能颗粒产品，更谈不上认识和应用。

3）服务配套措施跟不上。生物质能颗粒产品生产出来后，运输、贮藏、供应等服务措施跟不上，用户使用不方便。

3. 根据六流匹配易经卦象诊断工具对企业进行诊断

步骤一：对公司的六流匹配模型进行诊断如下：

信息流：公司内部信息不对称，很多信息无法传达下去，信息流为阴爻；

物流：公司不注重物流以及资料分析，没有分析意识，公司的内部纷争多，为阴爻；

资金流：公司资金是不充裕的，本身有不错的收入，项目运行资金少，资金流为阴爻；

责任流：在工作中，各个员工之间都是互相推卸责任，没有明确的分工，责任流为阴爻；

权力流：权力比较集中，没有得到下放，权力流为阴爻；

利益流：利润没有得到有效的分享，利益流为阴爻。

步骤二：对照六十四卦卦象图，为第2卦：坤卦。

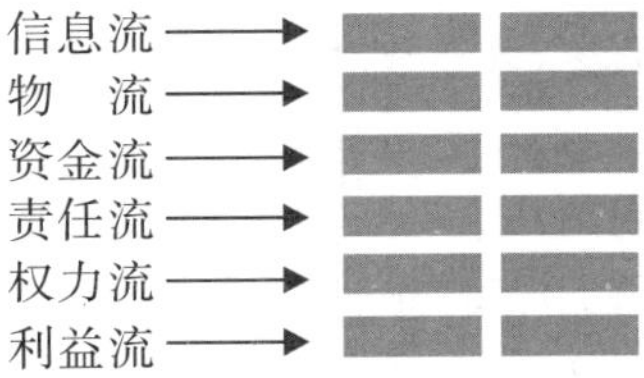

象曰：肥羊失群入山冈，饿虎逢之把口张，适口充肠心欢喜，卦若占之大吉昌。

这个卦是同卦（下坤上坤）相叠，阴性。象征地（与乾卦相反），顺从天。承载万物，伸展无穷无尽。坤卦以雌马为象征，表明地道生育抚养万物，而又依天顺时，性情温顺。它以"先迷后得"证明"坤"顺从"乾"，依随"乾"，才能把握正确方向，遵循正道，获取吉利。

事业：诸项事业可以成功，得到预想的结果，但开始出师不利，为困境所扰。

经商：机遇不太好，切莫冒险，以稳健为妥，遇到挫折，务必即时总结经验。注意储存货物，待价而沽，处处小心为是。

求名：比较顺利，具备基本条件，踏踏实实，埋头苦干，不追求身外之物，即可吉祥。

外出：宜结伴而行。可去陌生的地方。

决策：忠厚、温和，待人真诚，热心助人，因此也能得到他人的帮助，可往往因不提防小人而受到伤害，但无大碍。性格灵活，工作方法多样，可以左右逢源，得到赞许。难消除灾难。

4. 公司主要问题及原因分析

(1) 缺乏明晰的理念。企业与员工没有形成共同价值观，企业不尊重员工的需求，企业不把员工的职业生涯与企业的发展高效整合，都是过一天算一天。

企业理念的明确不是将员工关系概括成文字张贴于公司墙上或者公司的宣传资料上，而是真正以这种关系作为公司与员工、公司与战略合作伙伴、公司与消费者、公司与社会相处的准则，所有的管理行为以此为准绳，只有如此才能真正成为理念清晰、员工有信心、客户满意、消费者信任的企业。

(2) 缺乏明确的战略规划。战略规划显得尤为重要，指引着公司向左走还是向右走，是快走还是慢走，以及能走多远，公司经营导入战略规划势在必行。

(3) 缺乏有效的制度建设或强有力的制度推行体系。全球化经济时代的到来，决定了企业的管理模式和方法也要与时俱进，但作为企业管理最基础的制度化建设仍非常有必要。企业管理靠法治，法治是大势所趋，法治的基础就是制度化。

(4) 缺乏强有力的计划管理。公司有理念、有战略、有制度后，并不代表这个企业能立即建立良性运转机制。战略反映的是对整个企业的纲领性目标，而如何细化目标，确保各项指标的达成，计划作用尤为重要。

公司计划工作实际上是企业目标细分的管理过程。企业总体目标根据各个职能部门进行分解，最终落实到个人。各个职能部门、各个岗位人员要将企业的年度目标分解为季度、月度、周、日计划，并确保各项计划的达成。计划分解过程务必从企业经营目标出发，以企业经营状况作为参考，确保计划的可行性和有效性。计划一旦确定，所有部门、岗位就要无条件执行，确保计划达成。

(5) 缺乏强有力的监控管理。监控跟计划是对孪生兄弟，有计划，无监控，计划也只能是废纸；有监控，无计划，工作程序混乱，员工怨声载道。如果公司的计划体系过于粗放，细节缺失，没有明确的职能体系和授权体系，在部门计划工作的执行过程中缺乏监控或者监控不力，其结果是计划工作随意、执行效果无力。缺乏明确的计划节点管理，一些工作开展要么滞后，要么执行起来敷衍马虎。

高效的监控体系是由两个部分组成的：一是计划节点管理系统；二是各部门岗位职能授权体系。前者是目标，后者是实现目标的保障措施。二者缺一不可。

5. 改善问题之后

通过六流匹配易经卦象诊断发现上述问题后，公司改变六流中各流爻象而改进管理，使公司的问题得到有效解决。具体措施步骤如下：

信息流：对信息流很看重，公司内部很多信息可以及时传达下去，员工对行业的信息十分关心，都可以及时接收外部信息，信息流为阳爻；

物流：公司注重物流以及资料分析，增加分享意识，物流为阳爻；

资金流：公司资金是不充裕的，项目运行资金少，资金流为阴爻；

责任流：在工作中，各个员工之间都有明确分工，责任到位，责任流为阳爻；

权力流：权力比较集中，但是可以下发下来，权力流为阳爻；

利益流：建立有效的分享机制，利润分成基本满意，利益流为阳爻。

改变后的卦象为第 9 卦：小畜卦。

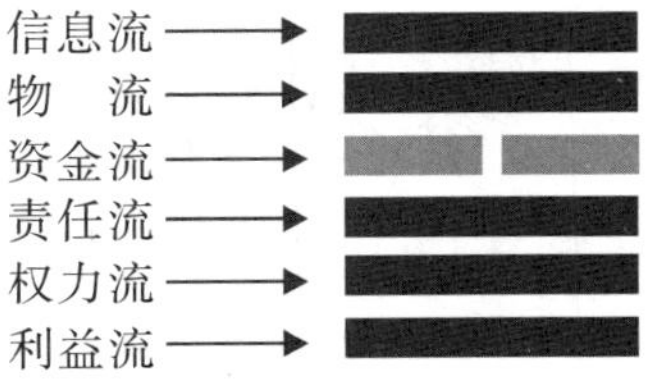

【下下卦】蓄养待进。

象曰：苗逢旱天尽焦梢，水想云浓雨不浇，农人仰面长吁气，是从款来莫心高。

这个卦是异卦（下乾上巽）相叠。乾为天；巽为风。喻风调雨顺，谷物滋长，故卦名小畜（蓄）。力量有限，须待发展到一定程度，才可大有作为。

事业：时机尚不成熟，应当耐心而积极地积存力量，切不可冒险行动。

经商：已有一定的基础，但有失去危险，一定要特别慎重，争取与他人真诚合作，共同获利，绝不贪心，适可而止，但更不能满足现状，不图进取。

求名：树立远大目标，尽最大努力去争取，虚心求教他人，取得真诚帮助，实现自己的理想，警惕小人的破坏。

外出：准备尚未充分，不得仓促出行，尤其忌长途旅行，会有意外的灾害。应另择他日外出。

婚恋：双方必须十分忠诚，第三者插足的现象极有可能发生。

决策：不是很顺利，前进途中会遇到一些意想不到的困难。但由于本人性格坚强，具有战胜不利条件的意志。因此，可以实现自己的理想。

（感谢暨南大学 2014 级工业工程专业研究生苏培坚提供此案例）

【小测验】

试问人从出生到幼儿时的六流匹配易经卦象如何？

参考文献

[1] 周亦池.《易经》卦象的推演与排列原理的扩展 [J]. 大连大学学报, 1993 (2): 55-58.

[2] 曹红军, 厉树忠, 刘亚楠.《易经》卦象符号的拓扑群结构 [J]. 周易研究, 1995 (2): 75-79.

[3] 王惠芬, 喻妍, 崔雷, 等. 基于批判实在论的 ERP 绩效研究 [J]. 商业时代, 2012 (20): 111-112.

[4] 唐秋鸿, 王惠芬. 企业 ERPⅡ绩效产生根本原因研究: 基于批判实在论的视角 [J]. 现代管理科学, 2012 (9): 19-21, 81.

[5] 唐秋鸿. ERPⅡ实施过程中的机制趋同研究: 以海尔为例 [A]. 中国信息经济学会第四届博士生论坛论文集 [C]. 中国信息经济学会, 2012: 9.

[6] 王惠芬, 杨丽萍. 从 ERP 到 ERPⅡ的关键成功因素分析 [J]. 科技管理研究, 2010 (11): 136-138.

[7] DOBSON P. The philosophy of critical realism: an opportunity for information systems research[J]. Information systems frontiers, 2001, 3(2): 199-210.

[8] KLEIN H. Seeking the new and the critical in critical realism[J]. Information and organization, 2004, 14(2): 123-144.

[9] MINGERS J. Critical realism and information systems: brief responses to monod and klein[J]. Information and organization, 2004, 14(2): 145-153.

[10] MINGERS J. Realizing information systems: critical realism as an underpinning philosophy for information systems[J]. Information and organization, 2004, 14(2): 87-103.

[11] MINGERS J, WALSHAM G. Toward ethical information systems: the contribution of discourse ethics[J]. MIS quarterly, 2010, 34(4): 833-854.

[12] MUTCH A. Critical realism, managers and information [J]. British journal of management, 1999(10): 323-333.

[13] MUTCH A. Actors and networks or agents and structures: towards a realist view of information systems[J]. Organization, 2002, 9(3): 513-532.

[14] HEVNER A, CHATTERJEE S, CARLSSON S A. Design science research in information systems: a critical realist approach. in A HEVER and S CHATTERJEE (eds). Design research in information systems: theory and practice. New York: Springer, 2010: 209-233.

[15] LONGSHORE S M. Overcoming theory-practice inconsistencies: critical realism and information systems research[J]. Information and organization, 2006, 16(3): 191-211.

[16] MUTCH A. Technology, organization and structure: a morphogenetic approach[J]. Organization science, 2010, 21(21): 507－520.

[17] REIMERS K, JOHNSON R. The use of an explicitly theory-driven data coding method for high-level theory testing in IOIS[C]. Proceedings of the 29th international conference on information systems, Icis 2008, Paris, France, December. DBLP, 2008: 184.

[18] VOLKOFF O, STRONG D, ELMES M. Technological embeddedness and organizational change[J]. Organization science, 2007, 18(5): 832－848.

[19] WYNN D, WILLIAMS C. Critical realm-based explanatory case study research in information systems[C]. Proceedings of the 29th international conference on information systems, Icis 2008, Paris, France, December. DBLP, 2008: 202.

[20] ZACHARIADIS M, SCOTT S. Diversity in IS research: developing a mixed methodology approach to understanding the business value of payment system innovations in financial services. In: International Conference on Information Systems (ICIS) 2007, December 9 － 12, 2007, Montreal, Canada.

[21] 任晓明，赵华．批判实在论的因果机制思想探析[J]．自然辩证法研究，2009(9)：39－43.

[22] BOURDIEU. Distinction[M]. London and New York: Routledge, 1984.

[23] DOBSON P J. The philosophy of critical realism—an opportunity for information systems research[J]. Information systems frontiers, 2001, 3(2): 199－210.

[24] EASTON G. Critical realism in case study research[J]. Industrial marketing management, 2010, 39(1): 118－128.

[25] SAYER A. Method in social science: a realist approach[M]. London and New York: Routledge, 1992.

[26] 王惠芬，赵燕锡，黎文．企业应用 MRPII/ERP 的理论与实践［M］．北京：北京大学出版社；广州：暨南大学出版社，2015.

[27] 王惠芬，黎文，葛星．ERP 系统应用中的企业管理模式趋同分析［M］．经济科学出版社，2006.

[28] 布尔迪厄，华康德．实践与反思：反思社会学导引［M］．李猛，李康，译．北京：中央编译出版社，1998.

[29] 李艳培．布尔迪厄场域理论研究综述［J］．决策与信息：财经观察，2008(6)：143－144.

[30] 李克建．生成结构主义：布尔迪厄的教育社会学研究方法论［J］．全球教育展望，2010，39（2）：37－42.

[31] 福柯，哈贝马斯，等．激进的美学锋芒［M］．周宪，译．北京：中国人民大学出版社，2003.

[32] SWARTZ D. Culture and power: the sociology of Pierre Bouredieu［M］. Chicago: The University of Chicago Press, 1997.

[33] 皮埃尔・布尔迪厄．文化资本与社会炼金术：布尔迪厄访谈录［M］．包亚明，

译．上海：上海人民出版社，1997.

［34］陈宇光．论布尔迪厄社会实践理论的三个核心概念［J］．南通职业大学学报（综合版），2003（4）：43－46.

［35］王维维．布尔迪厄资本理论的四个维度［J］．林区教学，2008，137（8）：1－3.

［36］赵一凡．象征权力［J］．外国文学，2010（1）：102－111.

［37］李占伟．布尔迪厄文艺思想研究［D］．济南：山东师范大学，2011.

［38］皮埃尔・布尔迪厄．帕斯卡尔式的沉思［M］．刘晖，译．北京：生活・读书・新知三联书店，2009.

［39］斯沃茨．文化与权力：布尔迪厄的社会学［M］．陶东风，译．上海：上海译文出版社，2006.

［40］BOURDIEU P. The logic of practice［M］. R NICE. Tran. Stanford：Stanford University Press，1990.

［41］BOURDIEU P，THOMPSON J B. Language and symbolic power［M］. Boston：Harvard University Press，1991.

［42］BOURDIEU P. Outline of a theory of practice［M］. Cambridge：Cambridge University Press，1977.

［43］陈林生．营销场域：市场运作的经济社会学分析［J］．商业研究．2010（1）：194－197.

［44］王夫之．周易外传［M］．北京：中华书局，1962.

［45］王夫之，李一忻．船山易学集成：周易内传＋周易外传［M］．北京：九州出版社，2004.

［46］郑红峰．周易全书［M］．北京：光明日报出版社，2012.

［47］张成．易经的智慧全集［M］．北京：中国纺织出版社，2011.

［48］傅佩荣．傅佩荣译解易经［M］．北京：东方出版社，2012.

［49］傅佩荣．傅佩荣详解易经六十四卦——经营管理篇［CD］．北京：中国国际广播音像出版社，2009.

［50］曾仕强．易经的奥秘［EB/OL］．（2017－02－17）．http：//www. ximalaya. com/1000320/album/272338？order＝desc.

［51］浮图塔团队．周易六十四卦［EB/OL］．［2016－12－20］．http：//baike. fututa. com/zhouyi64gua/.

［52］周易天地电子图书馆．周易六十四卦详解［EB/OL］．（2008－07）［2016－12－20］．http：//www. 64gua. com/ebook/zyj/.

后　记

1994年遇到信息系统在企业实施受阻，我不明白为什么这么好的西方ERP在中国不好用，深思后才发现我不够了解中国。我开始读易经、四书五经、《资治通鉴》等古典书籍。拿着ERP对着企业进行诊断，发现中国企业的根基可以表达成卦象。传统易经解说的爻辞难懂，而且对于六爻之间的变化及其匹配没有动态分析。针对符号系统与易经卦辞进行对照，可以破解传统易经爻辞解说的难题。在量子力学对于机制的研究中，突出的是纠缠。量子信息学变成实质性的日常生活应用还有距离，但是量子机制中的纠缠为六流匹配模型提供了研究基础。本书借鉴量子机制中的纠缠来表达日常生活以及企业中的六流匹配，利用六流匹配模型结合易经卦象解释符号系统。六流匹配模型把上面的信息流、物流、资金流三流与下面的责任流、权力流、利益流三流相对匹配，可以映射出符号系统中认知、事件、机制的匹配，也就是说，信息流、物流、资金流与责任流、权力流、利益流是有二重匹配关系，信息流与责任流是相对的，明的信息流有暗的责任流依托，明的物流有暗的权力流依靠，明的资金流与暗的利益流分享有关系。

六流匹配关键还是需要对六流的匹配结构进行描述，本书利用传统的易经卦象来描述六流匹配模型，对六十四卦中的某些卦象进行了细致的分析。六流匹配易经卦象诊断工具在暨南大学管理学院2013级、2014级、2015级工业工程专业的在职研究生中进行了实验，同学们利用六流匹配易经卦象对自己及所在企业的卦象结构进行了剖析，并对未来可能的卦象走势进行了策划。对照卦象卦辞解析，同学们发现六流匹配易经卦象很好地反映了他们当前所在企业及个人工作岗位上的状况，包括对企业的经营及个人事业、婚姻、家庭、人际关系等的判别，也对未来的企业战略及个人职业生涯策划进行了卦象演变。

不同的企业或者个人在信息流、物流、资金流、责任流、权力流、利益流上有不同的偏好，这些偏好来自对象所处场域等社会结构的影响。在一定时期，企业或者个人的六流匹配易经卦象是稳定的，呈现出符号特性。因此，六流匹配易经卦象应用在不同的企业或者个人上反映出其自身的符号系统，这项工作涉及一些群论和拓扑知识，像群中的子群、同构、同态等概念。拓扑空间中的拓扑子空间、列紧性、紧致性等与六流匹配易经卦象的描述相近。

本书将西方哲学、社会学、人类学、信息系统知识与中国传统的易经等符号系统进行结合，笔者根据多年研究沉淀积累提出了企业的诊断方法——六流匹配易经卦象，替换了易经中难读不易懂的部分。希望本书能抛砖引玉，供同行参考。感谢多年来支持我进行信息系统及ERP研究的企业、同行及学生，也感谢家人对笔者的科研的支持和鞭策。2016年笔者想写一本自己想写的书，学习“不为五斗米折腰”的古代知识分子的风范。什么是最大的数据？什么是最大的互联网？背后的看不见的手是什么？我们是否掌握了人类社会的操纵的开关及机制？我只能说还没有。但是，仰望苍穹，企业家繁星布满人间，府读易经，期待现代科学技术与企业诊断工具的开发更加丰富，本书如沙如沫不失为一种尝试。1990 年笔者进行 MRPⅡ/ERP/ERPⅡ研究以来，一进入企业就被各种信息充斥。怎样以最快的速度和简便的方式描述企业，本书打开了一个窗口。计算机系统的表达只是功能级，内部的规律怎样，计算机将走向怎样的表达？27 年过去了，我希望找到 SAP、Oracle 系统的等号表达规律，看到 HANA 系统，BI 展示企业卦象演示规律。本书是一种表达，也是一种卦象叙事，愿君在阅读之时，也能想想，除了此书的诊断工具之外还有哪些工具能结合诊断？我还可以做些什么？谢谢为笔者多提宝贵意见。

王惠芬

2017 年 3 月

鸣 谢

本书的编写得到了暨南大学管理学院研究生张霞、王佳露、方海燕、陈美林、江奎、刘雯、彭蓉的帮助，对他们为此付出的辛勤劳动，谨致衷心的感谢！感谢暨南大学2013级工业工程专业研究生周钢，2014级工业工程专业研究生梁永青、陈钊、张觉晓、林红萍、王鑫、林涛涛、郭郁彬、贺魁、梁思媚、罗颖、苏培坚、刘洋、付乐，2015级工业工程专业研究生刘金庭、周玉义、申凤、黎妙娟、余敏婉、吴俊芳、黄锦清、高婕、黄亿宏、齐春雨、何梦雨、彭洁玲、余腾夏、柳志青、曾海霞、黎良媛、陈宣瑜、田尚伦、李远征等为本书提供案例。同时感谢暨南大学2013级、2014级、2015级工业工程专业研究生分享个人或企业咨询诊断的案例。

本书得到暨南大学大学生校外实践教育基地建设项目“暨南大学——汉得信息基于Oracle/SAP ERP企业运营实践教育基地”、广东金融学会2016—2017年度重大决策咨询研究课题“金融支持广东农村创业创新研究——基于四大资本和3P模式的视角”、广东省教育厅项目“基于云计算的ERP Ⅱ创新管理咨询人才培养的探索与实践”，以及暨南大学企业发展研究所企业转型发展重大项目“企业转型的动力机制、战略选择与运营策略的研究”（项目号：2014ZD002）的资助。